ALEXANDRE DUMAS FILS

DE L'ACADÉMIE FRANÇAISE

THÉATRE
COMPLET
AVEC PRÉFACES INÉDITES

V

UNE VISITE DE NOCES

LA PRINCESSE GEORGES — LA FEMME DE CLAUDE

PARIS
CALMANN LÉVY, ÉDITEUR
3, RUE AUBER, 3
1898
Droits de reproduction et de traduction réservés.

THÉATRE COMPLET

DE

ALEXANDRE DUMAS FILS

DE L'ACADÉMIE FRANÇAISE

V

CALMANN LÉVY, ÉDITEUR

OEUVRES COMPLÈTES

D'ALEXANDRE DUMAS FILS
DE L'ACADÉMIE FRANÇAISE

Format grand in-18.

AFFAIRE CLÉMENCEAU. — Mémoire de l'accusé.....	1 vol.
ANTONINE...................................	1 —
AVENTURES DE QUATRE FEMMES................	1 —
LA BOITE D'ARGENT.........................	1 —
CONTES ET NOUVELLES.......................	1 —
LA DAME AUX CAMÉLIAS......................	1 —
LA DAME AUX PERLES........................	1 —
DIANE DE LYS..............................	1 —
LE DOCTEUR SERVANS........................	1 —
ENTR'ACTES................................	3 —
LE RÉGENT MUSTEL..........................	1 —
LE ROMAN D'UNE FEMME......................	1
SOPHIE PRINTEMS...........................	1 —
THÉATRE COMPLET, avec préfaces inédites....	6 —
THÉRÈSE...................................	1 —
TRISTAN LE ROUX...........................	1 —
TROIS HOMMES FORTS........................	1 —
LA VIE A VINGT ANS........................	1 —

ÉMILE COLIN — IMPRIMERIE DE LAGNY

UNE VISITE DE NOCES

COMÉDIE EN UN ACTE

Représentée pour la première fois, à Paris, sur le théâtre du Gymnase-Dramatique, le 10 octobre 1871.

A HENRY MIRAULT

PRÉFACE

Voici une petite comédie qui a soulevé tout autant de critiques et de discussions que ses plus grandes sœurs. Ce qu'on a le plus reproché à l'auteur, c'est d'y avoir insulté l'amour. L'auteur se contentera de répondre, à ceux qui l'accusent, qu'ils ont peut-être eu le tort de se servir du mot amour là où il n'y avait pas lieu de l'employer. Il sait bien que le Dictionnaire de notre grand linguiste et positiviste Littré donne cette définition assez élastique de l'amour : *sentiment d'affection d'un sexe pour l'autre*; d'où il résulterait qu'il suffit que deux personnes d'un sexe différent aient un sentiment d'affection l'une pour l'autre pour qu'elles fussent dans l'amour. Le Dictionnaire ne dit pas, il n'a pas à le dire, si les deux personnes doivent être toujours les mêmes ou si le changement est autorisé; toute la question est là cependant, et, à étendre le mot ainsi défini jusqu'à ses dernières limites et conséquences, nous arriverions à lui donner pour synonymes la passion, la galanterie, le caprice et le libertinage, le sentiment d'affection pouvant se retrouver à telle ou telle dose dans ces différentes manifestations. Mais le Dictionnaire de la langue française n'indique, pour ainsi dire, que la signification extérieure des mots en usage. Voyons donc si, dans son *Dictionnaire de médecine et de physiologie*, M. Littré, non plus seulement linguiste, mais physiologiste et philosophe, et de plus en collaboration avec Charles Robin, voyons si M. Littré définit l'amour d'une façon à la fois plus précise et plus étendue:

« L'AMOUR. *En physiologie, ensemble des phénomènes cérébraux qui constituent l'instinct sexuel. Ils deviennent eux-mêmes le point de départ d'actes et d'actions nombreuses, variant suivant les individus, les conditions sociales, qui rendent très complexe cet ensemble de phénomènes, et qui, souvent alors, sont la source d'aberrations que l'hygiéniste, le médecin légiste sont appelés à prévenir ou à interpréter, afin de savoir si elles ont été accomplies dans des conditions normales ou d'aliénation mentale. Chez la plupart des mammifères, et quelquefois chez l'homme, l'instinct de destruction entre en jeu en même temps que le penchant sexuel.* »

C'est de la constatation de tous ces phénomènes physiologiques, allant de l'instinct sexuel jusqu'au meurtre et à la folie, que sont sortis, sortent et sortiront tous les drames, toutes les comédies, tous les romans, surtout si vous y ajoutez l'explication de Voltaire, dans son *Dictionnaire philosophique* :

« L'AMOUR. *Il y a tant de sorte d'amour, qu'on ne sait à qui s'adresser pour le définir.* »

Avons-nous aujourd'hui, nous qui écrivons cette préface, la prétention d'être celui qui définira l'amour? Loin de nous cette pensée; plus que personne nous sommes convaincu que, si l'on a composé avant nous, et si l'on doit, après nous comme de notre temps, composer des milliers d'ouvrages sur l'amour, c'est qu'on ne sait pas et qu'on ne saura jamais absolument à quoi s'en tenir sur ce *sentiment d'affection* aussi varié et aussi uniforme, aussi fixe et aussi mobile que l'humanité même, dont il est le principe et l'éternité. Peut-être ferait-on bien de se contenter, pour définition dernière, de cette formule bien simple : « C'est comme ça. » La vérité est que, quand on a exposé tous les raisonnements, donné tous les conseils, créé tous les obstacles possibles à un être qui aime véritablement, il vous répond : « J'aime, » et il n'y a plus rien à lui dire, à moins d'être un imbécile. Il ne reste plus pour le convaincre qu'à le tuer, argument irréfutable dont, malgré la réputation qu'on nous a faite, nous conseillerons toujours d'user modérément.

Mais pour que le mot de Pascal : « Le cœur a des raisons que la raison ne connaît point », soit juste, pour que tous nos *discours* restent impuissants devant le seul mot *j'aime*, il faut que celui qui dit ce mot aime véritablement, et, quoi qu'en dise Voltaire, l'amour, ce qui a le droit d'être appelé l'amour, porte avec soi certains signes qui le séparent de la passion, de la galanterie et des autres degrés physiologiques dont nous parlions plus haut, que le *Dictionnaire de médecine* prévoit et qui font que les romans, les comédies, les tragédies et les drames sur l'amour pourront être éternellement refaits.

Il y a toujours, je le sais bien, un moment où l'expression physique du sentiment d'un sexe pour l'autre est invariablement la même et sert uniformément et finalement à tous les différents états de l'amour, mais ce n'est pas une raison pour conclure qu'il n'y a qu'un amour. Il en est de ces différents états, comme des différents locataires d'une même maison ; ils ne se connaissent pas, ils ne se saluent même pas quand ils se rencontrent ; ils se servent du même escalier, voilà tout.

Évidemment c'est dans le sens général que Sarcey a pris le mot *Amour*, lorsqu'il a écrit son article sur la *Visite de noces*, article que j'ai sous les yeux et que je lui demanderai tout à l'heure la permission de citer dans une intention qu'il devine déjà. J'ai le don, et j'en suis très fier, de préoccuper, de charmer, de troubler, d'irriter, bref, de passionner Sarcey, qui est bien certainement un des critiques les plus sincères et les plus loyaux qui aient jamais existé. Il a une autre grande qualité ; il est de première impression, comme le public lui-même. Cette première impression, il la dit immédiatement dans son premier article, sans la peser, sans la discuter autrement. Quelques jours après, si l'œuvre lui paraît en valoir la peine, il retourne l'entendre à nouveau, et, s'il a une impression contraire à la première, il la dit avec la même franchise. Il ne rougit pas de s'être trompé ; il ne se croit pas infaillible, du moins dans ses jugements. Je n'en dirai pas autant de ses idées et de ses théories, qu'il croit être de vérité absolue et qu'il impose ou plutôt qu'il expose quelquefois avec plus de violence que d'autorité. Cette façon d'avoir raison tout de suite ne me déplaît pas ; elle est un peu la mienne. Si elle sent l'obstination, l'orgueil même, elle prouve la conviction, et la critique en prend plus de couleur, de mouvement et d'intérêt. Sarcey est enthousiaste et bourru. Il est aussi prêt à vous proclamer grand homme qu'à vous appeler crétin. Une œuvre lui plaît, c'est un chef-d'œuvre ; elle lui déplaît, c'est une ordure. Il serait aussi amusant qu'impossible et inutile surtout de discuter avec lui. Il vous répond, si l'on s'y aventure : « Vous n'y entendez rien, » et il vous tourne le dos, convaincu que cet argument est irréfutable. Il ne peut pas toujours être juste parce qu'il est passionné, mais il est toujours impartial. Il s'assied dans sa stalle sans prévention d'aucune sorte, quel que soit l'auteur de la pièce, avec le plus vif désir d'être intéressé, amusé surtout. Personne n'est plus facilement que lui désarmé par le rire ou les larmes ; au fond, il aime mieux le rire. — Ce qu'il admet le moins, c'est qu'une œuvre théâtrale le force à la réflexion. Il croit avoir réfléchi une fois pour toutes pendant qu'il était à l'École normale ; il a classé ses réflexions ; il s'en est fait des lois, en politique, en littérature, en religion, et il ne veut pas qu'on l'y dérange. C'est là que je le trouble quelquefois et qu'il m'envoie à tous les diables ; je n'y vais pas et nous restons bons amis. Il a certainement écrit plus d'un gros volume sur moi seul. J'ai toujours eu le désir de le remercier publiquement de l'intérêt qu'il m'a si souvent témoigné. Je veux le faire aujourd'hui avec d'autant plus de plaisir, que nous allons peut-être nous trouver plus complètement d'accord que lorsqu'il déclare que *la Dame aux camélias* et *le Demi-monde* sont deux chefs-d'œuvre, ma modestie ne me permettant pas, sur ce point, d'aller aussi loin que lui.

Voici l'article de Sarcey :

FEUILLETON DU *TEMPS* DU 16 OCTOBRE 1871

CHRONIQUE THÉATRALE

« Que l'on est donc embarrassé pour dire son avis sur la pièce nouvelle d'Alexandre Dumas fils ! C'est que, pour dire son avis, il faut en avoir un, bien net, bien précis, que l'on puisse formuler et soutenir de preuves. L'impression qu'on emporte de cette œuvre étrange est des plus mêlées ; on a peine, en sortant, à rasseoir ses esprits, à recueillir ses idées, à se reconnaître dans ce pêle-mêle de sentiments contraires par où l'on a passé. J'ai vu la première représentation et je suis retourné au Gymnase écouter la quatrième ; j'ai pu, à cette seconde audition, étudier à mon aise le public, un public qui, cette fois, était le vrai, celui qui paye, celui qui apporte au théâtre les préjugés et le goût du jour. Je ne suis pas encore bien fixé.

» Du talent, il y en a, et beaucoup, cela ne fait pas question. Une œuvre ne peut être médiocre, qui excite une curiosité si vive et des discussions si passionnées. De l'esprit ! Cet esprit qui fait tout passer en France, la pièce en est pleine ; c'est un feu pétillant de mots, les uns profonds et amers, les autres plaisants, tous hardis et neufs. *Pourquoi donc ne goûte-t-on pas à les entendre un plaisir sans mélange? Pourquoi vous font-ils éprouver cette sensation singulière d'une lame froide qu'on vous glisserait dans le dos? Brrr...! on serre les épaules et l'on frissonne! Pourquoi sort-on de là accablé, nerveux, mécontent de soi-même et des autres, trouvant que le boulevard est moins gai, les becs de gaz moins brillants et les femmes moins engageantes? Pourquoi se sent-on tout morose et comme irrité contre le genre humain? Pourquoi ne saurait-on démêler en* soi la cause de cet étonnement chagrin et de cette mauvaise humeur ?

» L'effet est certain. Je l'ai éprouvé sur moi-même, et toutes les personnes que j'ai interrogées sont unanimes sur ce point. Elles se sont amusées, parce que, éprouver une sensation forte, ne fût-elle pas agréable, c'est encore un amusement; parce que tout vaut mieux que la fadeur de la médiocrité, parce qu'il y a comme un piment de volupté secrète dans cette irritation, qui éveille et chatouille les fibres du goût. Mais ce n'est pas là cette satisfaction pleine et douce, cette quiétude de contentement que donnent les œuvres vraiment bonnes, qui sont en même temps belles. Il n'y a pas à dire, si, de tout cet étincellement d'esprit dont j'ai été ébloui une heure durant, il ne me reste, au sortir du théâtre, qu'une sorte d'énervement, qui se traduit au dehors soit par une colère sèche, soit par une effroyable fatigue morale, il faut que ce soit la faute de l'auteur. J'ignore peut-être encore où elle est bien précisément; mais agacer les gens n'est pas le dernier terme de l'art; c'est contraire à l'art.

» Qu'il cherche à m'instruire, passe encore ; qu'il m'attriste l'âme, j'y consens ; mais je veux que cette tristesse soit ouverte et tendre, je veux qu'il y ait dans cet enseignement un plaisir de sensibilité satisfaite, je veux... Je ne sais pas au juste ce que je veux. Je sais à merveille ce que je ne veux pas. Je ne veux pas qu'on m'agace, là ! Est-ce entendu ? Dumas me fait de la morale tout le temps ; je l'écoute, je la trouve juste et je m'en vais moins bon que je ne suis entré. Corrigé ? il ne s'agit pas de cela ; le théâtre n'a jamais corrigé personne et ce n'est pas un sermon que je vais y chercher. Mais enfin, il pourrait m'élargir l'âme, et voilà que tout mon être se resserre. Il semble qu'un vent âpre et sec, un de ces vents d'est qui tendent les nerfs à les briser, ait passé sur mon visage et ait tiré les coins de mes lèvres. Ah ! que l'on casserait volontiers une porcelaine ou une chaise !

» Je sais bien que ce n'est pas là un jugement que je formule. Ce n'est qu'une sensation que je dépeins. On ne peut pourtant pas proscrire le sentiment de sa critique? J'en appelle à tous ceux qui ont vu la pièce nouvelle; j'en appelle à vous tous qui la verrez; car il est bien probable que vous y passerez tous. Admirateurs ou adversaires, n'est-ce pas là ce que vous avez éprouvé? Le degré n'y fait rien; chacun sent comme il peut. Mais avez-vous ri d'un rire franc et sain? Avez-vous pleuré de bonnes et douces larmes? Non, n'est-ce pas? Et si vous avez ri... Je l'écoutais hier, ce rire qu'excitent certains mots de Dumas fils, j'en étudiais la sonorité particulière; c'est le rire du scandale. Il a quelque rapport avec celui qu'on entend à la Comédie-Française, quand il y a beaucoup de femmes dans la salle, et qu'on joue quelque comédie de Molière où se trouve le mot de *lavement*, ou quelque autre qui sonne à présent aux oreilles comme une incongruité.

» C'est que Dumas parle sur la scene de choses qui, dans l'ordre moral, font sur l'imagination un effet... médicinal. Eh oui! on prend médecine dans la vie privée, mais, sacrebleu! on ne réunit pas quinze cents personnes pour leur en conter les suites. On vaque à ces malpropretés dans le silence du cabinet.

» Toute la pièce de Dumas se résume dans cette phrase que prononce à la fin un de ses personnages : « Voilà tout ce qui reste de l'adultère : la haine de la femme et le mépris de l'homme. Eh bien, alors, à quoi bon? » Et sur ce bel axiome, voilà Dumas enchanté d'avoir fait le moraliste! Il croit que cette morale-là persuadera jamais personne! Est-ce qu'on empêche rien avec un : *à quoi bon?* Eh mais! pourrait-on répondre à Dumas fils : à quoi bon? à être heureux six mois, un an, dix ans, que sais-je? Tous les hommes ne sont pas tels que celui que vous présentez; tous les amours ne se comportent pas de si cruelle et ignoble façon! Il y a même, dans l'irrégularité, d'honnêtes cœurs qui respectent d'autant mieux la foi jurée, que le serment n'a point reçu de sanction légale. Du moment que je n'ai qu'un *à quoi bon?* devant moi, je me risque.

» Au fond, Dumas n'obtiendrait pas plus de résultat contre le vice en s'y prenant d'autre sorte pour le combattre à la scène. J'en reviens toujours là ; le théâtre n'a jamais corrigé et ne corrigera personne. Il ne peut qu'en ouvrant l'âme à des idées plus hautes, à des sentiments plus nobles, la disposer à prendre de bonnes résolutions et lui en rendre l'exécution plus facile. Mais ce qui m'enrage contre lui, c'est la prétention qu'il affiche à faire de la morale, quand il n'y a rien... ma foi, je vais lâcher le mot, il me brûle les lèvres, de plus démoralisant que ces sortes de spectacles.

» *Il familiarise les imaginations avec cette idée de l'adultère, qu'on veut leur rendre affreuse. Il leur apprend à la considérer de sens rassis. Car Dumas ne se doute pas de cela ; — ce qui lui manque dans ces analyses, fines et froides comme l'acier, c'est de ne pas aimer les femmes, ou, comme on voudra, la femme. Elle n'est pour lui qu'un sujet de dissection. Il ne compatit point à sa chute, il ne s'en indigne point ; dans cette œuvre de misère, de plaies et de sang, il ne voit qu'un à quoi bon ? Prenez, tordez la comédie nouvelle, vous en exprimerez des idées ingénieuses, des mots brillants, des théories où la vérité revêt l'air du paradoxe, mais je donne ma tête à couper qu'il n'en tombera pas une phrase émue, une pauvre petite larme. Cela est sec comme une corde de pendu.*

» Je m'emporte et j'ai tort. C'est qu'aussi je m'en veux d'admirer si fort ce qui me semble si détestable. J'ai beau faire, que voulez-vous ? Cela est si personnel, si hasardeux, si brillant ; il y a là dedans une telle sûreté de main, une si puissante autorité d'exécution ; toute cette brutalité se couvre de tant d'esprit, qu'il n'y a pas moyen de résister. On est furieux contre ce diable d'homme, et il séduit, et il dompte ; on se laisse prendre quoi qu'on dise.

» Vous avez entendu parler de ce prédicateur du vieux temps, le père André, qui prêchait la vertu dans une langue et avec des métaphores à faire rougir un lansquenet. On l'applaudissait pourtant et on riait. Il avait de la bonne humeur et du talent. Dumas lui ressemble. Il donne les meilleurs conseils du monde, dans un langage qui relève à la fois des manuels de physiologie et de la *Vie parisienne* de Marcelin. Tout cela passe à force d'esprit. Mais quand on en a tant, pourquoi ne l'emploie-t-on pas à autre chose? Dumas a encore gagné la gageure qu'il avait faite contre l'impossible ; le voilà bien avancé ! On dit partout, en ce moment, dans Paris : « Il n'y avait que lui au monde pour faire passer cela ! Quelle audace et quel talent ! »

» Et moi, je réponds tout bas par le mot de la pièce : à quoi bon ? Voilà bien de l'audace en pure perte et du talent mal employé ! Il écrit maintenant ses pièces du même style que ses préfaces. C'est ce même goût d'études physiologiques et morales, ce même art de relever les maximes ordinaires de la vertu par le cynisme hardi des métaphores ; et la curiosité des détails crus exprimés plus crûment encore. Il me semble voir là un libertinage d'imagination blasée qui s'excite : *l'Amour*, de Michelet, sans les effusions de tendresse de Michelet.

» Et, au bout de tout cela, je n'ai pas encore dit de quoi il s'agissait dans cette *Visite de noces*. C'est qu'en vérité ce n'est pas trop la peine. De pièce, il n'y en a pas, au sens vrai du mot. La fable est d'une invraisemblance parfaite. Jamais on n'admettra qu'une femme, qui est restée digne en sa faute, se prête à l'horrible comédie qu'elle joue pour démasquer son ancien amant. Ceci est de l'hébreu pour vous ; mais il faudrait entrer dans trop de détails pour m'expliquer plus clairement. Allez voir la pièce. Elle en vaut la peine. Je l'ai vue deux fois et elle m'a passionnément intéressé, la seconde fois aussi bien que la première. Vous serez peut-être agacé, furieux ; jamais elle ne vous laissera indifférent. Il n'y a pas une seule minute place pour l'inattention et l'ennui.

» Au reste, je me ferais scrupule de vous conter le drame. Dumas, par une manœuvre très hardie et très dangereuse, dont il est coutumier, et qui lui a encore réussi cette fois, a voulu que le public fût mystifié jusqu'à la dernière scène. Les auteurs prennent d'ordinaire le public pour confident et le mettent de moitié dans les intrigues qu'ils nouent; Dumas a préféré le prendre pour dupe, sûr d'avoir raison de la mauvaise humeur de cette déception. Il ne faut donc point, par une analyse exacte, lui déflorer son sujet... »

Eh bien, mon cher Sarcey, comme je vous le disais plus haut, nous sommes d'accord. Cette impression que vous avez éprouvée, les artistes, aux répétitions, l'éprouvaient comme vous et avant vous, et j'en suis très heureux, car cette impression profonde, presque douloureuse, je voulais qu'on l'éprouvât. Je ne faisais pas une idylle, je faisais une satire, plus qu'une satire, une exécution. Il ne faut pas frapper une femme, même avec des roses, dit le proverbe oriental; mais l'homme, tout est bon pour le frapper quand il mérite qu'on le frappe, et c'était l'homme que je frappais. Je dénonçais, je trahissais mon sexe au profit de la femme, que vous m'accusez de ne pas aimer. Ne prouve-t-on aux gens qu'on les aime qu'en compatissant à leurs chutes, qu'en pleurant de leurs fautes, et le proverbe « qui aime bien châtie bien » n'at-il pas sa raison d'être pour qui a charge d'âmes? Vous me reprochez aussi de traiter l'adultère comme une bagatelle; le faux, oui. Madame de Morancé parle légèrement des trois derniers amants qu'elle a eus, mais parce qu'elle ne les a pas eus, et l'adultère est pour elle chose si grave, qu'elle se prête, pour en connaître le fond et pour s'en sauver, à ce jeu auquel vous prétendez qu'aucune femme ne se prêterait.. Et Hermione, quand elle laisse entendre à Oreste qu'elle l'aime et quand elle lui promet de l'épouser s'il tue Pyrrhus, ne se prête-t-elle pas à une bien autre combinaison que madame de Morancé? Mais, me direz-vous, *Andromaque* est une tragédie. *La Visite de noces* en est une aussi. Elle n'a pas cinq actes, elle n'est pas en vers, elle n'est pas de Racine, malheureusement; souvent le rire y éclate, parce qu'on rit souvent autour de ceux qui souffrent, mais c'est une tragédie, c'est la plus grande, la plus redoutable tragédie de la femme. Le célibat, le mariage et l'adultère, voilà la trilogie tragique où se débat la vie des femmes, voilà où nous pouvons puiser éternellement, nous, les poètes dramatiques; mais celle des trois phases où la tragédie est la plus poignante, c'est évidemment la dernière, puisque non seulement l'idéal mais la pudeur, l'honneur, la réputation, la conscience, la vie de la femme y sont en jeu ! Et vous ne voulez pas que le théâtre qui, s'il n'a pas le mérite de corriger, a le droit de prévenir et le droit de constater, vous ne voulez pas que le théâtre puisse dire à la femme : « Prends garde ; au fond de cet amour illégitime où tu risques ton idéal, ta pudeur, ton honneur, ta réputation, ta conscience, ta vie, il pourrait bien ne te rester, avec le déshonneur et le remords, que ta haine pour l'homme aimé et le mépris de l'homme aimé pour toi ? Regarde, ne fût-ce qu'une fois, ne fût-ce que pendant une heure, regarde l'abime, mesure la chute, respire ces miasmes et sauve-toi s'il en est temps, encore ! » Tous les hommes ne sont pas ainsi, me dites-vous, et il y en a pour qui le serment est d'autant plus sacré, qu'il n'a pas été légalement fait; ceux-ci sont rares. Le cas que je vous soumets ne se présente pas quatre-vingt-dix-neuf fois sur cent, mais neuf cent quatre-vingt-dix-neuf fois sur mille. J'ai donc le droit de vous le soumettre.

Vous me disiez, à propos d'une autre comédie de moi, que vous aviez plus vivement combattue que celle-ci dans son temps, *l'Ami des femmes*, vous me disiez que vous connaissiez mieux les femmes que moi et que vous aviez été souvent leur confident. Je n'ai pas besoin de vous rappeler, mon cher Sarcey, que ce n'est pas seulement par ce que les femmes nous disent que nous devons les connaître, mais aussi et surtout par ce qu'elles ne nous disent pas. Si elles se connaissaient assez elles-mêmes pour nous apprendre comment elles sont, elles ne tomberaient pas si souvent dans les pièges que les hommes leur tendent, pièges grossiers, dont je leur ai, dans cette pièce en question, montré le mécanisme et le danger. N'importe. Puisque nombre de femmes vous ont fait leurs confidences, vous avez dû remarquer que ces confidences ont toutes le même point de départ : une première erreur en matière d'amour. Vous n'êtes pas sans avoir rencontré des femmes qui, bien nées, riches, avec de bons parents et de bons instincts, ont failli non pas une, mais plusieurs fois, et qui sont tombées de ce monde, où je laisse madame de Morancé, dans ce *Demi-Monde*, que vous aimez tant, où j'ai fait tomber madame de Santis, au seuil duquel j'amène madame de Lornan. Demandez à ces femmes déclassées comment elles ont dégringolé du mariage dans la galanterie et du respect dans le mépris; elles vous raconteront toutes, si elles sont sincères, et les femmes sont toujours sincères quand la sincérité peut leur être une excuse, elles vous raconteront toutes ce que madame de Morancé raconte ; l'idéal dans le premier, le dépit dans le second, la galanterie dans le troisième, le laisser aller dans le quatrième, la curiosité de la sensation et finalement le libertinage dans les autres.

Cela ne vous paraît pas mériter la peine d'être dit, et d'être dit rudement, avec âpreté, tout en utilisant l'esprit, le rire, et toutes les surprises du théâtre. Vous y voulez des consolations, des miséricordes et des larmes, des contre-parties où l'amour adultère serait heureux peut-être, c'est-à-dire que, comme le cardinal du Perron, je crois, après avoir prouvé que Dieu existe, vous voulez que je prouve qu'il n'existe pas, ce qui équivaudrait à soutenir une thèse pour ne rien prouver. Des consolations, des miséricordes et des larmes, vous en trouverez, et plus qu'il n'en faut, dans d'autres pièces de mes confrères. C'est à force de s'apitoyer et de pleurer sur la faute de la femme, qu'on la lui rend excusable et facile. Et cependant, puisque nous étions au théâtre, j'ai voulu que, pour cette fois encore, ma donnée ne fût qu'une fiction. C'est un jeu que madame de Morancé joue sur le conseil qu'un véritable ami des femmes comme vous serait le premier demain à donner à une femme dans le même cas. « Jouez seulement pendant une demi-heure la comédie dont je vais vous donner le plan, lui diriez-vous, et vous saurez à quoi vous en tenir sur cet homme qui vous occupe encore, et que vous devez chasser de votre esprit et de votre cœur, parce qu'il n'est pas digne de vous. »

C'est, à peu près, ce que j'ai voulu dire aux femmes dans *la Visite de noces* : « Tout cela n'est pas arrivé, mesdames, mais cela aurait pu arriver, et alors quelle honte ! » Cela ressemble un peu à l'histoire, que nous nous racontions au collège, de ce Provençal qui donne tout à coup une gifle à son fils qui lui dit : « Mais, papa, je n'ai rien fait, » — et qui répond : « Juge un peu ce que ce serait si tu avais fait quelque chose. »

Le théâtre, mon cher Sarcey, n'est pas le théâtre, il n'est que le spectacle si, un sujet étant donné, nous ne le poussons pas jusqu'à sa dernière conséquence. C'est parce qu'il est logique et impitoyable, qu'il use tant du rire et des larmes. Entre ce rire et ces larmes, nous glissons l'enseignement que nous avons mission de donner, et dont le public nous sait gré, au fond, bien qu'il n'en profite pas. Vous, critique, vous n'avez pas à me dire : « Vous auriez dû prendre tel autre sujet ; » vous avez à voir si du sujet choisi j'ai tiré tout le parti que je pouvais tirer. Vous regrettez que, dans *la Visite de noces*, il n'y ait pas une larme ; cette larme ne devait pas s'y trouver. Le linge sale que je lavais en public ne se lave pas dans des larmes.

Le rire me suffisait donc, le rire âpre, amer, chauffé à blanc, tel qu'il faut l'appliquer dans certains cas. Je connais une jeune mère qui adorait son enfant, lequel adorait un petit chien. Le petit chien tout adoré qu'il était, devint enragé, et il mordit l'enfant à la joue. Savez-vous ce que fit la mère ? Elle fit rougir une pelle et plongea et promena le fer rouge dans la plaie. L'enfant se débattait et criait, la mère n'écouta rien et l'enfant fut sauvé. Il a une cicatrice, c'est vrai, mais il vit. Auriez-vous mieux aimé que la mère pleurât ? Il y a des cas où il faut mettre tout de suite les pelles au feu, et l'adultère est un de ces cas. « Qu'importe, dites-vous, si j'ai pu être heureux un an, dix ans, que sais-je? » Et l'autre, la femme qui vous a rendu heureux, qu'est-ce qu'elle devient? Elle passe à un autre, ou elle se résigne; cela ne vous regarde pas. Vous avez été heureux, c'est l'important.

Êtes-vous sûr de ne pas être plus cruel avec votre philosophie que moi avec ma pelle rougie au feu?

Faut-il tout vous dire? Pourquoi pas, puisque nous causons et que nous sommes de bonne foi tous les deux. Quand M. de Cygneroi, dans sa scène avec Lebonnard, fait une décomposition de l'adultère, c'est moi qui parle. Je suis avec lui; car ce n'est pas neuf cent quatre-vingt-dix-neuf fois sur mille, c'est neuf mille neuf cent quatre-vingt-dix-neuf fois sur dix mille que je ne crois pas à ce que vous appelez l'amour dans l'adultère. Une fois sur dix mille il peut exister, voilà tout ce que je vous concède. Cette fois-là, ma comédie est inutile, parce que l'homme a dit à la femme : « Tu me donnes ton honneur, je te donne ma vie. » Cet engagement pris et tenu, nous ne sommes plus dans l'adultère, nous sommes dans l'amour et l'amour excuse tout. Mais comme je vous le disais en commençant, il faut que ce soit l'amour, le vrai amour, et celui-là est rare comme le vrai génie, comme la vraie vertu, comme le vrai bon sens, comme tout ce qui est vrai enfin. Il y a beaucoup d'appelés, peu d'élus et tous n'y sont pas propres.

Cependant, je le reconnaîtrai, la passion peut avoir l'honneur d'être quelquefois confondue avec l'amour. Elle peut tromper les autres, car elle se trompe souvent elle-même, ce que ne font jamais ni la galanterie, ni le caprice, ni le libertinage, qui savent très bien et d'avance ce qu'ils veulent. La passion a des ardeurs, des sincérités, des éloquences souvent irrésistibles. Elle peut même arriver aux mérites et aux triomphes de l'amour, si l'être qui en est l'objet reste son objet unique pendant toute la vie de celui qui l'éprouve. Exemple : des Grieux. Là, nous sommes en pleine passion, et le jeu, la tricherie, la meurtre, font cortège à notre héros. L'objet de cette passion, Manon, est absolument indigne d'inspirer l'amour. Elle ne se fait plaindre que par un châtiment qu'elle ne peut fuir; elle ne se fait absoudre que par une mort qu'elle ne peut éviter. Elle ne se rachète pas volontairement et par un effort sur elle-même. Pourquoi des Grieux, au milieu de toutes ses fautes, obtient-il, lui, d'être élevé au rang des amants véritables, des immortels amants? Pourquoi le sentez-vous l'égal de Paul et de Roméo, bien que Manon ne soit l'égale ni de Virginie ni de Juliette? Parce que l'indignité de l'objet ne change pas plus la qualité de l'amour que la grossièreté du verre ne change la qualité du vin. Comme des Grieux n'aime que Manon, comme rien ne nous permet de supposer, comme il ne peut lui-même admettre la pensée qu'une nouvelle femme puisse l'occuper jamais, comme il ne quitte celle qu'il aime que lorsqu'elle est morte, après avoir tout fait pour la sauver, après avoir voulu mourir avec elle, nous décernons à cette passion coupable, mais unique, le même prix qu'à l'amour.

Il n'en est pas moins vrai que, comme disait un de nos amis qui cherchait plus la véritable signification des mots dans les analogies que dans les racines, le mot *passion* vient du verbe *passer*. En effet, si la passion a pour excuse qu'elle croit devoir être éternelle, elle a pour caractère ordinaire et fatal de ne l'être pas.

Si grand que soit un incendie, quelques lueurs qu'il jette dans le ciel, quelque étendue qu'il dévore, il finit toujours par s'éteindre, et plus il a brûlé, plus il a brillé, plus il laisse après lui de ruines, de désespoir, de misère et de solitude !

Telle est la passion; elle se dévore et se consume à son propre feu, tandis que l'amour occupe toute une vie, si longue qu'elle soit, et tellement qu'à l'heure de la mort il en reste encore assez pour emplir l'éternité. Vous n'avez pas aimé si vous n'avez pas cru que, après la vie, vous alliez aimer toujours, éternellement jeune, éternellement beau, l'être que vous avez aimé sur la terre, soit qu'il vous ait devancé, soit qu'il doive vous suivre dans la mort. C'est pour cela, sans doute, que l'idée et presque le désir de la mort s'unissent si facilement dans l'esprit de l'homme aux plus grandes ivresses de l'amour. La vie lui paraît trop courte et trop étroite pour contenir ce qu'il éprouve, et l'éternité que l'amour divin lui promet ne lui paraît ni trop grande ni trop large, pour l'épanouissement de son amour terrestre. L'amour, au contraire de la passion, s'alimente et se renouvelle sans cesse à son propre foyer, sans pouvoir s'épuiser jamais. Ce n'est pas le feu terrestre, c'est le feu divin ; ce n'est pas un hasard, ce n'est pas un choc imprévu qui le fait naître, c'est l'harmonie universelle qui le crée. L'amour, c'est le soleil de l'âme, et c'est pour cela que l'amour est toute chaleur, tout mouvement, toute création, toute lumière. Il n'y a pas deux amours, pas plus qu'il n'y a deux soleils. On peut avoir eu deux passions, on n'a jamais deux amours! Qui a aimé deux fois, n'a pas aimé, voilà l'absolu.

Les poètes, qui sont sinon les seuls, du moins les premiers confidents de Dieu, les poètes, c'est-à-dire ceux qui savent sans avoir appris, ceux qui devinent, les poètes ne s'y trompent pas.

Lorsqu'ils veulent introduire dans l'art un type nouveau de l'amour, ils ne s'écartent jamais de ce principe : un seul amour dans une seule vie. Philémon et Baucis, Héro et Léandre, Orphée et Eurydice, Paolo et Francesca di Rimini, Roméo et Juliette, Paul et Virginie : amour unique et éternel.

Un des deux amants reste-t-il indifférent ou devient-il infidèle? l'amour de l'autre ne fait que s'accroître de ce que l'être aimé a perdu en lui-même. C'est Didon qui meurt de l'abandon d'Énée; c'est Calypso qui ne peut se consoler du départ d'Ulysse, c'est Ménélas qui pardonne à Hélène, tout comme des Grieux pardonnera à Manon.

Nous sommes-nous trompé? Avons-nous à tort glorifié deux amants? L'histoire vient-elle, preuves en mains, nous sommer de reconnaître notre erreur? Reste-t-il évident que Raphaël est mort d'une pleurésie et non de son amour pour la Fornarine ; que la Laure de Pétrarque était une bonne épouse, mère d'une douzaine d'enfants légitimes ; que le Tasse a aimé et chanté deux Éléonore différentes? l'idéal de l'amour unique est si nécessaire à l'imagination de l'homme, que nous répondons à la vérité : « C'est toi qui te trompes, et notre mémoire et notre sympathie restituent et maintiennent la tradition de Raphaël et de la Fornarine, de Laure et de Pétrarque, d'Éléonore et du Tasse. Ils ne sont plus des faits, soit ; ils deviennent des légendes.

Tel est le caractère distinctif de l'amour : l'unité, l'éternité, et dès lors, mais à cette condition seule, il peut exister dans toutes les situations, malgré tous les obstacles.

Cet amour-là donne l'éternité à ceux qui l'éprouvent ; il donne l'immortalité à ceux qui le chantent. Gloire à ceux qui le chantent et l'éprouvent à la fois.

Malheureusement, tous les poètes n'ont pas pour peindre l'amour le génie de Virgile, de Dante et de Shakespeare ; mais tous ont l'âme assez haute pour le voir, assez large pour le comprendre, assez délicate pour le respecter, et qui accusera un poète d'avoir dénigré l'amour, portera toujours une accusation injuste. Les poètes maudissent quelquefois l'amour lorsqu'il les a fait souffrir ou les a dédaignés, jamais ils ne le méprisent ; et quant à la satire qu'ils font des faux amants, elle n'est qu'un hommage de plus rendu aux vrais. Ce n'est pas insulter le lion que de bafouer l'âne affublé de sa peau.

Voilà, mon cher Sarcey, à peu près tout ce que j'avais à vous dire, aujourd'hui, sur ce sujet ; et je crois même que je vous aurai tout dit, quand je vous aurai de nouveau assuré de tous mes sentiments de reconnaissance et d'amitié.

PERSONNAGES

Acteurs
qui ont créé les rôles.

DE CYGNEROI (Gaston).................. MM. LANDROL.
LEBONNARD............................ REYNARD.
MADAME DE MORANCÉ (Lydie)......... Mmes AIMÉE DESCLÉE.
MADAME DE CYGNEROI (Fernande)..... ANDRÉE KELLY.
UNE BONNE............................ JULIETTE.
UN VALET DE CHAMBRE............. M. VICTOR.

De nos jours, à la campagne.

UNE
VISITE DE NOCES

Un salon à la campagne.

SCÈNE PREMIÈRE
LYDIE, LEBONNARD, au milieu.

LEBONNARD.

Voici deux heures qui sonnent.

LYDIE, agitée.

Nos amis sont en retard.

LEBONNARD.

Non, c'est votre pendule qui avance.

LYDIE, avec un soupir.

Ah!...

LEBONNARD.

Vous êtes émue?

LYDIE.

C'est bien naturel, je crois.

LEBONNARD.

Tâchez qu'on ne le voie pas.

LYDIE, allant chercher sa respiration au fond de sa poitrine
Oh!...

LEBONNARD.

C'est fait?

LYDIE.

Oui.

LEBONNARD.

Vous êtes prête?

LYDIE.

Oui.

LEBONNARD.

Tout est bien convenu? Vous n'avez rien oublié? Vous ne regretterez rien?

LYDIE.

Rien; pourvu que je ne pense plus à cet homme!

LEBONNARD.

Soyez tranquille, vous ne penserez plus à lui.

LE VALET DE CHAMBRE, annonçant.

Monsieur et madame de Cygneroi!

LYDIE, à part.

Ils sont venus bien vite.

SCÈNE II

Les Mêmes, DE CYGNEROI, FERNANDE, UNE BONNE, portant un enfant de trois mois.

LYDIE, à Fernande, du ton le plus affectueux, mais en l'examinant des pieds à la tête.

Enfin!

DE CYGNEROI, tendant la main à Lydie.

Ma chère comtesse, permettez-moi de vous présenter madame de Cygneroi. J'aurais été heureux de faire cette présentation le jour même de mon mariage, car vous serez, je l'espère, une de nos meilleures amies, mais vous étiez absente.

LYDIE.

J'avais été forcée de rejoindre mon mari, qui était très malade et qui est mort quelques jours après.

DE CYGNEROI, étonné.

Vous êtes veuve?

LYDIE.

Depuis plus d'un an.

DE CYGNEROI.

Comment ne m'en avez-vous pas informé?

LYDIE.

Je ne savais où vous étiez. (Prenant la main de Fernande.) Nous regagnerons bien vite le temps perdu, madame. M. de Cygneroi et moi sommes de vieux amis, et je crois avoir été la première confidente de son amour pour vous.

DE CYGNEROI.

Je vous devais bien cela, comtesse.

FERNANDE.

Mon mari m'a parlé de vous souvent, madame; nous sommes revenus il y a seulement deux jours, et ma première visite...

LYDIE.

Vous avez voyagé toute l'année?

FERNANDE.

Pendant les six premiers mois; puis nous sommes venus nous établir en Bretagne, chez mon père. Je tenais à être auprès de lui pour mes couches. Voulez-vous que je vous présente monsieur mon fils, âgé de trois mois? Il m'a fallu l'emmener avec moi, sans quoi il m'eût été impossible de vous rendre visite, puisque je suis...

DE CYGNEROI, l'interrompant.

Fernande!

FERNANDE.

Eh bien, oui, je suis nourrice et j'en suis fière. La comtesse a eu des enfants, sans doute?

LYDIE.

Non, madame.

FERNANDE.

Je vous plains. C'est si amusant!

LYDIE, bas, à Lebonnard

Elle est bête!

LEBONNARD, bas.

Mais non, mais non.

LYDIE, regardant l'enfant que lui présente la bonne, pendant que Fernande soulève tout doucement le voile qui couvre le visage du petit.

Il est magnifique. Il est déjà très fort.

FERNANDE.

Je le crois bien! Il pesait dix livres en venant au monde. N'est-ce pas, Gaston? C'est toi qui l'as pesé. Si vous saviez comme j'ai souffert! J'ai cru que j'en mourrais! On ne sait pas tout ça quand on se marie. Pauvre cher mignon! Mais quelle joie aussi au premier cri qu'il pousse! Et celui-ci n'a pas perdu de temps! Il a crié tout de suite. C'est même la seule fois qu'il a crié. Il rit toujours. — Faites une belle risette à madame. Voyez-vous! Je m'étais confessée la veille; on ne sait pas ce qui peut arriver. Ma cousine est accouchée un peu avant moi, le 23 juin, moi le 2 juillet; son fils est donc plus âgé que Gaston (mon fils a le même nom que son père) : eh bien, il n'y a pas de comparaison, comme taille et comme intelligence. Celui-ci comprend déjà tout. Ce n'est pas parce qu'il est mon fils, mais il est vraiment extraordinaire.

SCÈNE TROISIÈME.

LYDIE.

Comme tous les enfants!

FERNANDE.

Et moi, je suis orgueilleuse comme toutes les mères.

LA BONNE, qui porte l'enfant, à Fernande.

Madame?...

FERNANDE, regardant sa montre.

C'est son heure?

LA BONNE.

Oui, madame.

FERNANDE.

Monsieur a faim. Mais c'est que, quand on ne le sert pas tout de suite, il se met en colère. Vous permettez, chère madame?

Elle prend l'enfant dans ses bras et se dispose à sortir.

LYDIE.

Je veux vous conduire... jusqu'à la salle à manger. (Bas, à Lebonnard.) Décidément, elle est bête.

LEBONNARD, bas.

Mais non, mais non.

SCÈNE III

LEBONNARD, DE CYGNEROI.

LEBONNARD.

Eh bien, ça va comme sur des roulettes?

DE CYGNEROI.

Oui.

LEBONNARD.

Est-ce que tu es fâché?

DE CYGNEROI.

Oh! mon Dieu, non! Mais j'étais un peu inquiet. Je ne

puis faire autrement que de présenter ma femme à madame de Morancé, chez qui je venais avant mon mariage : les convenances m'y forcent ; mais j'aurais autant aimé ne pas amener ma femme ici.

LEBONNARD.

Pourquoi ?

DE CYGNEROI.

Tu le demandes ?

LEBONNARD.

Oui, dis-le-moi.

DE CYGNEROI.

Madame de Morancé et ma femme ne doivent pas être liées ensemble.

LEBONNARD.

La raison ? Madame de Morancé est une femme du monde, du meilleur monde. Personne n'a rien à dire sur elle, elle ne s'est jamais compromise, elle n'a jamais eu d'amant !

DE CYGNEROI.

Eh bien, et moi ?

LEBONNARD.

Toi ! tu as été l'amant de madame de Morancé ? C'est toi qui le dis ; mais, si c'était vrai, tu devrais être le dernier à le dire ! Heureusement, ce n'est pas vrai.

DE CYGNEROI.

Comment, ce n'est pas vrai ?

LEBONNARD.

Prouve-le-moi.

DE CYGNEROI.

Tu deviens fou ! Tu étais notre unique confident. (Lebonnard se met à rire.) Qu'est-ce que tu as à rire ?

LEBONNARD.

Tu m'amuses bien.

SCÈNE TROISIÈME.

DE CYGNEROI.

Pourquoi ce petit ton goguenard?

LEBONNARD.

Qu'est-ce que c'est qu'être l'amant d'une femme?

DE CYGNEROI.

Ce que c'est?

LEBONNARD.

Oui.

DE CYGNEROI.

Si tu ne le sais pas à ton âge, tu ne le sauras jamais.

LEBONNARD.

Raison de plus pour me l'expliquer.

DE CYGNEROI.

Ça est ou ça n'est pas; ça n'a pas besoin d'être expliqué.

LEBONNARD.

Alors, c'est un fait.

DE CYGNEROI.

Naturellement.

LEBONNARD.

Quel est le caractère d'un fait?

DE CYGNEROI.

Tu sais que tu es insupportable avec ta dialectique?

LEBONNARD.

Le caractère d'un fait, c'est de pouvoir être prouvé, soit par les témoins qui l'ont vu, soit par les traces qu'on en retrouve, soit même par la notoriété ou la tradition. Auguste est monté au ciel après sa mort : Numerius Atticus l'a vu et déclaré publiquement; Charles IX a tiré sur le peuple, et 93 a inauguré la liberté en France, voilà des faits incontestables. Où est le témoin, la notoriété, la tradition qui prouve que tu as été l'amant de madame de Morancé? Es-tu prêt, comme Numerius Atticus, à en faire en public un serment solennel, à mettre l'aventure en scène comme Marie-Joseph Chénier, à l'imprimer dans l'*Ami du Peuple*, comme Marat? Est-ce dans l'histoire, dans la légende, sur les lèvres des hommes? Tu voudrais que cela fût de nouveau toi qui dis que cela a été; cela serait-il encore? Tutoies-tu madame de Morancé devant le monde? L'embrasses-tu devant ses domestiques? L'appelles-tu : « Mon gros minet chéri »? As-tu une seule lettre d'elle? Et n'a-t-elle pas, elle, le droit de te mettre à la porte si tu fais allusion à un fait qui ne doit exister que dans ton imagination? Enfin, si, pour sauver ta vie ou ton honneur, il fallait que tu prouvasses ce fait, pourrais-tu le prouver? Non! donc cela n'est pas. Il n'y a de vrai que ce qu'on prouve, et l'on ne peut prouver que ce qui est vrai. Tu as rêvé, mon bon.

DE CYGNEROI.

Et la conclusion de ce discours?

LEBONNARD.

Est que madame de Morancé est pour toi, comme pour moi, une femme du monde, du même monde que ta mère, ta sœur et ta femme, une femme chez qui tu as dîné quelquefois, lorsque tu étais garçon, et à qui ton devoir est de présenter ta femme, quand tu te maries, parce qu'elle est digne de ton respect.

DE CYGNEROI.

De mon respect, soit; de mon estime, non. L'estime et le respect ne sont pas même chose. On respecte les situations; on n'estime que les caractères. Tu es célibataire, c'est un état qui a du bon, mais marie-toi demain avec une jeune fille bien pure, bien innocente, bien honnête, et tu verras le cas que tu feras immédiatement de toutes les femmes du monde, de tout le monde et à tout le monde, dont tu auras été l'amant pour occuper et dépenser ta jeunesse. Tu verras dans quelle pitié, pour ne pas dire dans quel mépris, tu les enseveliras à tout jamais, et quelle fosse commune tu creuseras pour y jeter à la hâte et pêle-mêle les marquises et les bourgeoises, les grandes dames et les courtisanes! et qu'elles se débrouillent là dedans comme elles pourront; elles se valent! On a eu tort de les poursuivre, elles ont eu tort de céder, mais on ne les a poursuivies que parce qu'il était évident qu'elles céderaient. Ça de l'amour? allons donc! Du plaisir tout au plus, et encore quel plaisir!

LEBONNARD.

Autrement dit, tu es comme tous les hommes : tu as deux morales selon les circonstances; tu raisonnais jadis en célibataire, tu raisonnes maintenant en mari. Ça s'appelle égoïsme avant, ingratitude après. Lovelace est mort! vive Prud'homme!

DE CYGNEROI.

Grands mots!

LEBONNARD.

Donc, si madame de Morancé était devenue veuve, pendant ta première manière, tu ne l'aurais pas épousée?

DE CYGNEROI.

Elle ne l'est pas devenue, ça arrange tout.

LEBONNARD.

Tu ne l'aurais pas épousée?

DE CYGNEROI.

Non.

LEBONNARD.

Et quelles raisons lui aurais-tu données de cette lâcheté?

DE CYGNEROI.

Lebonnard!

LEBONNARD.

Le mot n'a rien de blessant, puisque ce n'est qu'une hypothèse. Alors, ton amour aurait pris fin juste au moment où tu aurais pu l'avouer et le prouver, et tu aurais abandonné cette malheureuse femme à ses regrets et à ses remords, sans regrets, sans remords toi-même.

DE CYGNEROL.

Mais je l'ai abandonnée tout de même à ses regrets et à ses remords, et tu vois avec quelle robe elle porte le deuil de son amour, de sa vertu et de son mari pardessus le marché. Mais il n'y a pas d'amour, mais il n'y a pas de remords dans toutes ces affaires, mais tout cela n'est pas vrai! Certes, personne plus que moi n'a cultivé cet amour de contrebande que les moralistes ont flétri du gros nom d'adultère, et, comme je ne suis pas un imbécile, quoi que tu en dises, je me suis donné la peine de soumettre cet amour particulier à une analyse physiologico-philosophico-chimique, et voici le résultat. L'adultère est une de ces mixtures où les éléments s'associent quelquefois, mais ne se combinent jamais. L'élément que la femme apporte se compose d'un idéal renversé, d'une dignité faible, d'une morale élastique, d'une imagination troublée par les mauvaises conversations, les mauvaises lectures et les mauvais exemples, de la curiosité de la sensation, déguisée sous le nom de sentiment, de la soif du danger, du plaisir de la ruse, du besoin de la chute, du vertige d'en bas et de toutes les duplicités que nécessitent les circonstances. L'homme apporte son tailleur, son cheval, la manière dont il met sa cravate, des regards de ténor de province, des serrements de main mécaniques, des phrases qui ont traîné partout et dont les mirlitons ne veulent plus, des protestations avec lesquelles on ne prendrait pas un électeur de Saint-Flour, son désœuvrement, le désir de faire des économies, Clorinde et Paméla ne prêtant que sur gages, enfin, ce qu'il appelle son honneur, c'est-à-dire, en cas d'explosion, la chance de recevoir des gifles, de les garder ou de tuer un homme qu'on a volé, ou, ce qui est plus triste encore, d'aller vivre, avec la femme déshonorée, dans une chaumière où il n'y a plus un cœur. Une fois la cornue sur le feu, en avant le fiacre aux stores baissés, la chambre d'hôtel borgne, les verrous prévoyants, et toutes les hypocrisies traditionnelles; les amis qu'il faut éviter dans les rues, les valets qu'il faut corrompre, les servitudes de tout genre, les humiliations de toute espèce, les souillures de toute sorte. Combine, triture, alambique, décompose, précipite tous ces éléments, et, si tu y trouves un atome d'estime, un milligramme d'amour, une vapeur de dignité, je vais le dire à Rome sur les mains. Faux! faux! faux! Où prendrions-nous de l'amour pour nos femmes, nos mères et nos filles, si nous en mettions là dedans! Prostitution pure, c'est moi qui te le dis! Et tiens, quand je voyais tout à l'heure ma femme, ma femme! causer si ingénument de son enfant et de son amour avec madame de Morancé, j'avais envie de la pousser à la porte en lui criant : « Sauve-toi! j'ai été l'amant de cette malheureuse! »

LEBONNARD, lui tendant la main.

Tòpe là! tu es dans le vrai.

DE CYGNEROI.

Tu plaisantes encore!

LEBONNARD.

Dieu m'en garde! je pense exactement comme toi.

DE CYGNEROI.

Alors, tes sermons de tout à l'heure?...

LEBONNARD.

Simple épreuve! je voulais savoir si tu étais toujours amoureux de madame de Morancé. Je le craignais en te voyant revenir ici.

DE CYGNEROI.

Ah! que tu me connais peu! Mais, sur les trois ans qu'a duré cette... mixture, je n'ai pas été amoureux six semaines. J'en ai eu tout de suite par-dessus la tête. Et des larmes! et des reproches! et des jalousies! et des surveillances! et des terreurs!... Sais-tu combien de fois, madame de Morancé et moi, nous nous sommes trouvés seuls, ce qui s'appelle seuls? Je ne t'ai jamais parlé de cela parce que tu te serais moqué de moi. C'est à ne pas le croire et tu vas trop rire. En trois ans, deux fois, une fois à Lyon, une fois au Havre; car il fallait voyager pour en arriver là, se rencontrer dans un hôtel où l'on n'avait pas l'air de se connaître devant les autres voyageurs, et saisir la première occasion. Tu vois ça d'ici. Et, quand je lui écrivais, je signais Adèle, comme si j'étais une ancienne amie de couvent, et elle signait Alfred! Voilà les lettres que nous nous sommes rendues. Enfin, un jour, j'ai pris mon courage à deux mains, et je lui ai dit tout bonnement : « Je vous respecte trop pour ne pas être franc avec vous; je ne vous aime pas comme vous méritez que l'on vous aime, je me marie! »

LEBONNARD.

Comme c'est simple!

DE CYGNEROI.

Après avoir cherché pendant deux ans, c'est ce que j'ai trouvé de mieux.

LEBONNARD.

Qu'est-ce qu'elle a dit?

DE CYGNEROI.

Elle est tombée roide par terre.

LEBONNARD.

Diable!

DE CYGNEROI.

Un moment j'ai cru que je l'avais tuée. J'ai passé là cinq minutes qui n'ont pas été gaies. Je voulais appeler au secours et je tremblais que l'on n'entrât.

LEBONNARD.

Enfin?

SCÈNE TROISIÈME.

DE CYGNEROI.

Elle est revenue à elle toute seule.

LEBONNARD.

Et alors?

DE CYGNEROI.

Et alors, elle m'a dit : « C'est bien, monsieur, mariez-vous! »

LEBONNARD.

Cela ne manque pas non plus de simplicité. Et depuis?

DE CYGNEROI.

J'ai voulu avoir une explication avec elle.

LEBONNARD.

Allons donc! Je me disais aussi : « L'homme va reparaître! »

DE CYGNEROI.

Mon cher, je n'ai peut-être qu'un mérite, mais je l'ai; je suis tout ce qu'il y a de plus sincère; je n'ai ni orgueil ni parti pris; ce que je sens, je l'avoue; ce que j'éprouve, je le dis. Quand je me suis présenté chez madame de Morancé, elle avait quitté sa maison.

LEBONNARD.

Tu lui as écrit?

DE CYGNEROI.

Parfaitement! Une lettre d'un bête! Mais, tu sais, on écrit, on ne sait pas pourquoi.

LEBONNARD.

Et elle t'a répondu?

DE CYGNEROI.

Elle m'a répondu : « Vous avez eu plus de raison que moi, je vous en remercie! Alfred! » Quand je me suis marié, je lui ai envoyé une lettre de faire part, comme à toutes les personnes que je connaissais. Nous lui avons fait une visite aujourd'hui ; elle nous a très-bien reçus, tout est pour le mieux.

LEBONNARD.

Ah! les femmes! les femmes!

DE CYGNEROI.

Ce qui veut dire?...

LEBONNARD.

Alors, voilà toute ton histoire?

DE CYGNEROI.

Oui.

LEBONNARD.

Tu ne sais pas autre chose?

DE CYGNEROI.

Non! quelle autre chose?

LEBONNARD, faisant signe à Cygneroi de s'approcher pour qu'il puisse lui parler bas.

Lorsque madame de Morancé était... (Il regarde si personne ne peut l'entendre, et baisse un peu la voix.) la maîtresse de don Alphonse...

DE CYGNEROI.

Qu'est-ce que c'est que ça, don Alphonse?

LEBONNARD.

C'est le premier amant de madame de Morancé : un Espagnol qui avait les cheveux noirs, les pommettes roses, les joues bleues, les dents blanches, les lèvres rouges, et qui trouvait moyen, comme tous les Espagnols, de mettre un *r* dans tous les mots qu'il disait... Rrr!

DE CYGNEROI.

Qui est-ce qui t'a fait ce cancan-là?

LEBONNARD.

Ce n'est pas un cancan, c'est un fait.

DE CYGNEROI.

Il y a des témoins? Tu l'as vu? Numerius Atticus...

LEBONNARD.

Numerius Atticus, c'est moi.

DE CYGNEROI, de bonne foi.

C'est absurde.

LEBONNARD.

Quand je te dis que ça est... T'aurais-je laissé quitter cette femme aussi brutalement si je n'avais pas su à quoi m'en tenir sur son compte? Tu es un conquérant, toi, tu es un amant, on ne peut pas tout te dire : je suis sans conséquence, je suis un confident avec qui on ne se gêne pas. Je suis moins heureux, mais j'en sais plus long. Et puis ce ne sont pas ceux qui sont dans la maison qui voient comment elle brûle, ce sont ceux qui sont dehors. Moi qui suis dehors, je vois bien où le feu prend et comment on l'éteint. C'est toi qui as éteint le feu d'Alphonse ou feu Alphonse, si tu aimes mieux. Tu as cru être une torche, tu as été une pompe!

DE CYGNEROI.

Ah! conte-moi ça, parce que c'est du haut comique; c'est du Plaute!

LEBONNARD.

Eh bien, elle a rompu avec don Alphonse en mil huit cent soixante-cinq.

DE CYGNEROI.

Soixante-cinq?

LEBONNARD.

Octobre soixante-cinq.

DE CYGNEROI.

Mais, moi, je suis de juin soixante-quatre.

LEBONNARD.

Ce qui prouve qu'elle commence avec les cerises et qu'elle finit avec les prunes.

DE CYGNEROI.

Ce n'est pas possible. Elle vivait dans la solitude, et puis, enfin, elle n'est pas de ces femmes-là.

LEBONNARD.

Très bien. Connais-tu cette écriture?

Il montre une lettre.

DE CYGNEROI, voulant la prendre.

Si je la connais!

LEBONNARD.

Attends! la formule d'usage. Tu me jures que tu ne diras jamais à madame de Morancé que je t'ai montré cette lettre?

DE CYGNEROI.

Je te le jure!

LEBONNARD, à part.

Qui est-ce qui a besoin d'un faux serment?

DE CYGNEROI, lisant.

« Mon ami... »

LEBONNARD.

Mon ami, c'est moi.

DE CYGNEROI, lisant.

« Mon ami, en l'absence de Gaston... »

LEBONNARD.

Gaston, c'est toi! Regarde la date.

DE CYGNEROI.

Août soixante-quatre.

LEBONNARD.

Et tu étais de juin.

DE CYGNEROI.

Et j'étais de juin.

LEBONNARD.

C'était donc deux mois après que tu étais?...

SCÈNE TROISIÈME.

DE CYGNEROI.

Parfaitement.

LEBONNARD.

Te rappelles-tu t'être absenté ?

DE CYGNEROI.

Oui, je suis allé voir ma mère, qui était malade.

LEBONNARD.

Eh bien, c'est justement pendant cette absence qu'elle a écrit ce billet. Lis.

DE CYGNEROI, lisant.

« Mon ami, en l'absence de Gaston, il faut absolument que je voie A***.

LEBONNARD.

A*** ? Alphonse.

DE CYGNEROI.

J'avais bien compris.

LEBONNARD.

Tu avais bien compris.

DE CYGNEROI

« Donnez-moi donc l'hospitalité aujourd'hui. Éloignez tous les domestiques, et, s'il y avait quelque danger pour moi à entrer chez vous, faites, à votre fenêtre, le signal convenu ! » Ainsi, elle allait chez toi ?

LEBONNARD.

Souvent.

DE CYGNEROI.

Et moi, elle me faisait aller à Lyon ou au Havre.

LEBONNARD.

Il y a des femmes qui aiment mieux dans certaines villes. Moi, j'ai connu « une grande et honnête dame », comme dit Brantôme, qui ne m'aimait qu'à Dombasle, dans la Meuse. Je ne sais pas ce que ce pays-là lui rappelait, mais elle ne voulait pas absolument m'aimer autre part. Je dois à la vérité de déclarer que, une fois là, elle m'aimait bien. Continue.

DE CYGNEROI.

C'est tout ; continue, toi.

LEBONNARD.

Eh bien, elle est venue chez moi, ce jour-là, parce qu'elle voulait rentrer en possession des lettres que don Alphonse ne voulait pas lui rendre, car c'est une femme qui veut toujours qu'on lui rende ses lettres. C'est même depuis cette leçon qu'elle s'est décidée à signer Alfred, quand elle t'écrivait, à toi ou à d'autres.

DE CYGNEROI.

Comment, à d'autres?

LEBONNARD.

Peut-être. Moi, je ne connais que cette histoire-là. Cependant, je crois que, depuis quelque temps, il y a du nouveau. Il vient ici un grand diable d'Anglais...

DE CYGNEROI.

Et pourquoi, à l'époque où ces choses-là se passaient, ne me les as-tu pas fait connaître?

LEBONNARD.

Ce n'était pas mon secret; et puis il n'y avait pas de danger pour toi. Ce n'était ni une jeune fille ni une veuve que tu aurais pu épouser, ce n'était que la femme d'un autre. Au fond, je crois qu'elle t'aimait plus qu'elle n'aimait don Alphonse, mais elle était bien forcée d'en passer par où il voulait pour rentrer dans ses lettres, d'autant plus qu'il connaissait sa nouvelle liaison, et ce n'est que le onze octobre soixante-cinq qu'elle a obtenu son dernier petit morceau de papier.

DE CYGNEROI.

Soixante-cinq?

LEBONNARD.

Soixante-cinq.

DE CYGNEROI.

Alors, sur mes trois ans?...

LEBONNARD.

Don Alphonse te redoit quinze mois environ.

DE CYGNEROI.

Et c'était chez toi que?...

LEBONNARD.

Que les comptes se faisaient. En somme, c'était plus convenable pour tout le monde. Et puis madame de Morancé me l'avait demandé avec tant d'insistance, comme le prouve cette lettre.

Il passe une lettre à Gaston.

DE CYGNEROI, lisant.

« Oui, je me souviens de tout et je ne regrette rien... »

LEBONNARD, vivement.

Ce n'est pas ça! ce n'est pas ça!

DE CYGNEROI.

C'est pourtant son écriture aussi!

LEBONNARD.

Oui, mais c'est pour une autre affaire... Donne! donne!

DE CYGNEROI, regardant l'enveloppe.

Mais la lettre t'est adressée?

LEBONNARD.

Oui.

DE CYGNEROI.

Ah çà! dis donc! toi aussi! *Tu quoque?*

LEBONNARD.

Non, pas précisément.

DE CYGNEROI.

Je comprends pourquoi tu ne me disais rien

LEBONNARD.

Écoute-moi, écoute-moi. Moi, tu sais, c'était... On ne peut même pas dire... Enfin, il faudrait un mot particulier pour ces nuances-là.

DE CYGNEROI.

Alors, nous voilà déjà quatre!

LEBONNARD.

Quatre?

DE CYGNEROI.

Toi, moi, l'Espagnol, rrr!...

LEBONNARD.

Non, non! alors : l'Espagnol, toi, moi...

DE CYGNEROI.

Qu'importe! lord... l'Anglais! Est-ce un lord, au moins?

LEBONNARD.

Oui : lord Gamberfield.

DE CYGNEROI.

Comment, cet affreux Anglais roux qu'elle ne pouvait regarder sans rire, disait-elle?

LEBONNARD.

Souvent femme varie!

DE CYGNEROI.

Nous voilà quatre! Faisons un whist. Entre nous, tu sais comment on appelle les femmes de cette espèce-là?

LEBONNARD.

Parfaitement; mais ce n'est pas la peine de le dire, d'autant plus que voici ta femme.

SCÈNE IV

Les Mêmes, FERNANDE, portant l'enfant.

DE CYGNEROI, courant à Fernande et lui prenant la tête dans ses mains.

Ah! mon ange adoré, comme je t'aime!

FERNANDE, l'embrassant.

Et moi donc! (Apercevant Lebonnard.) Ah! nous ne sommes pas seuls!

DE CYGNEROI.

Devant Lebonnard nous pouvons tout dire, c'est un autre moi-même.

LEBONNARD.

Depuis soixante-cinq.

DE CYGNEROI.

Qu'il te répète ce que je lui disais tout à l'heure et ce que je pense de toi quand je te compare aux autres femmes.

FERNANDE.

Je ne vaux pas mieux que les autres, mon ami; seulement, c'est moi que tu aimes.

DE CYGNEROI, prenant l'enfant dans ses bras et le couvrant de baisers.

Ah! cher petit!

FERNANDE.

Prends garde! ne le secoue pas trop, il vient de déjeuner.

DE CYGNEROI.

Nous allons partir.

FERNANDE.

Nous ne pouvons pas: madame de Morancé m'a invitée à dîner.

DE CYGNEROI.

Tu as accepté?

FERNANDE.

J'ai dit que j'allais te demander si nous le pouvions.

DE CYGNEROI.

Tu diras à madame de Morancé que nous avons affaire à Paris.

FERNANDE.

C'est que nous ne pouvons nous remettre en route avant que l'enfant dorme. En voiture, il ne s'endormira plus. Tu sais qu'il lui faut de la musique pour l'endormir. C'est ça! porte-le. Je vais lui jouer sa *Berceuse*.

Elle se met au piano.

LEBONNARD.

Voilà un tableau charmant.

DE CYGNEROI, tout en dodelinant l'enfant. — A Lebonnard.

Permets-moi de te dire, mon cher ami, que, si tu n'as pas cru devoir me prévenir autrefois, tu aurais pu me prévenir, il y a deux jours, quand je t'ai écrit que nous viendrions faire cette visite et t'ai prié de t'y trouver.

LEBONNARD.

Ce que je viens de te dire, personne ne le sait. Tu trouveras un prétexte pour ne plus revenir, et tout sera dit.

DE CYGNEROI.

Là-dessus tu peux être tranquille.

<small>Il change l'enfant de bras et le secoue au lieu de le bercer. Pendant ce temps, Fernande joue toujours sur le piano la *Berceuse*, de Chopin.</small>

LEBONNARD.

Tu vas réveiller cet enfant. Fais donc attention.

DE CYGNEROI, passant l'enfant à Lebonnard.

Eh bien, porte-le, puisque tu fais tout mieux que moi.

LEBONNARD, qui a pris l'enfant et qui le regarde s'endormir.

Ce pauvre papa, il est en colère contre son ami Lebon-

nard, parce que son ami Lebonnard lui a dit la vérité et
que les hommes, ils n'aiment pas ça, comme les enfants
n'aiment pas le fouet. Quand on pense que, toi aussi, tu
seras un homme et que tu voudras aimer des femmes et
que tu voudras qu'elles n'aient jamais aimé que toi,
comme si tu étais tout seul sur la terre. Et, quand tu
seras bien convaincu qu'elles t'adorent, tu les planteras
là pour courir à d'autres. Et, quand tu apprendras
qu'elles ne t'aimaient pas, tout en ne les aimant plus, tu
seras furieux et tu deviendras jaloux ré-tro-spec-ti-ve-
ment, comme ton petit papa va faire tout à l'heure. Tu
seras donc une bête comme nous tous, mon cher mignon, et tu donneras le jour à d'autres hommes qui
seront bêtes comme toi, et ils en engendreront d'autres
qui seront bêtes comme eux, et ainsi de suite, jusqu'à
ce que Dieu n'ait plus besoin de la bêtise humaine, ce
qui sera long. Dors, mon chéri, tu ne feras jamais rien
de mieux. Ce qui me console un peu, moi, c'est de penser
que la bêtise de ma famille se sera arrêtée à ma personne,
puisque je mourrai sans héritiers directs.

Il embrasse l'enfant.

FERNANDE.

Dort-il?

LEBONNARD.

Parfaitement.

FERNANDE, voyant Lebonnard qui berce l'enfant et de Cygneroi
qui écrit. — A Cygneroi.

Ce pauvre Lebonnard, tu lui fais porter ton fils.

DE CYGNEROI.

C'est lui qui l'a voulu. Il l'adore. Et puis j'avais un mot
à écrire.

LEBONNARD.

C'est vrai, j'adore les enfants comme tous les gens qui
n'en ont pas.

FERNANDE.

Donne-le-moi. Du reste, je préfère, par cette chaleur-là, qu'il dorme sous les arbres.

LEBONNARD.

Je vais vous le porter jusque-là.

FERNANDE.

Où est donc sa bonne?

LEBONNARD.

Elle doit être avec le cocher.

De Cygneroi leur fait un signe amical. Ils sortent.
Il se remet à écrire.

SCÈNE V

DE CYGNEROI, puis LYDIE.

LYDIE, entrant, à Cygneroi qui écrit toujours, mais qui a déchiré plusieurs lettres commencées.

Eh bien, mon cher monsieur de Cygneroi, vous dînez avec nous, n'est-ce pas?

DE CYGNEROI, se levant.

Ah! c'est vous, madame? Non, nous n'aurons pas l'honneur de nous asseoir à votre table. C'était même ce que je vous écrivais là, n'étant pas sûr de vous voir.

LYDIE.

Comment? vous allez vous en aller comme ça, sans me dire au moins adieu, tandis que, moi, je serais très heureuse de commencer au plus vite avec madame de Cygneroi, que je trouve charmante, des relations qui deviendront de l'amitié, j'espère!

DE CYGNEROI.

Malheureusement, cette visite est la seule que nous aurons eu l'honneur de vous faire. Nous repartons pour la Bretagne.

SCÈNE CINQUIÈME.

LYDIE.

Aujourd'hui même?

DE CYGNEROI.

Ce soir.

LYDIE.

Et vous y restez?...

DE CYGNEROI.

Toute l'année.

LYDIE.

Et puis après, toute la vie?

DE CYGNEROI.

C'est bien possible.

LYDIE.

Autrement dit, vous ne voulez pas que je revoie votre femme.

DE CYGNEROI.

Mon Dieu, madame, il y a des situations...

LYDIE.

Bref, vous ne voulez pas que votre femme devienne l'amie de votre... ancienne amie.

DE CYGNEROI.

Et surtout de l'ancienne amie de don Alphonse.

LYDIE, troublée, changeant de ton.

Qui vous a parlé de don Alphonse?

DE CYGNEROI.

Que vous importe! Niez-vous le fait?

LYDIE.

Il n'y a qu'un homme dans le monde qui ait pu vous dire cela, c'est Lebonnard.

DE CYGNEROI.

Et, si Lebonnard m'a dit cela, il a dû me dire autre chose, n'est-ce pas?

LYDIE.

On ne peut donc avoir confiance en personne? Ah! Lebonnard, c'est indigne!

DE CYGNEROI.

D'autant plus que vous aviez payé son silence.

LYDIE, dans un soupir.

Oui! vous avez raison, monsieur de Cygneroi; madame de Cygneroi et moi ne devons pas contracter amitié. Ne m'en veuillez pas, adieu.

DE CYGNEROI.

Je n'ai aucunement le droit de vous en vouloir. Vous étiez libre de vos actions. Seulement...

LYDIE.

Seulement?...

DE CYGNEROI.

Seulement, vous avouerez que ce n'était pas la peine, ayant les souvenirs espagnols que vous aviez, de vous trouver mal lorsque je vous ai annoncé mon mariage. Et, si je vous ai annoncé si simplement mon mariage, c'est que quelque chose en vous me disait que vous me trompiez, bien que vous m'eussiez juré cent fois que j'étais votre premier amour.

LYDIE.

C'était vrai.

DE CYGNEROI.

Seulement don Alphonse était votre premier amant! Je connais ces subtilités féminines. Mais, puisque nous parlons de cela, je voudrais savoir, par curiosité, comment vous, jeune, belle, riche, respectée, bien née, intelligente, et pouvant attendre surtout, vous avez débuté par cet Ibérien au sourire bête.

LYDIE.

Je m'ennuyais, voilà comment ça a commencé; il m'a

ennuyée, voilà comment ça a fini. Telle est en deux mots l'histoire de la première faute des femmes.

DE CYGNEROI.

Et les autres fautes?

LYDIE.

Viennent tout naturellement à la suite, comme les courants d'air par les portes ouvertes.

DE CYGNEROI.

Est-ce bien vous qui parlez? Vous?

LYDIE.

Ah! mon cher, vous me questionnez, je vous réponds dans le langage qui convient à ma position actuelle. Celles qui disent qu'elles se sont arrêtées après une première faute, après une première déception surtout, et que, trompées et rejetées dans la solitude par l'homme qu'elles aimaient, elles sont revenues silencieusement et résolument sur leurs pas au lieu de continuer à descendre, celles-là mentent, c'est moi qui vous le dis.

DE CYGNEROI.

Que vous ayez aimé ou cru aimer don Alphonse avant de me connaître, je puis le regretter pour vous, mais cela ne me regarde pas; mais que, pendant notre intimité, vous ayez revu don Alphonse sur le même pied qu'autrefois, cela ne se qualifie guère, ou, pour mieux dire, cela se qualifie trop.

LYDIE.

Eh bien, c'était encore une preuve d'amour que je vous donnais, et j'y avais d'autant plus de mérite que je ne pouvais pas m'en vanter.

DE CYGNEROI.

Il n'aurait plus manqué que cela.

LYDIE.

Don Alphonse, jaloux comme tous les Espagnols, et,

de plus, exaspéré par mon abandon, me menaça de vous envoyer mes lettres.

DE CYGNEROI.

Le misérable!

LYDIE.

Oh! oui, le misérable! si je ne consentais à venir les reprendre aux conditions du passé. Tout ce que je pus obtenir, c'est que la restitution se ferait chez Lebonnard, au lieu de se faire chez lui.

DE CYGNEROI.

Et pourquoi préfériez-vous la maison Lebonnard?

LYDIE.

Lebonnard était votre ami, sa maison était presque la vôtre ; cela me consolait un peu.

DE CYGNEROI.

Et combien aviez-vous écrit de lettres à don Alphonse?

LYDIE.

Deux!

DE CYGNEROI.

Toujours deux.

LYDIE.

Et un petit billet insignifiant qu'il m'a rendu par-dessus le marché.

DE CYGNEROI.

Par-dessus le marché! Mais, au lieu de consentir à ce honteux trafic, il valait mieux tout me dire.

LYDIE.

J'y ai bien pensé, mais il aurait envoyé mes lettres à mon mari. C'était Othello doublé d'Iago. Il n'y avait pas d'envers, comme vous voyez. Oh! j'ai bien souffert, allez! Eh bien, à peine délivrée de cet horrible cauchemar, il n'y a pas d'autre mot, et quand je pouvais enfin me dire toute à vous, certaine que vous ne sauriez rien, au moment où j'allais être heureuse, vous m'abandonnez brusquement. C'était le châtiment que je méritais, je le sais bien ; mais, pour être mérité, un châtiment n'en est pas moins dur ! au contraire. Savez-vous qu'une heure après votre départ je me suis empoisonnée? Sans Lebonnard, j'étais morte.

DE CYGNEROI.

Et alors, par reconnaissance...

LYDIE.

Pas même, mon ami ! Quand je fus revenue à la santé, tout était détendu en moi et le sens moral était anéanti. J'avais comme la soif du mal. J'en étais arrivée à la curiosité des émotions sans lendemain, des fantaisies sans remords, des rencontres anonymes. L'amour m'avait fait tant souffrir, il m'avait tant humiliée, que je voulais le déshonorer, lui arracher ses ailes, le traîner dans la boue. Ce pauvre Lebonnard ! je vous demande un peu si c'était lui qui pouvait me rendre mon idéal perdu ! Où avais-je la tête ? Non, écoutez, Lebonnard passionné, c'est ce qu'on peut imaginer de plus comique. Je ne l'oublierai jamais et j'en rirai toujours.

DE CYGNEROI.

Malheureuse ! où en êtes-vous arrivée ?

LYDIE.

Vous me demandez de vous dire tout, je vous dis tout. Qu'est-ce que cela vous fait que j'aie été la maîtresse... oh ! le vilain mot ! — mais il faut bien le dire — que j'aie été la maîtresse de celui-ci ou de celui-là, et que le souvenir de l'un me donne envie de pleurer, et que le souvenir de l'autre me donne envie de rire !

DE CYGNEROI.

Cela me fait... cela me fait qu'il y avait une portion de votre vie qui était à moi, pendant laquelle je croyais avoir été aimé de vous et pendant laquelle vous me trompiez; cela me fait enfin que vous vous êtes moquée de moi, et qu'après avoir été ridicule pour vous, je le suis pour moi-même ; car enfin, si j'allais à Lyon et au Havre, moi, pendant ce temps-là, c'est que je vous aimais.

LYDIE.

Est-ce vrai?

DE CYGNEROI.

Certainement, c'est vrai ; sans ça, pourquoi y serais-je allé?

LYDIE.

Ah! que vous me rendez heureuse! Rassurez-vous, vous n'avez pas été ridicule; je n'ai jamais aimé que vous. Quoi que je fisse, je ne pensais qu'à vous, et votre image était toujours là. Figurez-vous qu'un soir, il n'y a pas longtemps de cela, j'ai voulu revoir cet appartement du Havre où nous avions passé de si douces heures ensemble. Je suis partie ; je suis arrivée toute seule dans cet hôtel, à l'heure où nous y étions arrivés tous les deux, et à la même date, le 30 juin. C'étaient les mêmes lieux, c'étaient les mêmes gens, c'était la même nuit étoilée, transparente, tiède. On eût dit que la nature s'était faite ma complice. Rien n'était changé, excepté que vous n'étiez plus là, que vous ne m'aimiez plus et que vous étiez auprès d'une autre femme, c'est-à-dire que la mort régnait à la place de la vie! Je me regardais dans ce miroir d'auberge. Était-ce moi? Je ne me reconnaissais pas! Qui m'eût vue m'eût prise pour une folle. Je me disais : « Cependant, je ne suis pas laide! Pourquoi ne m'aime-t-il plus? » Je me faisais les coiffures que vous aimiez, du temps que vous aimiez quelque chose de moi. Je passai toute la nuit ainsi à me souvenir, à pleurer, à attendre. Puissance du souvenir! Il me semblait toujours que vous alliez ouvrir la porte. Le jour parut et vous ne vîntes pas. Il y avait des géraniums sur la cheminée : j'en pris une fleur que j'effeuillai dans ce médaillon qui ne m'a

SCÈNE CINQUIÈME.

plus quittée depuis lors. (Elle baise le médaillon.) C'est si bon de croire à quelque chose, ne fût-ce qu'à une fleur !... Ah! ne parlons plus de tout cela !

DE CYGNEROI.

Et, de l'autre côté du médaillon, il y a sans doute le portrait de lord Gamberfield ?

LYDIE.

Vrai, vous êtes étonnants, vous autres hommes ! Vous ne comprenez pas, quand vous nous avez abandonnées, que nous ne passions pas notre vie dans les larmes. Il faut bien tâcher de vous oublier, et, après tout, nous sommes comme vous de chair et d'os. Pourquoi dans ce monde, où rien n'est éternel, n'y aurait-il d'éternel que la douleur ?

DE CYGNEROI, la regardant dans le blanc des yeux.

Je comprends don Alphonse, qui est beau, à ce qu'il paraît ; je comprends Lebonnard, qui est amusant ; mais je ne comprends pas lord Gamberfield, qui est grotesque.

LYDIE.

Vous comprenez déjà les deux premiers, merci ! Je vais vous faire comprendre l'autre. Il n'est pas aussi grotesque que vous croyez ! Il a coupé ses favoris ; il porte des moustaches ; ses cheveux sont moins roux, il est vrai qu'ils sont plus rares ; il a maigri un peu, il parle plus correctement le français. Cette dent qui lui manquait, là, sur le devant, il se l'est fait remettre ; on jurerait qu'elle est naturelle, c'est même la plus jolie qu'il ait. C'est un homme comme il faut, de très vieille famille, membre du Parlement, immensément riche, ce qui ne gâte rien : six cent mille livres de rente. Il va m'épouser, je serai pairesse d'Angleterre. Les goûts changent avec l'âge ! Et puis, enfin, de même qu'il vous arrive d'aimer passionnément des femmes que nous trouvons stupides et laides, parce que les charmes qu'elles ont ne sont appréciables que pour des hommes, de même il y a des hommes insignifiants, grotesques pour vous, qui ont pour nous des qualités irrésistibles. Pour nous autres femmes, il n'y a pas d'hommes laids, il n'y a pas d'hommes bêtes ; il y a deux catégories d'hommes : ceux que nous n'aimons pas, qui se ressemblent tous, et celui que nous aimons, qui ne ressemble à aucun. Cœur humain ! corps humain ! Mystère !

DE CYGNEROI.

Ainsi, vous aimez lord Gamberfield plus que vous ne m'aimiez ?

LYDIE.

Plus, ce n'est pas sûr, mais autrement, c'est certain. La nature humaine a ses évolutions successives, et Dieu a eu la prévoyante bonté, voulant nous amener jusqu'à la mort sans trop de fatigue pour nous, d'échelonner tout le long de la route certains étonnements, certaines surprises qui nous redonnent envie de vivre au moment où nous ne nous croyions plus bons qu'à mourir. C'est ce que les anciens appelaient les métamorphoses.

DE CYGNEROI.

Il est Pygmalion, alors ?

LYDIE.

Et je suis Galathée, sous la protection de Vénus.

DE CYGNEROI.

Et vous vous mariez ?...

LYDIE.

Dans six semaines.

DE CYGNEROI.

Est-ce que Pygmalion a épousé Galathée ?

LYDIE.

Parfaitement, et elle a eu de lui un enfant qui se nommait Paphus et qui, reconnaissant de ce que la déesse

SCÈNE CINQUIÈME.

avait fait pour sa mère, lui éleva un temple qu'il appela Paphos, et où les amants venaient offrir leurs sacrifices. Il y avait, dit la fable, un autel merveilleux, en plein air, sur lequel brûlait un feu qu'aucune pluie, aucun vent ne pouvait éteindre.

DE CYGNEROI, un temps, puis tout bas.

Si nous y allions?

LYDIE.

A Paphos?

DE CYGNEROI, faisant un signe de tête.

Oui.

LYDIE, lui donnant la main.

Adieu, mon ami; rejoignez votre femme, et ne disons plus de sottises. Ne regrettez rien; vous avez eu ce qu'il y avait de meilleur en moi!

DE CYGNEROI, la retenant.

Qui le saura?

LYDIE.

Moi d'abord, et puis lui, qui vient ici tous les soirs, et puis votre femme.

DE CYGNEROI.

Fernande ne se doutera de rien; c'est une innocente.

LYDIE.

Et puis elle nourrit. (Le regardant en face.) Comme vous me méprisez, n'est-ce pas?

DE CYGNEROI.

Lydie!

LYDIE.

Non! Me voyez-vous, vous aimant de nouveau et comme je vous aimais autrefois et comme je puis aimer aujourd'hui, vous reperdant encore?

DE CYGNEROI.

Pourquoi me reperdre?

LYDIE, avec un mouvement de désespoir et de lutte.

Vous êtes marié! vous ne pouvez pas m'appartenir vous ne vous appartenez plus à vous-même.

DE CYGNEROI.

Vous étiez bien mariée autrefois, vous; chacun son tour.

LYDIE.

Adieu!

DE CYGNEROI.

Et puis je n'ai pas d'amour pour Fernande, vous le savez bien.

LYDIE.

Pourquoi vous êtes-vous marié, alors?

DE CYGNEROI.

Pour faire autre chose. Je croyais trouver là une émotion qui n'y est pas.

LYDIE.

Votre parole?

DE CYGNEROI.

Ma parole!

LYDIE.

D'honneur?

DE CYGNEROI.

D'honneur!

LYDIE, à part.

Sont-ils lâches! (Haut.) Alors, qu'importent mes fautes à moi et vos engagements à vous, puisque nous pouvons encore nous aimer? Quittez Paris sous un prétexte quelconque; partez avec moi, passons un an ensemble au fond d'une solitude; c'est tout ce que je vous demande.

Dans un an, j'aurai trente ans, je serai une vieille femme, je vous rendrai votre liberté, je disparaîtrai, vous n'entendrez plus parler de moi. Mais, au moins, avant d'en arriver là, j'aurai aimé complètement.

DE CYGNEROI.

Et si, dans un an, je ne peux plus te quitter?

LYDIE.

Oh! ne me dis pas cela, je serais trop heureuse! (Il va la prendre dans ses bras, elle l'arrête.) Il me semble que j'entends votre femme! Allez la retrouver, éloignez-la, je ne veux pas la voir. Lebonnard vous remettra un mot de moi. Encore une heure! et nous serons réunis pour toujours.

DE CYGNEROI.

Pour toujours.

Il sort.

SCÈNE VI

LYDIE, seule; puis LEBONNARD.

LYDIE, agitant son mouchoir comme pour chasser le mauvais air, s'essuyant la bouche et jetant son mouchoir sur la table.

Pouah!

LEBONNARD, entrant.

Eh bien?

LYDIE.

Eh bien, vous aviez raison, mon ami, c'est écœurant. Il a cru que j'avais été la maîtresse de ce don Alphonse que vous avez inventé, de ce lord Gamberfield à qui je n'ai jamais adressé la parole, et de vous qui êtes un ami loyal et dévoué. J'aurais pu vous adjoindre un Chinois et un Touareg, il y aurait cru comme aux autres. Et quand il a été bien convaincu de mon infamie, quand il a pensé que, grâce à toutes ces débauches, j'étais devenue une femme de plaisir, quelque chose comme mademoiselle Castagnette, il s'est mis à m'aimer, si l'on peut se servir de ce mot sacré pour exprimer la passion la plus brutale et le désir le plus bas. Ah! si nous savions avant ce que je viens de savoir après! Pouah!... Débarrassez-moi de ce monsieur, n'est-ce pas? Que je n'entende jamais parler de lui, que je le croie mort, que j'ignore qu'il a vécu! Je vais prendre l'air, j'en ai besoin. Je serai ici pour dîner. Je n'aurais jamais cru qu'on pût tant mépriser ce qu'on a tant aimé.

Elle sort.

SCÈNE VII

LEBONNARD, seul; puis DE CYGNEROI.

LEBONNARD.

Elle sera ici pour dîner! On dîne dans trois quarts d'heure. J'ai donc quarante bonnes minutes devant moi, c'est vingt de trop. (A de Cygneroi qui entre.) Arrive. Je t'attendais avec impatience.

DE CYGNEROI.

Tu as vu Lydie?

LEBONNARD.

Elle sort d'ici. Elle fait sa petite malle. Et toi, tu as fait du bel ouvrage! Enfin!... Et ta femme?

DE CYGNEROI.

Ma femme? tu vas la reconduire à Paris.

LEBONNARD, à part.

« Débarrassez-moi de ce monsieur. — Débarrasse-moi de ma femme! » Ils sont parfaits! (Haut.) Et quelle raison lui donnerai-je à ta femme?

DE CYGNEROI.

Je lui ai dit que je viens de recevoir une dépêche qui me force de partir tout de suite.

SCÈNE SEPTIÈME.

LEBONNARD.

Tu ne lui as pas dit pour où ?

DE CYGNEROI.

Je ne lui ai pas dit pour où.

LEBONNARD.

Une dépêche ici, pendant que vous êtes en visite. Elle l'a cru?

DE CYGNEROI.

Elle en croirait bien d'autres.

LEBONNARD.

Elle est candide.

DE CYGNEROI, après un temps.

Oui.

LEBONNARD.

Alors te voilà amoureux de madame de Morancé?

DE CYGNEROI.

Amoureux! amoureux! Le mot est... candide. Je ne sais pas si je suis amoureux ; tout ce que je sais, c'est qu'il y a là une sensation, et qu'il n'y en a pas tant, dans ce monde, d'agréables surtout, pour qu'on les laisse échapper. Je t'ai dit que j'étais toujours franc et sincère, eh bien, la vérité, c'est que je ne m'amuse pas tous les jours entre une femme qui berce et un enfant qui tète. « Lolo, Bébé, dodo, tata. » Ça n'est pas toujours drôle, et j'en ai encore au moins comme ça pour une dizaine de mois, et puis il faudra recommencer. C'est long!

LEBONNARD.

Et tes tirades de ce matin?

DE CYGNEROI.

C'était ce matin. Elles restent vraies, théoriquement, comme beaucoup d'autres tirades, et elles serviront une autre fois.

LEBONNARD.

Voyons, réfléchis un peu! Une femme que tu trouvais assommante.

DE CYGNEROI.

Eh! mon cher, ce n'est plus la même femme! Si tu l'avais vue tout à l'heure, si tu avais vu ses yeux humides, si tu avais senti son souffle brûlant, si tu savais ce que ce Gamberfield a fait d'elle. En voilà un, s'il me tombe jamais sous la main... et il ne manquera pas de venir s'y mettre pour savoir ce qu'est devenue sa fiancée... en voilà un qui est sûr de recevoir sur ses joues gelée de groseille et sur ses favoris chiendent la plus belle paire de calottes.

LEBONNARD.

Moi, je ne puis point savoir ce que Gamberfield a fait de Lydie, je suis d'avant, je le regrette.

DE CYGNEROI.

Lebonnard, tu feras mieux de ne pas me rappeler ça. Je t'étranglerais, vois-tu, en attendant l'autre.

LEBONNARD.

Alors, tu vas partir?

DE CYGNEROI.

Dans dix minutes.

LEBONNARD.

Tu écriras à ta femme?

DE CYGNEROI.

Oui oui. Je ferai tout ce qu'il faudra, sois tranquille.

LEBONNARD.

Mais si elle apprend la vérité?

DE CYGNEROI.

Elle ne la croira pas.

LEBONNARD.

Si on la lui prouve?

SCÈNE SEPTIÈME.

DE CYGNEROI.

Tu lui prouveras le contraire.

LEBONNARD.

Et si elle s'ennuie et se venge ?

DE CYGNEROI.

Elle ? Jamais ! Elle n'y pensera même pas. Heureusement, elle a de la religion, et les femmes comme elle n'ont pas d'amant, mon cher. C'est bon pour...

LEBONNARD, à part.

C'est admirable ! Les hommes croient qu'ils sont jaloux de certaines femmes parce qu'ils en sont amoureux ; ce n'est pas vrai, ils en sont amoureux parce qu'ils en sont jaloux, ce qui est bien différent. Prouvez-leur qu'il n'y a pas de raison pour qu'ils soient jaloux, ils s'aperçoivent immédiatement qu'ils ne sont pas amoureux.

DE CYGNEROI.

Qu'est-ce que tu racontes-là tout bas ?

LEBONNARD.

Pardon, mon cher. Assez plaisanter comme ça. Tu es bien décidé à partir avec Lydie ?

DE CYGNEROI.

Oui.

LEBONNARD.

Ça durera ?

DE CYGNEROI.

Tant que ça pourra, peut-être six mois, peut-être toujours, jusqu'à ce qu'elle m'aime moi seul, comme elle a aimé tous les autres.

LEBONNARD.

Alors, il faut que tu saches toute la vérité. Rien de tout ce que je t'ai raconté n'est vrai. Madame de Morancé...

DE CYGNEROI, l'interrompant.

Merci, Lebonnard, merci, mon excellent ami. Malheureusement, je connais ça. On dit à son ami, dans un moment d'expansion, ce qu'on sait de la femme qu'il aimait, parce qu'on croit qu'il ne l'aime plus, et puis, quand on voit qu'il l'aime toujours, on essaye de rattraper ce qu'on a dit et de raccommoder les choses. Connu, mon bon, connu !

LEBONNARD.

Tu ne me crois pas?

DE CYGNEROI.

Non, mon bon, non.

LEBONNARD.

Je t'affirme que don Alphonse n'a jamais existé. Je suis fâché de te retirer cette illusion, mais il n'a jamais existé.

DE CYGNEROI, regardant sa montre.

Alors, c'était don autre chose, mais c'était don quelqu'un. Mon cher, une femme qui dit, du ton dont elle l'a dite, cette phrase : « Je m'ennuyais, voilà comment ça a commencé ; il m'a ennuyée, voilà comment ça a fini ! » une femme qui exprime ainsi une impression a passé par cette impression, c'est moi qui te le dis. Que l'homme s'appelle Alphonse ou Galaor, peu importe, il y a eu homme.

LEBONNARD.

Sur tout ce qu'il y a au monde de plus sacré, ce premier amant est une pure invention. C'est toi le premier.

DE CYGNEROI, un peu ébranlé.

Soit ; mais lord Gamberfield a existé, celui-là. Je l'ai vu. Et puis, qu'il y en ait trois, qu'il y en ait deux, qu'il n'y en ait qu'un, du moment qu'il y en a eu, ça suffit.

SCÈNE SEPTIÈME.

LEBONNARD.

Il n'y en a pas trois, il n'y en a pas deux, il n'y en a pas un, il n'y a personne.

DE CYGNEROI.

Voudrais-tu me dire alors quel intérêt madame de Morancé pouvait avoir à me faire tous ces mensonges?

LEBONNARD.

Le plaisir de te reprendre par la jalousie.

DE CYGNEROI.

Mais elle savait bien, au contraire, que je la mépriserais après de pareils aveux et que je ne la reverrais de ma vie!

LEBONNARD.

Comme les hommes se connaissent! Ça fait plaisir à voir.

DE CYGNEROI.

Et puis tu n'étais pas toujours là. Il y a eu quelque chose et quelque chose de positif, ça se sent. Dis-moi qu'il y a eu quelque chose. Ce serait si naturel! Une femme seule, abandonnée!

LEBONNARD.

Madame de Morancé a été une fois au Havre, une fois à Lyon avec toi. Tout le reste, c'est moi qui l'ai inventé, ma parole d'honneur! Et Dieu sait quelle peine j'ai eue à lui faire accepter, à lui faire comprendre, à lui faire répéter ce rôle qu'elle a joué tout à l'heure, très bien, à ce qu'il paraît. Prends-en ton parti, mon pauvre ami, elle est irréprochable, et ce n'est pas avec le lièvre que j'ai levé que tu feras le civet que tu rêves!

DE CYGNEROI.

Rien? rien? rien?

LEBONNARD.

Rien.

DE CYGNEROI.

Pas le plus petit morceau...

LEBONNARD.

De mouche ou de vermisseau.

DE CYGNEROI.

Ainsi ce qu'elle était tout à l'heure?

LEBONNARD.

Elle avait seulement l'air de l'être pour te reprendre. Mais, maintenant qu'elle voit que tu l'aimes toujours, elle veut bien que tu saches, c'est ce que je suis chargé de te dire, que tu vas la retrouver chaste, calme, modeste, dans une petite maison qu'elle va louer à quelques lieues de Paris, où elle vivra toute seule, où tu viendras la voir quand tu pourras, car elle ne veut ni d'une fuite ni d'un scandale. Vous passerez la journée comme autrefois à faire de la musique, à causer, à lire. Quand tu ne pourras pas venir, elle t'écrira, par mon entremise.

DE CYGNEROI.

En signant : Alfred?

LEBONNARD.

Alfred! Quelle douce vie!

DE CYGNEROI.

Attends un peu! Attends un peu!

LEBONNARD.

Que t'arrive-t-il?

DE CYGNEROI.

Je ne sais pas ; il se passe quelque chose en moi. L'émotion sans doute! Le bonheur d'être toujours aimé. (Appelant.) Fernande! Fernande!

LEBONNARD, à part.

Allons donc!

SCÈNE VIII

Les Mêmes, FERNANDE, LA BONNE.

FERNANDE, entrant.

Me voici, mon ami, qu'est-ce qu'il y a?

DE CYGNEROI.

Où est ton chapeau?

FERNANDE.

Là.

DE CYGNEROI, allant prendre le chapeau et le lui mettant sur la tête tout de travers.

Et le petit?

FERNANDE.

Le voici.

DE CYGNEROI.

Partons, alors!

FERNANDE.

Et la dépêche?

DE CYGNEROI.

J'en ai reçu une autre. Contre-ordre ! Nous retournons à Paris.

FERNANDE.

Ah! tu ne me quittes pas. Quelle joie! (Elle saute.) Il faut dire adieu à madame de Morancé.

DE CYGNEROI.

Inutile.

FERNANDE.

Ah! la drôle de maison!

LEBONNARD.

M'expliqueras-tu?...

DE CYGNEROI.

Comment! tu ne comprends pas? Es-tu bête! Mais, mal-

4.

heureux, si c'est pour vivre avec une honnête femme, je n'ai pas besoin de madame de Morancé, j'ai la mienne.

LEBONNARD, jouant la surprise.

Oh! (A part.) Ayons l'air étonné, sans quoi, il recommencerait. (A Cygneroi.) Elle en mourra, cette fois.

DE CYGNEROI.

Non, tu arrangeras ça.

Il se sauve avec sa femme, la bonne et l'enfant.

SCÈNE IX

LEBONNARD, puis LYDIE.

LEBONNARD.

Ainsi, ça finit par la haine de la femme et par le mépris de l'homme. A quoi bon, alors?

LYDIE, entrant.

Ils sont partis?

LEBONNARD.

Oui.

LYDIE, sonnant.

Pour toujours?

LEBONNARD.

Pour toujours.

LYDIE, au domestique qui entre.

Servez.

LEBONNARD, au domestique.

Et ne remuez pas le vin. (A Lydie, en lui serrant la main.) Le fond de la bouteille est trop amer.

LA
PRINCESSE GEORGES

PIÈCE EN TROIS ACTES

Représentée pour la première fois, à Paris,
sur le théâtre du Gymnase-Dramatique, le 2 décembre 1871.

AU PUBLIC

Cher Public,

Il y a vingt ans que nous avons fait connaissance, et nous n'avons pas encore eu à nous plaindre sérieusement l'un de l'autre. Ce n'est pas cependant que quelques esprits jaloux de cette bonne et longue entente n'aient essayé de semer les mauvais propos et la discorde entre nous. Tout récemment encore, au sujet d'*Une Visite de noces* et de l'ouvrage ici présent, on t'a crié plus que jamais : « N'y va pas; c'est immoral. » Heureusement, toi et moi sommes habitués à ce mot-là depuis que nous sommes en relations, et, cette fois comme les autres, tu es venu voir de quoi il s'agissait; tu y es même revenu, et, comme on insistait, tu y as couru, avec tes amis, avec ta femme, avec ton fils. Tu n'y as pas mené ta fille; tu as eu raison. Il ne faut jamais mener sa fille au théâtre, disons-le une fois pour toutes. Ce n'est pas seulement l'œuvre qui est immorale, c'est le lieu. Partout où l'on constate l'homme, il y a une nudité qu'il ne faut pas mettre devant tous les regards, et le théâtre ne vit, plus il est élevé et loyal, que de cette constatation. Nous avons à nous dire là, entre grandes personnes, à qui la vie réelle en a déjà appris long, nous avons à nous dire des choses que les vierges ne doivent pas entendre. Finissons-en donc avec l'hypocrisie de ce mot : « C'est immoral », qui ne saurait s'adresser à nous, et sachons bien que, le théâtre étant la peinture ou la satire des passions et des mœurs, il ne peut jamais être qu'immoral, les passions et les mœurs moyennes étant toujours immorales elles-mêmes.

Je m'étais promis tôt ou tard de t'offrir un hommage et un remerciement. Accepte-les aujourd'hui, avec la dédicace de cet ouvrage, accepte-les en échange de tout ce que je te dois. Je resterai encore, je resterai toujours ton débiteur.

Mais si tu n'es pas vierge, tu es *homme*, tu es *femme*, et tu es *foule* : c'est-à-dire que tu es tout ce qu'il y a de plus impressionnable et de premier mouvement. Voilà ce qu'il faut savoir, voilà ce qui cause quelquefois, entre nous, des apparences de malentendus. Je commence par te dire que nous devons nous rendre loyalement aux indications que tu donnes, car si nous nous glorifions de tes applaudissements, c'est bien le moins que nous tenions compte de tes critiques, et nous devons très humblement supprimer aussitôt ce qui te choque sans profit pour toi. Mais nous devons maintenir et t'imposer, avec le temps, ce qui te trouble, quand il faut que cela soit ainsi.

Rappelle-toi que tu as sifflé *Phèdre*, *le Mariage de Figaro*, *Guillaume Tell*, *le Barbier de Séville* et tant d'autres œuvres que tu applaudis à cette heure. Aussi, aujourd'hui, tu es moins prompt, ton éducation est à peu près faite ; tu laisses bien encore, par-ci par-là, échapper des « Oh ! oh ! » qui n'ont pas grande raison d'être, mais enfin il y a progrès, et puis qu'y faire? C'est ce diable de premier mouvement! C'est l'électricité des foules. On ne t'en guérira jamais complètement, et tant mieux, puisque c'est le principe de ton enthousiasme, et que, par là, nous t'entraînons, à notre tour, dans notre mouvement à nous.

Il n'en est pas moins vrai qu'en face du dénouement de *la Princesse Georges* tu as failli te fâcher. Je m'y attendais. Tu en as fait autant devant le dénouement de *Diane de Lys*, du *Demi-Monde*, du *Fils Naturel*, des *Idées de Madame Aubray*, et d'*Une Visite de noces*. Je suis habitué à tes étonnements, et, depuis longtemps, ils ne m'étonnent plus. Je suis là pour te dire des choses que tu ne veux pas toujours qu'on te dise en face, et je ne sais pas une de mes conclusions qui ne t'ait plus ou moins effarouché. Et puis il m'arrive souvent, après t'avoir mené aussi loin que possible dans la déduction fatale d'une passion ou d'un caractère, de te ramener brusquement et finalement dans sa conclusion logique, celle non pas du personnage isolé et passant par là, mais celle de l'humanité permanente et éternelle. Je dois te rendre cette justice, que, peu de jours après cette première lutte, dès le lendemain quelquefois, tu te rends, tu me pardonnes tes torts, ce qui est généreux, et tu dis : « C'est lui qui avait raison. » Il est vrai que je bénéficie en même temps de ta grande curiosité et de ta grande indifférence, qui font que tu veux voir d'abord, et que tu dis, après, quand la discussion arrive : « Ça m'a amusé ou ennuyé; mais, au fond, ça m'est égal; ce n'est que du théâtre! »

Bref, le soir de la première représentation de *la Princesse Georges*, le 2 décembre (était-ce l'influence de cette date anniversaire d'une grande victoire et d'un grand coup d'État?) tu t'étais mis en tête qu'il fallait tuer l'homme, le scélérat, le misérable qui avait trompé sa femme, — ce que tu ne fais jamais, toi, n'est-ce pas? Malheureusement, moi qui connais tes lendemains et qui dois les prévoir parce qu'ils contiennent la vérité, née de la réflexion et de la remise en train de la vie vraie, je ne dois jamais me laisser entraîner au delà des limites de cette vérité, puisque je ne suis pas une foule, et je ne pouvais ni admettre ni permettre que ce que tu voulais fût.

Me vois-tu, moi qu'on appelle l'auteur à thèses, me vois-tu érigeant en principe (car on n'y eût pas manqué) que les femmes trompées doivent faire assassiner leurs maris coupables, coupables de quoi? D'une erreur stupide où les sens seuls sont engagés et qui n'est que la prédominance momentanée de la Bête!

Cette honnête femme, que je voulais si pure, si noble, si intacte, m'aurais-tu, la réflexion venue, pardonné d'en avoir fait une criminelle exploitant et armant, avec préméditation, la jalousie d'un mari trompé, pour se venger de son mari à elle, après quoi elle n'eût plus eu d'autre ressource que d'aller avec sa victime se perdre dans la mort, ce qui aurait prouvé qu'elle était incapable de vivre sans celui qu'elle avait tué? Alors pourquoi tuer, pourquoi mourir? Bon pour l'Hermione grecque qui a à lutter contre plus honnête qu'elle, et qui sait bien qu'elle n'aura plus de reprise sur celui qui aura épousé la fière et noble Andromaque; bon pour la Roxane turque, femme du sérail, fille de l'Orient, qui sait bien qu'une fois dans les bras de la douce et généreuse Atalide, Bajazet ne pensera plus jamais à elle; bon pour Phèdre, la marâtre hystérique, la possédée de Vénus, qui se sent un monstre auprès de la tendre Aricie qui garantira éternellement Hippolyte, si elle permet à Hippolyte de s'unir à elle; mais, non, mille fois non, pour une femme chrétienne qui est à la fois Andromaque, Atalide et Aricie, et qui n'a à combattre qu'une drôlesse, qui doit être vaincue et démasquée, en fin de compte.

Séverine est une valeur, une valeur exceptionnelle, de nos jours. Je ne veux pas qu'elle meure; je veux qu'elle vive, qu'elle soit heureuse comme elle le mérite, qu'elle serve d'exemple comme elle le doit. Je veux qu'elle produise. J'ai besoin des enfants d'une pareille femme, j'en ai besoin pour ma patrie, pour mon salut. Tuer et mourir! A quoi bon? Il n'y a jamais eu si grande nécessité de vivre. Une femme comme Séverine, la jalousie peut la pousser jusqu'au mouvement spontané du second acte, mais pas au delà. A partir du moment où, au lieu de nommer son mari à M. de Terremonde, la princesse Georges, avertie subitement par sa conscience, n'a trouvé que ce seul mot : Cherchez ! — à partir de ce moment, cette femme ne sera plus dans la vengeance, elle sera dans la discussion avec elle-même, dans le doute, par conséquent, sur la légitimité de son action, et elle n'y persévérera pas. Son seul droit, son seul devoir seront, le moment de l'exécution venu, de sauver celui qu'elle aime. Elle ne l'aura pas plus tôt livré qu'elle n'aura plus qu'une pensée: le reprendre. Elle pleurera, elle criera, elle menacera, elle maudira, — elle pardonnera.

Il fallait qu'elle ne l'aimât plus ! ai-je entendu dire. Allons donc ! vous en parlez bien à votre aise ! Ce n'est que quand elle n'aimait pas qu'une femme n'aime plus.

Pour le reste, pour ce qu'on appelle *mes thèses*, qu'avais-je à faire et à prouver par le sujet qu'il m'avait paru bon de choisir? J'avais à poser devant toi, cher Public, la question de l'homme adultère, question vieille et jeune comme le monde, puisqu'elle recommence tous les jours et recommencera éternellement ; j'avais, tout en peignant les souffrances, les tentations et les luttes de la femme, à constater l'impuissance de la loi, de la famille et de la société devant ce fait quotidien, désastreux et banal ; j'avais à appeler sur cette lacune l'attention du législateur, du philosophe, du moraliste ; j'avais à montrer à l'honnête femme l'animal particulier qui vient rôder dans son ménage, la nuit, pour lui dérober son bonheur et lui dévorer ses petits, et j'avais à lui donner un conseil à cette honnête femme, celui, quoi qu'il arrive, de se respecter toujours, d'éviter le talion de l'alcôve, et d'acquérir un droit effrayant, celui de tuer, — un droit divin, celui d'absoudre ; mais je n'avais pas à conclure définitivement, en une matière où ni les religions, ni les philosophies, ni les codes n'ont encore pu trouver une solution satisfaisante, sauf le divorce, qui ne libère que les corps et les intérêts, non les cœurs et les âmes.

J'ai donc placé, dans le cœur de mon héroïne, ce qui trouve une solution à tout, dans le cœur de la femme : l'amour, et je l'ai porté à son point culminant et à sa preuve rayonnante et irrécusable : le pardon. Puis, appelant au secours de cette femme éperdue cette fatalité antique qui est dans la tradition de mon art, j'ai, dans un monde inférieur dont elle ne participe pas, j'ai fait tirer par un mari que la jalousie aveugle ce coup de pistolet à la lueur duquel le prince, autre aveugle, mais aveugle d'un jour, va recouvrer soudainement la vue. C'est l'éclair du chemin de Damas, dans l'ordre des passions et des sentiments. Ce coup de pistolet, je le fais tirer sur M. de Fondette, sur cet innocent qui vient, au bon moment, se prendre les pieds dans le buisson. C'est le mouton du sacrifice d'Abraham. Il bêle, et il meurt pour un autre. C'est l'holocauste dont se contente le dieu de la tragédie. Tuer le prince, cet infidèle de douze heures qui peut et doit être sauvé par l'amour, eût été une complaisance illogique, une pâture grossière, jetée à quelques tempéraments et à quelques appétits qui voudraient voir exterminer, dans le monde fictif, ceux qu'ils ne peuvent atteindre dans le monde réel. Vengeance d'enfants.

Ce dénouement indigne de l'art, des vérités acquises, de toi et de moi, eût été, le lendemain, parfaitement grotesque. Je t'aurais conquis, par surprise, à l'aide d'une émotion passagère dont nous aurions eu à rougir tous les deux, au réveil, et nous serions déjà séparés. Je ne cherche pas, avec toi, devant l'autel trébuchant de la Sensation, ces noces brutales et éphémères dont tout enfant viable ou légitime est exclu ; je sollicite une alliance réfléchie et durable, non seulement avec toi, mais avec tes descendants. Je ne te demande pas tes mains, je te demande ta main ; je ne désire pas seulement ton argent, mais ton estime ; bref, je ne veux pas que tu m'entretiennes, je veux que tu m'épouses.

C'est pour cela qu'au lieu de rester dans la logique entraînante du moment, je t'ai ramené dans la logique éternelle du *toujours*. M. de Terremonde, c'est la passion, il tue ; la princesse de Birac, c'est l'amour, elle pardonne. Elle pardonne au premier acte, elle pardonne encore au dernier. Entre les deux actes, elle a été près de commettre un crime pour que son mari meure ; à la fin elle fera n'importe quoi, ce qu'elle n'aurait jamais fait auparavant, une lâcheté peut-être, pour qu'il vive. Pourquoi ? Parce qu'elle aime. Toujours la même raison ; c'est un cercle ; on n'en sort pas, on y tourne. La princesse Georges est une Ame qui se débat au milieu d'Instincts. Elle doit accomplir et elle accomplit sa mission d'Ame ; elle lutte, elle sauve, et elle triomphe des autres et d'elle-même.

Voilà ce que sait, ce que doit savoir l'auteur dramatique avant de commencer, d'exécuter et de te livrer son œuvre ; voilà ce qu'il doit t'apprendre quand tu ne le sais pas, car tu ne sais pas tout, et tu as ainsi peu à peu quelques vérités de plus à ton service. Malheur à celui de nous qui en sacrifie une à ta passion du moment ! Tu ne le lui pardonnes jamais.

A. DUMAS FILS.

Janvier 1872.

J'ajouterai quelques mots à cette préface, qui a paru en tête de la première édition de *la Princesse Georges*, en

1871. Émettre une idée, formuler une théorie, soutenir une opinion devant le public, soit que l'on parle du haut d'une chaire, d'une tribune ou d'une scène, me semblent chose si grave, que mon esprit, — je dirai même — ma conscience, n'a de repos que lorsque je me suis bien assuré que j'ai agi en toute sincérité, et que j'ai dit vraiment ce que je croyais être le vrai. Je n'ai pas la prétention de ne pas me tromper, mais j'ai le ferme désir de ne tromper personne. C'est peut-être donner aux œuvres de théâtre en général, et aux miennes en particulier, plus d'importance qu'elles n'en méritent; mais je demeure convaincu que rien n'est sans importance dans la communication de la pensée, et que quiconque a la prétention de persuader les autres doit d'abord s'être persuadé soi-même.

Depuis que j'ai publié cette préface, je ne saurais dire combien de fois il m'est arrivé de revenir sur le dénouement de cette pièce, et de me demander si j'avais eu raison de le poser en principe et de le maintenir, malgré l'opinion d'un grand nombre de spectateurs, de beaucoup de critiques, et de quelques-uns de mes amis. Préface et pièce, je viens de relire tout. Je persiste à croire que j'ai raison dans le fond même des choses, et je livre aux œuvres complètes, c'est-à-dire au définitif, le drame tel qu'il a été composé.

Les œuvres de théâtre ne sont pas écrites seulement pour ceux qui viennent au théâtre; elles sont écrites aussi, et surtout, pour ceux qui n'y viennent pas. Le spectateur ne fait que le succès, le lecteur fait la renommée. C'est parce qu'on lira et relira toujours les chefs-d'œuvre dramatiques du xviie siècle qu'on les représentera et qu'on les applaudira toujours.

Ceux de nous qui espèrent vivre dans l'avenir n'ont donc pas seulement à intéresser le public collectif; ils ont aussi à gagner le public individuel, le lecteur solitaire, qui ne se laisse pas influencer par son voisin, qui ne cause pas avec sa voisine, qui vous regarde en face, qui vous demande, à huis clos, les vérités éternelles qu'il sent sûrement ou vaguement en lui, et dont il veut trouver en vous la connaissance et l'expression. Ces quelques lecteurs, le plus souvent inconnus les uns aux autres, et qui n'auront peut-être jamais l'occasion de se communiquer leurs appréciations, sont — si vous parvenez à les rallier — les premiers jalons que vous plantez dans l'avenir. OEuvre qu'on lit, œuvre qui dure ; œuvre qu'on relit, œuvre qui reste.

Je ne cacherai donc pas que, tout en faisant de mon mieux pour attirer ceux qui ne lisent pas, je ne néglige rien pour m'attacher ceux qui lisent ; et l'éloge que je reçois de celui qui a lu mon œuvre me touche beaucoup plus que le compliment de celui qui l'a vu représenter.

A la représentation, il y a entre le public et l'auteur un intermédiaire, le comédien, qui, s'il n'a pas assez de talent, met l'auteur au-dessous de ce qu'il pourrait être, dénature le sens, change les plans, fausse l'optique ; et qui, s'il a beaucoup de talent, se substitue quelquefois trop au poète, détourne l'intérêt de l'ensemble pour le porter presque entièrement sur lui seul. Le comédien qui fait corps avec l'œuvre, comme mademoiselle Desclée, par exemple, dans son rôle de *la Princesse Georges* ou de *la Visite de noces*, est extrêmement rare. Il est nombre d'œuvres distinguées qui n'ont pas eu de succès par la faute des interprètes chargés de les présenter ; il est nombre d'œuvres médiocres qui ont dû à des interprètes supérieurs une vogue retentissante, mais éphémère, qu'elles n'ont plus retrouvée quand on a voulu les reprendre plus tard avec des interprètes nouveaux et moyens.

Le théâtre, il ne faut pas se le dissimuler, vit beaucoup d'illusions, d'émotions, d'entraînements, de surprises. Le charme y est plus nécessaire que la vérité. L'œil se laisse prendre par un beau visage, l'oreille par une belle voix. C'est le propre des grandes assemblées humaines de pouvoir être momentanément séduites par un mot, par un geste, par un cri. Pour entrainer mille individus, il n'est besoin que de les émouvoir ; pour en entrainer un, il faut le convaincre.

Le lecteur veut être convaincu. Il n'a plus devant lui ni décors, ni costumes, ni actrice séduisante, ni comédien habile ; il n'a plus que l'âme même du poète en face de la sienne ; et, si la communication ne s'établit pas tout de suite, il jette le livre. Le lecteur ne s'étonnera donc pas si j'ai grand souci de son approbation ; si je fais précéder chacune de mes œuvres dramatiques, au moment où je les lui livre en dernier ressort, d'une préface où je lui expose tout ce que l'œuvre elle-même ne peut contenir ; où je discute avec lui, où je le prépare, où je le contredis dans le but de le conquérir et de le conserver. Mon œuvre fait tellement partie de mon être intérieur, elle est si véritablement le produit de mes observations, de mes réflexions, de mes impressions personnelles, que c'est véritablement une portion de moi-même que je donne au public sur la scène ; et, quand j'arrive au lecteur, je lui livre le reste, le fond même de ma pensée, que les lois du théâtre ne me permettent pas toujours de dire tout entière.

En face de toute situation dramatique qu'il crée, l'auteur doit se dire trois choses. Dans cette situation, qu'est-ce que je ferais ? Que feraient les autres ? Que faut-il faire ? Tout auteur qui ne se sent pas disposé à cet examen, peut renoncer au théâtre, il ne sera jamais auteur dramatique.

Au premier degré, on est déjà dans la vérité ; au second, dans la philosophie ; au troisième, dans la conscience. Ce troisième degré est difficile à atteindre dans un art que l'opinion commune s'est toujours plu à rabaisser au rang des simples amusements de l'esprit, parce qu'on y procède, en apparence, par fictions. Ce n'est cependant que lorsqu'on a atteint au troisième degré que le lecteur vous réunit, vous, auteurs dramatiques, aux grands philosophes, aux grands moralistes, aux grands politiques, aux grands religieux, et qu'il reconnaît votre action sur le développement et le progrès de l'esprit humain.

Nul ne sera donc un auteur dramatique si ce n'est pas la chair et le sang de l'humanité à laquelle il appartient qu'il donne à ceux qui l'écoutent et surtout à ceux qui le lisent. Si la chute de votre œuvre ne vous blesse que dans votre orgueil ou dans vos intérêts, si elle ne vous trouble pas dans votre idéal et dans vos convictions, si à la seconde représentation vous êtes prêt à modifier votre idée, votre développement ou votre conclusion pour complaire au public à qui vous prétendiez la veille apprendre quelque chose de nouveau, vous serez peut-être un homme de théâtre ingénieux, un impresario adroit, un improvisateur habile; vous ne serez jamais un poète dramatique. Vous pouvez vous tromper dans le détail de l'exécution; vous n'avez pas le droit de vous tromper dans la logique et l'enchaînement des sentiments et des faits, encore moins dans leur conclusion.

On ne doit jamais modifier un dénouement. Un dénouement est un total mathématique. Si votre total est faux, toute votre opération est mauvaise. J'ajouterai même qu'il faut toujours commencer sa pièce par le dénouement, c'est-à-dire ne commencer l'œuvre que lorsqu'on a la scène, le mouvement et le mot de la fin. On ne sait bien par où on doit passer que lorsqu'on sait bien où l'on va.

Lorsque *la Princesse Georges* a été représentée, je me rappelle que M. Jouvin, dans un article d'ailleurs très bienveillant, affirmait que lorsque j'avais lu la pièce aux artistes le dénouement n'était pas le même, et que madame de Birac laissait tuer son mari. M. Jouvin se trompait : la pièce a été conçue, exécutée, lue et représentée avec le même dénouement. Cette conclusion a toujours fait partie de ma donnée. Si M. de Birac était sorti sur le : *Allez*, de Séverine, pendant la scène V° du dernier acte, j'aurais refait un dénouement de Racine, celui de Roxane jalouse, qui, ayant comme mon héroïne préparé la mort de Bajazet s'il franchit le seuil de son appartement, le congédie avec ce seul mot : *Sortez,* qui est son arrêt, sans qu'il s'en doute.

Prendre son bien où on le trouve n'est pas tout à fait ma devise, quoi qu'en ait dit Molière, qui n'a eu que de l'esprit le jour où il a dit ce mot devenu populaire et dangereux. Loin de vouloir piller Racine, je voulais au contraire, si quelqu'un s'avisait par hasard de l'analogie, montrer, comme je l'ai dit, la différence des sentiments entre une maîtresse et une épouse, entre une musulmane et une chrétienne, entre la passion et l'amour.

Ce qui a pu induire en erreur M. Jouvin, c'est ce qui s'est passé à la répétition générale de la pièce. Malgré les supplications, malgré l'insistance morale et même la résistance physique que lui faisait Séverine, le prince, dans la première version, allait retrouver madame de Terremonde, et, pour y retourner, il passait, pour ainsi dire, sur le corps de sa femme qui se roulait à ses genoux et tombait en travers de la porte. Séverine allait ainsi jusqu'aux dernières limites de l'amour et du pardon, le prince, jusqu'aux dernières limites de la passion et de l'aveuglement.

Les personnes qui ont assisté à cette répétition se rappellent les : *Oh!* d'horreur qui accompagnèrent la sortie du prince. Séverine était si sympathique au public qu'on ne comprenait pas que son mari la maltraitât à ce point. Une pareille manifestation faite spontanément et irrésistiblement par un public d'amis était un conseil que je ne pouvais manquer de suivre, d'autant plus que la modification à faire ne portait que sur le détail et non sur le fond. Je fis tirer le coup de pistolet au moment où le prince allait sortir. Cela ne changeait rien ni dans les caractères, ni dans les sentiments, ni dans les faits. Séverine aimait toujours son mari jusqu'à l'abnégation la plus complète : le prince donnait toujours le dernier mot de sa passion pour Sylvanie; M. de Terremonde tuait toujours l'amant de sa femme, et c'était toujours M. de Fondette qui était tué.

Je préférais cependant et je préfère toujours la première version. La péripétie m'y parait plus dramatique, l'émotion plus poignante, l'intérêt plus prolongé, la vérité plus grande. Je la rétablis dans le texte que je donne aujourd'hui. Je crois que le *lecteur* la préférera à l'autre, et, si le drame est destiné à être repris dans l'avenir, je me figure qu'elle prévaudra même sur le théâtre.

1er juin 1877.

PERSONNAGES

LE PRINCE DE BIRAC........................	MM. Pujol.
LE COMTE DE TERREMONDE.............	Landrol.
GALANSON, notaire............................	Francès.
CERVIÈRES.....................................	Ulric.
LE BARON......................................	Mulray.
DE FONDETTE.................................	Train.
VICTOR, valet de chambre du prince...........	Raynard.
SÉVERINE, princesse de Birac..................	Mmes Desclée.
SYLVANIE, comtesse de Terremonde............	Pierson.
MADAME DE PÉRIGNY......................	Prioleau.
LA BARONNE.................................	Massin.
VALENTINE DE BAUDREMONT...........	Fromentin
BERTHE...	Jeanne.
ROSALIE, femme de chambre de la princesse.....	Bédard.

LA
PRINCESSE GEORGES

ACTE PREMIER

Un salon.

SCÈNE PREMIÈRE

SÉVERINE, près de la fenêtre, guettant et écartant un peu le rideau, puis ROSALIE.

SÉVERINE.

Rosalie! Enfin! Quelle nuit j'ai passée! Seize heures d'attente! (A Rosalie qui entre.) Eh bien?

ROSALIE.

Madame la princesse sera calme.

SÉVERINE.

Ne m'appelle pas princesse, c'est perdre du temps.

ROSALIE.

Madame n'a pas dormi?

SÉVERINE.

Non.

ROSALIE.

Je m'en doutais bien.

SÉVERINE.

Parle donc! Était-ce vrai?

ROSALIE.

Oui.

SÉVERINE.

Les détails maintenant.

ROSALIE.

Donc, hier au soir, j'ai suivi le prince qui s'est rendu au chemin de fer de l'Ouest, comme il avait dit à madame qu'il le ferait, pour le train de neuf heures et demie; seulement, au lieu de prendre son billet pour Versailles, il l'a pris pour Rouen.

SÉVERINE.

Cependant il était seul?

ROSALIE.

Oui. Mais, cinq minutes après lui, *elle* est arrivée.

SÉVERINE.

Quelle femme est-ce?

ROSALIE.

Hélas! madame la connaît encore mieux que moi.

SÉVERINE.

C'est une personne que je connais?

ROSALIE.

Oui.

SÉVERINE.

Ce n'est pas une de ces femmes?...

ROSALIE.

C'est une de vos amies intimes, très grande dame.

SÉVERINE.

Valentine ? Berthe ? Non. — La baronne ?

ROSALIE.

La comtesse Sylvanie.

SÉVERINE.

Elle, impossible. Elle est restée ici, avec moi, jusqu'à neuf heures au moins. Nous avons dîné en tête-à-tête.

ROSALIE.

Elle s'assurait que vous ne soupçonniez rien.

SÉVERINE.

Rien, en effet. Et elle est arrivée au chemin de fer, à quelle heure ?

ROSALIE.

A neuf heures vingt-cinq.

SÉVERINE.

Ainsi en vingt-cinq minutes...

ROSALIE.

Elle est rentrée chez elle, elle a changé de toilette (car elle est arrivée tout en noir), elle s'est rendue rue Saint-Lazare. Il est vrai que son hôtel n'est séparé du vôtre que par votre jardin et le sien, qu'elle a les meilleurs chevaux de Paris, et qu'elle a l'habitude de ces choses-là, si j'en crois ce que j'ai entendu dire.

SÉVERINE.

En quels temps vivons-nous ! Ma meilleure amie ! Les as-tu vus se parler ?

ROSALIE.

Non. Elle a envoyé son valet de pied prendre son billet pour Motteville, où se trouve le château de sa mère, chez qui elle était censée aller pour toute sa maison. Pendant ce temps-là elle s'assurait, en regardant autour d'elle, qu'il n'y avait personne de sa connaissance; après quoi, elle s'est dirigée vers la salle d'attente déjà ouverte du côté de l'embarcadère ; elle l'a traversée et elle a monté dans le compartiment des dames, où le valet de pied qui la suivait toujours lui a remis son sac de voyage. Elle faisait tout cela avec une telle tranquillité, qu'un moment, je crus qu'il ne s'agissait pas d'elle, que je me trompais et que le hasard seul amenait le voyage du prince et de la comtesse sur la même ligne, d'autant plus que le prince était déjà installé dans le compartiment des fumeurs, avec l'air le plus innocent du monde, lui aussi. Mais comme la comtesse était, avec moi, la seule femme qui partit par ce train-là, il n'y avait pas à douter.

SÉVERINE.

Va, va.

ROSALIE.

Elle dit au valet de pied : « Le coupé demain à deux heures vingt minutes ici. » J'étais, moi, dans le compartiment qui séparait le prince de la comtesse ; je ne pouvais donc rien perdre de ce qui allait se passer, et il leur était impossible de me reconnaître, enveloppée et déguisée comme je l'étais.

SÉVERINE.

Et ils se sont réunis à la première station ?

ROSALIE.

Non. Ils ont continué ainsi jusqu'à Rouen où ils sont descendus tous les deux, toujours sans avoir l'air de se connaître. Ils ne se regardaient même pas. Quand elle remit son billet à l'homme qui les demande à la gare, cet homme lui dit : « Madame, votre billet est pour Motteville. — Oui, dit-elle, mais je m'arrête ici. — Madame n'a pas de bagages ? — Non. » Comme Motteville est au delà de Rouen, l'homme ne dit rien et elle passa.

SÉVERINE.

Une fois dehors ?

ROSALIE.

Elle monta dans une voiture et dit au cocher : Hôtel d'Angleterre. Le prince, lui, s'en alla à pied. Oh! nul ne pouvait soupçonner que ces deux personnes étaient là l'une pour l'autre. Je suivis le prince, à pied, car s'il n'était pas venu pour la comtesse (c'était possible après tout, j'en arrivais moi-même à l'espérer), c'était lui qu'il fallait suivre. Au bout de cinq cents pas, à peu près, la voiture qui avait roulé très lentement s'arrêta, la portière s'ouvrit et le prince monta dedans.

SÉVERINE, suffoquant.

Continue.

ROSALIE.

Un quart d'heure après, je m'installais à mon tour à l'hôtel d'Angleterre où je prenais une chambre au premier étage sur le devant, afin de voir facilement qui entrait et sortait. Quand on m'a apporté le livre de police pour que j'inscrive mon nom, j'ai reconnu l'écriture du prince qui venait de s'inscrire, lui et la comtesse, sous le nom de monsieur et madame Lefèvre.

SÉVERINE.

Ils avaient pris deux appartements?

ROSALIE, après un peu d'hésitation.

Non. Le n° 43. Nous sommes repartis aujourd'hui à une heure et nous sommes arrivés à trois heures et demie. Le retour s'est effectué dans les mêmes conditions que le départ. La comtesse a retrouvé son valet de pied et son coupé. Le prince a allumé un cigare, a pris une voiture de place et s'est fait conduire au club. Et me voici, ayant ponctuellement exécuté les ordres de madame la princesse, et me demandant si je n'aurais pas mieux fait de lui désobéir d'abord et de lui faire un mensonge après.

SÉVERINE.

Tu es une fille honnête et dévouée. Merci. (Elle tend la

main à Rosalie qui la lui baise avec émotion.) Voici ma mère. Va, mon enfant, et repose-toi.

SCÈNE II

SÉVERINE, MADAME DE PÉRIGNY.

MADAME DE PÉRIGNY, embrassant Séverine.

Est-ce que tu es malade?

SÉVERINE.

Non.

MADAME DE PÉRIGNY.

Tu m'as fait peur avec ta dépêche. « Venez le plus tôt possible, j'ai besoin de vous. » (Elle l'embrasse.) Je n'ai eu que le temps de faire ma malle et d'accourir. Heureusement il y a un train qui part de Laroche à deux heures seize, mais de Seignelay à Laroche il y a vingt kilomètres, tu les connais, tu les as parcourus assez souvent, et si tu voyais dans quel état sont les routes! Je l'ai dit l'autre jour au préfet, qui est très gentil, du reste : il n'est pas possible que ça reste ainsi. Enfin me voilà. Ton télégramme m'est arrivé hier dans la journée ; je serais partie toute de suite si nous n'avions pas eu à la maison devine qui...

SÉVERINE.

Comment voulez-vous, ma mère, que je devine?...

MADAME DE PÉRIGNY.

Le père André, le missionnaire. Il revient de Chine, figure-toi. Il était arrivé la veille au soir, il n'y avait pas moyen de le quitter tout de suite. Il avait voulu nous présenter ses devoirs. Ça me semble tout drôle d'appeler mon père un garçon qui serait mon fils d'abord et à qui je donnais des calottes quand il était berger à Périgny. J'ai eu l'idée de le mettre au séminaire et le voilà apôtre.

Un de ces jours il sera martyr. Il paraît qu'il s'en est fallu de rien qu'on l'empalât. — Saint Moulatier ! car il s'appelle Moulatier. Je vois ça d'ici. Croirais-tu qu'il a pensé à me rapporter un petit vase pas plus grand que ça, tout ce qu'il y a de plus rare, de la famille verte? Un mandarin qu'il a converti le lui avait donné, et c'est d'autant plus curieux qu'on lui a coupé la tête, au mandarin, pour lui apprendre à se convertir. Il est très intéressant. Je lui ai appris que tu m'appelais en toute hâte ; il m'a dit avec une voix qui m'a émue : « Votre fille a sans doute un chagrin, remettez-lui ce petit livre. C'est celui qui m'a accompagné dans tous mes voyages, qui m'a réconforté dans toutes mes défaillances et qui m'a soutenu dans toutes mes luttes. Il n'est pas beau, il n'est pas neuf, mais si elle le lit avec persévérance, elle y trouvera la consolation de toutes ses misères. » C'est tout bonnement l'*Imitation*. Ces grands religieux se figurent qu'on n'a jamais rien lu et qu'on vit dans la corruption. Bref, tu vas rire, on ne m'ôtera pas de l'esprit que ce pauvre André, quand il s'est décidé à entrer dans les missions, était épris de toi, et que, comprenant la distance infranchissable qui vous séparait, il a été à Dieu qui est moins loin. Il repart aujourd'hui et il ne reviendra plus. Voyons, qu'est-ce que tu as à me dire à ton tour?

SÉVERINE, déposant sur la table le livre que sa mère lui a remis.

J'ai à te dire, ma chère mère, que je vais probablement me tuer.

MADAME DE PÉRIGNY.

Tu vas te tuer? Et à quoi faire?

SÉVERINE, fondant en larmes et se jetant à son cou.

Je veux mourir!...

MADAME DE PÉRIGNY.

Mourir! Mourir! Comment, mourir? A ton âge et bien portante comme tu l'es? Tu es folle. Et puis mourir, ça ne prouve rien. Le premier imbécile venu peut en faire autant.

SÉVERINE.

Mon mari ne m'aime plus, s'il m'a jamais aimée; il me trompe.

MADAME DE PÉRIGNY.

Lui! Qui est-ce qui t'a dit ça?

SÉVERINE.

J'ai toutes les preuves.

MADAME DE PÉRIGNY.

De vraies preuves?

SÉVERINE.

De vraies preuves.

MADAME DE PÉRIGNY.

Ça m'étonne. Il a été fort bien élevé par sa grand'mère très puritaine, dont il était l'unique héritier et qui le tenait beaucoup. J'ai pris toutes les informations possibles avant le mariage. Il n'y avait vraiment rien à dire, surtout pour un homme dans sa position. Il a voyagé pendant les premières années de sa majorité, ce qui l'a tenu éloigné des clubs et des coulisses. Il n'était pas joueur. Il a eu les quelques aventures qui font partie de l'éducation d'un gentilhomme, et toujours dans son monde. D'ailleurs il n'était pas riche. Je t'assure que cela m'étonne beaucoup.

SÉVERINE.

Il a passé la nuit dernière avec une femme.

MADAME DE PÉRIGNY.

Quelle femme est-ce cette femme-là?

SÉVERINE.

Hier encore je la considérais comme ma meilleure amie.

MADAME DE PÉRIGNY.

Entre femmes il n'y a pas de meilleure amie. Je ne sais même pas s'il y en a de bonnes. Et comment l'appelles-tu, ta meilleure amie?

SÉVERINE.

Vous ne la nommerez à personne?

MADAME DE PÉRIGNY.

Sur la mémoire de ton père! Voilà un homme qui ne m'aurait pas trompée.

SÉVERINE.

Alors vous avez été heureuse, vous?

MADAME DE PÉRIGNY.

Oui, très heureuse; seulement des hommes de cette trempe, Séverine, il n'en existe guère. C'était le courage, la loyauté, la noblesse en personne; mais quand il voulait une chose, il la voulait bien.

SÉVERINE, devenant calme.

Comme moi.

MADAME DE PÉRIGNY.

Oui, tu as beaucoup de lui; mais si moi je l'avais trompé, par exemple, et Dieu sait que je n'y pensais pas, ah! il m'aurait tuée.

SÉVERINE, s'exaltant.

Il considérait donc qu'en matière d'amour la trahison mérite la mort.

MADAME DE PÉRIGNY.

Si c'est la femme qui trahit, oui; si c'est l'homme, jamais, jamais! Ces messieurs ont profité de ce que nous les avons laissés faire les lois, ils les ont faites en faveur du masculin. Crois-moi donc, chère mignonne, ne te fais pas de chagrin. Le monde, et surtout le nôtre, est organisé comme ça; nous n'y pouvons rien changer, ni toi ni moi. Se tuer, c'est un crime d'abord, que les gens bien élevés ne commettent pas, et, de plus, c'est une absurdité indigne des gens d'esprit. Quant à tuer les autres, c'est une bien grosse affaire! Te représentes-tu une femme comme il faut ayant tué son mari par jalousie? C'est comme si elle mettait des manches à gigot et un oiseau de paradis pour jouer de la guitare sur un canapé à griffes de lion. Laissons là les Roxane et les Hermione. Vengeons-nous en vraies femmes, ça dure plus longtemps et c'est aussi sûr. Je ne te conseille, bien entendu, que ce qu'une mère peut conseiller à sa fille. La vie n'est possible, vois-tu, qu'avec beaucoup d'indifférence et encore plus d'oubli.

SÉVERINE.

C'est pour cela que vous vous êtes remariée.

MADAME DE PÉRIGNY.

J'étais incapable de vivre seule, et puis mon second mariage ressemble peu au premier. Ce n'est pas que ton beau-père n'ait des qualités, il a toutes celles qu'il faut au second mari d'une femme de mon âge, qui n'ont aucun rapport avec celles qu'on exige du premier. Et puis il a six millions, ce qui facilite les relations en équilibrant les caractères. C'est aussi grâce à ce second mariage que j'ai pu, en te donnant toute la fortune de ton père, te permettre de devenir princesse de Birac, ce qui est quelque chose.

SÉVERINE.

Croyez-vous que c'est pour être princesse que j'ai épousé mon mari? Je l'ai épousé parce que je l'aimais.

MADAME DE PÉRIGNY.

Il n'y a pas de mal à commencer par là, mais on sait bien que ça ne peut pas durer toujours. On ne s'aime pas éternellement de la même manière. Il viendra un moment où toi-même...

SÉVERINE.

C'est fait, ma mère. Non seulement je n'aime plus

mon mari, mais je le hais. Vous raisonnez les choses avec
votre âge je les sens avec le mien. L'homme qui trompe
une femme comme moi ne peut être qu'un misérable!
Vous me connaissez, n'est-ce pas? Vous savez si j'ai jamais été capable d'une duplicité ou d'une hypocrisie;
vous êtes donc bien convaincue que, le jour où j'ai déclaré devant Dieu, devant les hommes et devant ma conscience, que je prenais un homme pour époux, je me
donnais tout entière à cet homme, corps et âme, mais
à la condition que cet époux volontaire que rien ne forçait à me prendre se donnerait tout entier, lui aussi, et
qu'il tiendrait ses serments, comme j'étais, comme je
suis décidée à tenir les miens, quoi qu'il arrive. J'avais
dix-neuf ans lorsque je me suis unie à cet homme sous
la garantie de son honneur, sous la bénédiction d'un
prêtre, sous le regard de Dieu. J'étais jeune, j'étais confiante, je l'aimais. Tous mes rêves, toutes mes innocences, toutes mes pudeurs, je lui ai tout donné! Et il
lui faut une autre femme que moi! il manque à la foi
jurée! C'est un faussaire, c'est un renégat. Je le méprise
et je le hais. Je me reprends, je me rends à moi-même
et je réclame mes droits et ma liberté. La loi, qui doit
tout prévoir, doit avoir prévu cela. Quant à vous, ma
mère, vous êtes remariée, vous êtes tranquille, vous ne
demandez plus rien à la vie, mais enfin vous m'avez mise
au monde du temps où vous croyiez à autre chose; à
cette heure je n'ai plus que vous pour me secourir; sauvez-moi, emmenez-moi, faisons casser le mariage et n'en
parlons plus.

MADAME DE PÉRIGNY.

Ta ta ta ta ta! Comme tu y vas, toi! Est-ce qu'on casse
un mariage?

SÉVERINE.

Alors que me reste-t-il? Car je n'ai même pas un enfant. La maternité, non seulement il me la refuse, mais il me la vole! Oui, il me reste la fortune. Et que m'importe l'argent! Il me reste la résignation et la prière, ou la galanterie et le déshonneur. Merci! Je ne me sens capable ni de monter si haut ni de descendre si bas. Je ne suis ni un ange ni une courtisane. Je suis une femme, et je veux rester femme avec tous mes devoirs, mais avec tous mes droits. Vous ne pouvez rien pour moi, décidément?

MADAME DE PÉRIGNY.

Si! si! Je puis parler à ton mari, lui faire entendre raison.

SÉVERINE.

De l'hypocrisie ou de la pitié. Merci. (Un temps.) Je vous demande pardon, chère maman, de vous avoir dérangée au milieu de vos habitudes et de votre bien-être pour si peu de chose. Vous avez raison, absolument raison ; le seul service que je réclamerai de vous sera de ne parler à personne, pas même à M. de Birac, de tout ce que je viens de vous dire.

MADAME DE PÉRIGNY.

Je t'assure que si je lui disais deux mots seulement...

SÉVERINE.

Je vous en supplie, ne lui dites rien.

MADAME DE PÉRIGNY.

Soit; mais, à propos, où est-il, ton mari?

SÉVERINE.

Il est sorti, ou plutôt il n'est pas encore rentré. Il est allé, hier au soir, voir son frère qui est malade à Versailles, et il n'est pas encore revenu. Il avait prévu le cas d'ailleurs, et il m'avait dit : « Je resterai peut-être chez Adrien! » Chez Adrien! Ah! ah! Est-il possible qu'on mente de la sorte! Un grand seigneur avec huit cents ans de noblesse derrière lui, et à qui on ne demande plus rien que d'être un honnête homme! Et il ne peut pas!

Et il ment! Et je savais qu'il mentait! On m'avait prévenue; on me l'avait écrit. Une lettre anonyme! Une autre femme sans doute qui est jalouse, elle aussi. Ah! miséricorde! Si c'est ça la vie! J'aurais dû le retenir. Pourquoi l'ai-je laissé aller? Non, je voulais savoir la vérité. On veut savoir, et puis quand on sait, on veut mourir. Et votre mère vous dit : « Patience, mignonne, ça passera. » (Changeant de ton.) Il va rentrer, il faut qu'il rentre, nous avons du monde à dîner. Vous ne vous ennuierez pas trop. Elle sera parmi les convives. Vous la verrez. Ah! elle est belle!

MADAME DE PÉRIGNY.

Je serais curieuse de la voir, cette gaillarde-là. J'ai apporté justement une toilette. Ne te tourmente pas, il y en a de plus malheureuses que toi, va, et ça vaut mieux qu'une jambe cassée, comme on dit.

Elle va parler encore quand le valet entre.

LE DOMESTIQUE, annonçant.

M. Galanson.

SCÈNE III

Les Mêmes, GALANSON.

MADAME DE PÉRIGNY, allant à lui.

Eh bien, vrai, ma parole d'honneur, mon cher Galanson, j'allais demander de vos nouvelles. J'avais votre nom sur les lèvres. C'est très curieux, j'ouvrais la bouche.

GALANSON.

Madame la baronne est bien bonne de se souvenir de moi.

MADAME DE PÉRIGNY.

Mon cher ami, les honnêtes gens sont rares, et l'on a tout intérêt à se souvenir de ceux que l'on connaît, sur tout quand, comme vous, ils sont notaires. Vous dinez avec nous.

GALANSON.

Non, madame la baronne : impossible, à mon grand regret.

MADAME DE PÉRIGNY.

Alors vous viendrez dans la soirée.

GALANSON.

A vos ordres.

MADAME DE PÉRIGNY, bas.

Je veux causer avec vous.

SÉVERINE, à Rosalie qu'elle a sonnée.

Conduis ma mère à son appartement.

La baronne sort.

SCÈNE IV

SÉVERINE, GALANSON.

GALANSON.

Puis-je me permettre, princesse, de vous demander si vous partagez un peu, à mon sujet, les bons sentiments de madame de Périgny ?

SÉVERINE, lui tendant la main.

Vous savez à quoi vous en tenir là-dessus, mon cher monsieur Galanson, et c'est presque de la coquetterie que d'exiger que je vous le répète. J'ai la plus grande confiance en vous. Mon père vous estimait fort, et tous ceux que mon père estimait, je les estime ; avec les intérêts capitalisés, je les aime. Dites-moi maintenant ce qui me procure votre aimable visite.

GALANSON.

Ce n'est pas pour vous, madame la princesse, que je suis ici, c'est pour le prince qui m'a fait demander ; mais,

ACTE PREMIER.

en me rendant à son appel, j'avais bien un peu l'espérance de vous rencontrer, d'abord pour avoir l'honneur et le plaisir de vous voir, ensuite...

SÉVERINE.

Ensuite?

GALANSON.

Ensuite pour vous demander si vous n'avez aucune observation ou recommandation à me faire.

SÉVERINE.

A quel propos?

GALANSON.

A propos des fonds que j'ai à vous.

SÉVERINE.

Non. Ne voudriez-vous plus vous en charger?

GALANSON.

Tout au contraire. Je désire plus que jamais rester à votre service.

SÉVERINE.

Alors, veuillez continuer à traiter avec le prince ces questions financières, auxquelles je n'entends d'ailleurs rien du tout.

GALANSON.

Ainsi je puis et je dois continuer à remettre au prince toutes les sommes qu'il me demandera, quelles que soient ces sommes?

SÉVERINE.

Naturellement, monsieur; ne sommes-nous pas mariés, le prince et moi, sous le régime de la communauté?

GALANSON.

Comme les premiers venus.

SÉVERINE.

Comme les premiers venus; j'ai voulu qu'il en fût ainsi,

GALANSON.

Malgré mes observations.

SÉVERINE.

Dont je vous sais gré, parce qu'elles étaient faites en vue de mes intérêts ; mais je ne me serais plutôt jamais mariée que de donner place à une méfiance dans mon contrat de mariage. Mon mari est le chef de la communauté, il dispose de notre fortune...

GALANSON, l'interrompant.

De votre fortune.

SÉVERINE.

J'ai bien dit : communauté, n'est-ce pas? Il dispose de notre fortune comme il l'entend, et je n'ai qu'à me louer de l'usage qu'il en fait. J'entends une voiture. C'est lui qui rentre. Je vous laisse, mon cher monsieur Galanson. A ce soir, vous l'avez promis à ma mère. Ah! soyez assez aimable pour me passer ce petit livre. (Elle lui montre, et il lui passe le livre du père André.) Merci. A ce soir. (En sortant.) Ah! non, j'aime mieux ne pas le voir.

SCÈNE V

GALANSON, seul, puis LE PRINCE DE BIRAC.

GALANSON, seul.

Grande dame! Très grande dame! On dira ce qu'on voudra, ces femmes-là sont d'une race à part ; mais ça leur coûte cher, quelquefois.

LE PRINCE.

Je vous demande pardon, cher monsieur, je vous ai fait attendre...

GALANSON.

J'attendais en si bonne et si haute compagnie!

LE PRINCE.

La princesse était avec vous?

GALANSON.

Oui, mon prince. Ah! vous avez une femme exceptionnelle!

LE PRINCE.

Et elle est partie en m'entendant rentrer.

GALANSON.

Elle est allée rejoindre sa mère...

LE PRINCE.

Madame de Périgny est ici?

GALANSON.

Oui. Vous ne le saviez pas, mon prince?

LE PRINCE.

Non, je suis à la campagne depuis hier au soir. Quel visage avait la princesse?

GALANSON.

Celui qu'elle a toujours eu, mon prince, heureusement, le visage d'une noble dame qui a épousé par amour un des plus nobles gentilshommes de son pays, et qui porte dignement et royalement le nom qu'elle a reçu de son époux. Aussi le monde fait-il pour elle ce qu'il ne fait que pour bien peu de femmes! Il la respecte, il l'envie et il l'aime ; et quand on a dit : « La princesse Georges pense ainsi, » c'est comme si tous mes confrères et moi y avions passé. Car, au lieu de l'appeler cérémonieusement la princesse de Birac, lorsqu'on parle d'elle, on l'appelle la princesse Georges, tout court, et cette familiarité est un hommage de plus. Ce petit nom d'homme, le vôtre, met comme une aigrette à son titre. Cet assemblage donne tout de suite l'idée de ce que la princesse est en effet : une personne qui, à toutes les grâces et à toutes les vertus de son sexe, joint toute la bravoure et toute la fermeté du nôtre, ce qui est rare, entre nous.

LE PRINCE.

Vous avez pu exécuter?...

GALANSON.

Vos ordres? Oui, mon prince. Du reste, rien n'était plus facile. La fortune de la princesse Georges, votre fortune enfin, s'élève à quatre millions, en rentes et en valeurs de premier ordre. Il vous fallait deux millions tout de suite. J'ai vendu pour votre compte. Voici vos bordereaux, mon prince, et le récipissé de la Banque, où j'ai déposé cette grosse somme que vous pourrez prendre quand bon vous semblera, et pour laquelle sans doute vous avez un placement meilleur encore.

LE PRINCE, d'un air indifférent.

Vous n'avez rien dit à la princesse?

GALANSON.

Non, puisque vous m'avez recommandé de ne rien dire à personne ; cependant...

LE PRINCE, un peu inquiet.

Cependant?...

GALANSON.

Cependant, la somme était si importante que, sans lui dire de quoi il s'agissait, puisque je l'ignore, et pour mettre ma responsabilité et surtout ma conscience à l'abri (car votre ordre et votre reçu garantissent ma responsabilité), par acquit de conscience, je me suis fait répéter par madame la princesse ce qu'elle a tenu à consigner dans son contrat, que vous êtes maître absolu de son bien. Grande dame, mon prince, et grand cœur, n'est-ce pas?

LE PRINCE.

Oui. (Regardant le papier que lui a remis Galanson.) Où faut-il signer?

ACTE PREMIER.

GALANSON.

Ici et ici. Maintenant, mon prince, si vous avez besoin de renseignements sur l'affaire dans laquelle vous allez mettre ce capital important, disposez de moi. Je suis le notaire de la famille de la princesse depuis vingt ans, et ce serait la première fois que cette fortune ferait l'école buissonnière. C'est moi qui ai guidé ses premiers pas, et je me regarderais comme coupable s'il lui arrivait malheur, même sans qu'il y eût de ma faute. Je suis vraiment attaché à ces quatre millions. Songez que c'est le père de la princesse qui m'a prêté les fonds nécessaires pour acheter à Orléans l'étude de Me Bagneux. Ça ne s'oublie pas, ces choses-là.

LE PRINCE.

Soyez sans crainte, maître Galanson, vous reverrez vos enfants adoptifs. Et d'ailleurs, il doit me revenir un jour certainement trois ou quatre millions de ma tante, et si j'ai perdu quelque chose, je pourrai le restituer. Ce n'est donc qu'un emprunt que je fais à la communauté.

Il lui remet les papiers. Le valet de chambre, Victor, entre.

GALANSON, en serrant les papiers dans son portefeuille, à part.

Tu réalises deux millions sans rien dire à ta femme et sans rien expliquer à ton notaire, j'aurai l'œil sur toi, mon prince, et gare à la drôlesse, car il doit y en avoir une, qui veut manger les confitures et nous laisser le pain.

LE PRINCE, à Victor qui est entré d'un air mystérieux.

Qu'y a-t-il ?

VICTOR.

Monseigneur...

GALANSON.

Mon prince, j'ai l'honneur de prendre congé de vous.

LE PRINCE.

Au revoir, maître Galanson, au revoir.

Il l'accompagne un peu.

6.

GALANSON, en sortant et regardant le valet de chambre, à part.

La tête de l'emploi! Avec un billet de mille francs on fera dire à ce drôle tout ce qu'on voudra. Ce sera de l'argent bien placé. *Il sort.*

SCÈNE VI

LE PRINCE, VICTOR.

VICTOR.

Si je me suis permis d'entrer sans être appelé dans le salon, c'est que j'avais quelque chose d'important à communiquer à monseigneur.

LE PRINCE.

Parlez.

VICTOR.

Monseigneur, je crois que vous avez été suivi hier.

LE PRINCE.

Par qui?

VICTOR.

Par Rosalie.

LE PRINCE.

Qui vous fait penser?...

VICTOR.

Elle n'a pas couché ici; madame la princesse a eu de la lumière toute la nuit dans sa chambre, et Rosalie est rentrée une heure seulement avant monseigneur. Elle est venue tout de suite, sans ôter son chapeau, parler à madame. Elle a dit à l'office, hier soir, qu'elle allait voir sa tante qui est malade, comme monseigneur avait dit au salon qu'il allait voir son frère qui est en garnison à Versailles. Et comme monseigneur est allé à Rouen, j'ai voulu le prévenir. On ne sait pas ce qui peut arriver.

LE PRINCE.

Et comment savez-vous que je suis allé à Rouen et non à Versailles?

VICTOR.

Parce que, dans la crainte qu'il n'arrivât quelque chose de fâcheux à monseigneur, j'ai prié un de mes amis de le suivre.

LE PRINCE.

C'est de la police, cela, monsieur Victor.

VICTOR.

C'est de la politique, monseigneur.

LE PRINCE.

Et votre politique, combien coûte-t-elle?

VICTOR.

Ce qu'elle vaut : la confiance de monseigneur.

LE PRINCE.

C'est cher.

VICTOR.

C'est moins cher que je ne pourrais la vendre autre part.

LE PRINCE.

Avec qui donc pourriez-vous faire marché?

VICTOR.

Avec la personne que monseigneur accompagnait à Rouen.

LE PRINCE.

Si vous avez autant de discrétion que d'esprit, votre fortune est faite.

VICTOR.

Monseigneur peut compter beaucoup sur l'une et un peu sur l'autre; c'est mon petit capital.

LE PRINCE.

Envoyez-moi Rosalie.

VICTOR.

Oui, monseigneur. (En sortant.) Ce n'est pas malin ce qu'il va faire, mais ça le regarde.

SCÈNE VII

LE PRINCE, seul, puis ROSALIE.

LE PRINCE.

C'est bien la peine d'être prince pour être à la merci d'un laquais! Qu'il se taise trois jours, c'est tout ce qu'il faut. Du reste, au point où en sont les choses, que m'importe un peu plus tôt, un peu plus tard! Mais j'aurais voulu que la princesse n'apprît la vérité qu'après. Il y aura une scène que j'aurais mieux aimé éviter. Enfin, faisons face aux événements.

ROSALIE.

Monsieur m'a fait demander?

LE PRINCE.

Oui, mademoiselle. Vous aimez beaucoup votre maîtresse?

ROSALIE.

Je lui dois tout; elle m'a recueillie, elle m'a instruite, elle m'a élevée aussi haut qu'elle a pu; il est bien naturel que je lui sois reconnaissante.

LE PRINCE.

Alors, vous voudriez la voir heureuse?

ROSALIE.

Oh! oui, monsieur.

LE PRINCE.

Eh bien, dites-moi, savez-vous pourquoi elle est triste depuis quelques jours?

ROSALIE.

Oui, monsieur.

LE PRINCE.

Pouvez-vous me le dire?

ROSALIE.

Si vous l'ordonnez.

LE PRINCE.

Je vous en prie.

ROSALIE.

Madame croit que monsieur ne l'aime pas.

LE PRINCE.

Elle vous a prise pour sa confidente?

ROSALIE.

Autant qu'une grande dame peut prendre pour confidente une pauvre fille comme moi. Mais nous autres femmes nous supposons très naïvement que tous les cœurs de femmes sont faits de même, quelle que soit la distance.

LE PRINCE.

Si bien qu'elle vous a chargée de me surveiller.

ROSALIE.

De vous surveiller, mon prince?

LE PRINCE.

Moi ou une autre personne.

ROSALIE.

Je ne comprends pas.

LE PRINCE.

Où avez-vous passé la nuit dernière?

ROSALIE.

Oh! monsieur, pardonnez-moi!

LE PRINCE, se contenant à peine.

Vous avouez donc?

ROSALIE, baissant la tête.

Je vous dirai tout.

LE PRINCE.

Parlez.

ROSALIE.

Mais vous ne direz rien à ma maîtresse; elle me chasserait! Elle est si sévère sur la morale! Mais il m'épousera, j'en suis certaine; c'est un très honnête homme.

LE PRINCE.

De qui parlez-vous?

ROSALIE.

De mon fiancé.

LE PRINCE.

Vous avez un amant?

ROSALIE.

Oui.

LE PRINCE.

Qu'on nomme?

ROSALIE.

Valentin.

LE PRINCE.

Et qui demeure?

ROSALIE.

A Lagny, chemin de fer de l'Est.

LE PRINCE.

Par quel train êtes-vous partie hier?

ROSALIE.

Par le train de neuf heures.

LE PRINCE.

Et vous êtes revenue?

ROSALIE.

Ce matin par le train de midi.

LE PRINCE.

Et que fait-il, M. Valentin?

ROSALIE.

Il est employé au chemin de fer. J'ai déjà demandé plusieurs fois à madame la permission d'aller voir ma tante qui est malade, et c'est là que je vais; c'est là que je suis allée hier. Je vous en supplie, mon prince, ne me perdez pas. Sauvez-moi au contraire, dites à Valentin, que je vous amènerai, que vous voulez que le mariage se fasse au plus tôt.

LE PRINCE, avec un dernier soupçon.

Faites-le venir demain.

ROSALIE, avec une joie bien jouée.

Que monsieur est bon! A quelle heure?

LE PRINCE.

Quand vous voudrez.

ROSALIE.

Quand sa journée sera faite.

LE PRINCE.

Soit! (Il lui donne sa bourse.) Si vous êtes sincère, voici pour votre trousseau; si vous ne l'êtes pas, ce sera pour votre aplomb! Allez!

Rosalie sort. En sortant elle voit la princesse qui attend sur le seuil de la porte à droite. — Le prince ne peut la voir. — Rosalie fait un signe à Séverine pour lui indiquer que le prince ne sait rien.

SCÈNE VIII

SÉVERINE, LE PRINCE.

SÉVERINE.

Il y a des circonstances où le dévouement se croit forcé d'aller jusqu'au mensonge. Cette fille vous a trompé, mais moi je ne veux pas mentir. Je sais tout.

LE PRINCE.

Madame...

SÉVERINE, reprenant haleine entre chaque membre de phrase.

Vous êtes l'amant de madame de Terremonde; vous êtes parti pour Rouen avec elle hier au soir. Vous êtes descendus ensemble à l'hôtel d'Angleterre. Cette fille vous a suivis par mon ordre; elle m'a tout dit; c'était son devoir.

LE PRINCE.

Et qui vous avait si bien renseignée auparavant?

SÉVERINE.

Une lettre anonyme. Les coupables devraient toujours prévoir les méchants. Qu'est-ce que vous allez faire de moi? Vous ne pouvez nous garder toutes les deux?

LE PRINCE.

Je vous laisse juge.

SÉVERINE, avec un grand effort.

Moi, je vous pardonne.

LE PRINCE.

Pourquoi?

SÉVERINE.

Parce que je ne puis échapper à ce que je souffre que par l'héroïsme, parce que je veux vous prouver que je suis au-dessus des autres femmes, parce que je vous aime, c'est bien plus simple.

LE PRINCE.

Vous m'aimez?

SÉVERINE.

Et je ne puis pas vivre sans vous, quoi que je fasse. Voilà vingt heures que je me creuse la tête et le cœur pour trouver autre chose et je ne trouve pas. Et puis, je veux que vous soyez tout à fait dans votre tort. Vous comptiez peut-être que j'allais faire de la dignité, avoir de l'orgueil, vous rendre votre liberté, vous abandonner à cette femme; je l'ai cru aussi; je l'ai voulu; je ne peux pas; je vous aime. C'est ainsi. Il y a des souvenirs et des espérances qu'une femme de ma sorte ne saurait effacer tout à coup de sa vie. Je ne veux plus que vous soyez à cette femme. Vous êtes mon mari; je vous garde; je suis jalouse.

LE PRINCE.

Et si je vous prouvais, Séverine, que vous faites une méprise! S'il y avait dans ce rendez-vous, dans cette rencontre, autre chose que de l'amour!

SÉVERINE.

Oh! ne mentez plus! Oh! ne vous abaissez pas! Oh! je vous en supplie, ne me forcez pas de vous mépriser; qu'est-ce que je deviendrais? Mais vous pouvez me dire que c'est un caprice, une fantaisie, que vous n'y attachez pas d'importance, que vous n'avez pas pu faire autrement. Vous autres hommes, vous ne pouvez pas vous refuser comme nous, quand vous tombez entre les mains d'une coquette. C'est cela, n'est-ce pas? Qu'est-ce que je pourrais bien lui faire à cette femme? Quel mal, quelle torture pourrais-je lui infliger? Qu'est-ce qu'elle a de plus que moi? Je ne suis pas aussi belle qu'elle, c'est vrai, mais je suis plus jeune, et puis je n'ai jamais ap-

partenu qu'à toi. Il n'y a pas un homme qui ait vu mes
épaules dans un bal. Je m'étais gardée si pure, si intacte.
Je sentais que je t'aimerais un jour. Et quand je pense
que cette nuit!... Mais dis-moi donc que tu m'aimes!
Elle se jette dans ses bras.

LE PRINCE, regardant autour de lui.

Prends garde ! Si quelqu'un entrait !

SÉVERINE.

Et que m'importent les autres ! Que m'importe le monde
entier ! Je veux pardonner; je veux oublier; il le faut !
Je serais trop malheureuse sans cela ! Et puis je te tuerais, je le sens, j'en ai peur ! Oh ! ne ris pas; c'est sérieux !
Je ne suis pas une femme ordinaire ! Ma mère ne me
comprend pas. Elle m'aime bien, mais elle ne me comprend pas. Il faut que tu me rassures ! Il faut que tu me
calmes ! Il faut que tu me la sacrifies, cette femme, ou
il y aura un malheur.

LE PRINCE.

Écoutez !

SÉVERINE.

C'est cela, parle, dis-moi quelque chose. Prends-moi
dans tes bras. J'ai froid. (Il la prend dans ses bras.) Oh ! que
tu es bon !... J'aurais dû soupçonner depuis quelque
temps; tu n'étais plus le même; tu me négligeais. Tu
avais paru m'aimer au commencement, tout au commencement. Te le rappelles-tu ?

LE PRINCE.

Je ne l'ai jamais oublié.
Il veut l'embrasser.

SÉVERINE.

Non, pas encore.

LE PRINCE.

Veux-tu me croire ?

ACTE PREMIER.

SÉVERINE.

Oui, dis-moi : tu. Je croirai tout ce que tu voudras, si tu me dis : tu.

LE PRINCE.

Ce rendez-vous d'hier n'a pas été, comme tu te le figures, un premier rendez-vous d'amour, sollicité par moi, ça a été une dernière entrevue exigée par elle.

SÉVERINE.

Comment cela ?

LE PRINCE.

Il y a longtemps que je n'aime plus cette femme.

SÉVERINE, avec joie.

C'était donc avant notre mariage ?

LE PRINCE.

Oui. Et, depuis, elle a voulu renouer le passé.

SÉVERINE.

Et toi ?

LE PRINCE.

Et moi je ne voulais pas ; mais elle avait mes lettres, elle te savait jalouse, elle pouvait en égarer une un jour, volontairement, dans ta maison. Elle pouvait faire un scandale. Elle a un mari qui l'adore.

SÉVERINE.

Le malheureux ! Comme il souffrirait s'il savait cela ! Ah ! on souffre tant ! Tu ne peux pas t'en douter.

LE PRINCE.

Alors elle a exigé cette dernière preuve...

SÉVERINE.

D'amour ?

LE PRINCE.

De déférence. Et comme je voulais rentrer en possession de mes lettres... à cause de toi... j'y suis allé.

SÉVERINE.

Alors maintenant ?

LE PRINCE.

Je suis libre ? Il y a de ces chaînes-là dans la vie des hommes. Je pourrais te citer dix de mes amis, et la délicatesse exige...

SÉVERINE.

Alors nous pouvons partir.

LE PRINCE.

Quand tu voudras.

SÉVERINE.

Demain ? Nous irons bien loin.

LE PRINCE.

Où tu voudras; mais à une condition.

SÉVERINE.

Déjà ! Ordonne !

LE PRINCE.

Tu la recevras ce soir comme tu la recevais hier encore. Tu auras l'air de ne rien savoir. Tu me le promets ?

SÉVERINE, tressaillant.

C'est vrai, elle vient ce soir.

LE PRINCE.

Tu seras sage.

SÉVERINE.

Tu me demandes beaucoup ; je te le promets. Tu ne lui parleras pas tout bas.

ACTE PREMIER.

LE PRINCE.

Je n'ai rien à lui dire tout bas.

SÉVERINE.

Tu ne lui feras pas de signes.

LE PRINCE.

Es-tu enfant !

SÉVERINE.

C'est que je t'aime tellement que je crois aveuglément tout ce que tu viens de me dire, et si je surprenais le moindre signe d'intelligence entre vous deux, si je pouvais croire que tu ne m'as pas dit la vérité...

LE PRINCE.

Je ne lui parlerai pas du tout.

SÉVERINE.

Si ! parle-lui, tu sais, comme on parle à toutes les femmes, tout haut, mais le moins possible. Moi, je te promets de ne rien laisser voir et de la traiter comme à l'ordinaire. Ah ! quel empire tu as sur moi ! Nous partirons dans huit jours.

LE PRINCE.

Avant, si tu veux.

SÉVERINE, gaiement.

C'est cela. Dis-moi que tu m'aimes.

LE PRINCE.

Je t'adore. (Elle tend son front.) Est-ce permis, maintenant?

SÉVERINE, lui prenant la tête dans les mains.

Comme je t'aime ! Ah ! je voudrais qu'elle entrât en ce moment.

LE PRINCE.

Méchante, va.

Elle lui baise les mains avec exaltation. Il sort.

SCÈNE IX

SÉVERINE, seule, après avoir regardé la porte par laquelle de Birac est sorti et cessant peu à peu de sourire.

Mais si c'était pour une simple explication, pour une rupture, pourquoi la nuit? Pourquoi le même appartement? Oh! je suis une lâche et une malheureuse.

Elle laisse tomber sa tête dans ses mains et pleure.

ACTE DEUXIÈME

Grand salon chez la princesse Georges.

SCÈNE PREMIÈRE

MADAME DE PÉRIGNY, LA BARONNE, VALENTINE, BERTHE.

LA BARONNE.

Où est donc Séverine ?

VALENTINE.

Je crois qu'elle fume avec les maris.

BERTHE.

Elle trahit alors.

LA BARONNE.

Moi je ne suis pas de sa force. Nous sommes chez nous ici ; pas de bourgeoises ; pas de journalistes ; nous pouvons parler à cœur ouvert. Je déclare que si les maris ne fumaient pas, il n'y aurait pas moyen d'y tenir. Béni soit le cigare ! Les cigares des maris, ce sont les vacances des femmes.

VALENTINE.

Mais les maris sentent bien mauvais quand ils reviennent.

BERTHE.

Avouons, mesdames, que c'est tout de même drôle d'être mariées, quand on y pense.

VALENTINE.

C'est un moment à passer, et puis c'est fait pour toute la vie. J'ai entendu dans je ne sais quelle comédie cette phrase assez vraie : Il faut être marié comme il faut être vacciné, ça garantit.

BERTHE.

Pas toujours.

LA BARONNE.

Alors c'est volant. Il n'y a pas de danger.

VALENTINE.

Eh bien, pas du tout ; il faut se faire vacciner tous les sept ans...

LA BARONNE.

Positivement ; moi je suis décidée à recommencer. Une de mes amies intimes est morte, la semaine dernière, en quarante-huit heures, défigurée ! Je me suis dit : Il n'y a pas de temps à perdre.

BERTHE.

Tiens, il y a juste sept ans que je suis mariée. Est-ce qu'il va falloir que je recommence ?

VALENTINE, à la baronne.

Et ça a pris ?

LA BARONNE

Parfaitement.

VALENTINE, lui regardant le bras.

Ça ne se voit pas.

LA BARONNE.

Je me suis fait vacciner à la jambe pour pouvoir me décolleter. J'ai un vieux médecin qui m'a vue naître, je ne me gêne pas avec lui.

BERTHE.

Et l'enfant au vaccin était-il beau ?

ACTE DEUXIÈME.

LA BARONNE.

C'est l'enfant d'une charbonnière; on l'avait débarbouillé pour la circonstance. Comment ces gens-là font-ils pour avoir de si beaux enfants? Et ils en ont des douzaines! Moi, je n'en ai qu'un, et tout ce qu'il peut faire, c'est de ne pas mourir.

BERTHE.

Mais au moins vous en avez un, vous, tandis que moi je n'en ai pas, et ça sera toujours comme ça, dit-on.

VALENTINE.

Il faudra finir par épouser des charbonniers.

LA BARONNE.

Dites donc, Valentine, je vous l'enverrai avec son petit Auvergnat ou avec un autre, mon médecin à la jambe; il aurait pu vous voir naître aussi.

VALENTINE.

Est-ce pour me rappeler que vous êtes plus jeune que moi?

LA BARONNE.

Ah! vous me rattraperez bien vite.

MADAME DE PÉRIGNY.

Je vous écoute, mesdames, et vous me faites de la peine. Figurez-vous qu'avec mon premier mari...

BERTHE.

C'est vrai, vous vous êtes remariée, vous, marquise. Mais il faut dire que vous êtes de l'époque où l'on pouvait faire ces choses-là deux fois. Dans ce temps-là, il y avait encore des hommes.

MADAME DE PÉRIGNY.

Eh bien, avec mon premier mari (avait-il le pressentiment qu'il me perdrait de bonne heure?) nous ne nous quittions pas dix minutes par jour, et la preuve que le temps n'y fait rien, c'est que Séverine, qui a vingt ans, et qui est la plus jeune de vous toutes, adore son mari.

VALENTINE.

Oh! mais elle est votre fille! C'est une famille à part. Et puis, il n'y a qu'un an qu'elle est mariée. Et puis, entre nous, ce qu'elle aurait de mieux à faire serait peut-être de ne pas l'adorer autant, son mari.

MADAME DE PÉRIGNY.

Parce que?

VALENTINE.

Parce qu'il ne le mérite guère — quoique nous soyons chez lui.

MADAME DE PÉRIGNY.

Qu'est-ce qu'il fait donc?

VALENTINE.

Tout ceci entre nous, n'est-ce pas?

LA BARONNE.

Évidemment.

VALENTINE.

Eh bien, le prince est amoureux autre part.

MADAME DE PÉRIGNY.

Qui est-ce qui vous a dit ça?

VALENTINE.

C'est Polichinelle. C'est son dernier secret.

BERTHE.

Et le nom de la dame?

VALENTINE.

Comment, vous ne vous êtes aperçues de rien?

BERTHE.

De rien.

ACTE DEUXIÈME.   119

VALENTINE.

C'est la belle comtesse de Terremonde.

MADAME DE PÉRIGNY.

Sylvanie!

VALENTINE.

Vous êtes au courant de l'histoire.

MADAME DE PÉRIGNY.

J'en avais entendu parler.

VALENTINE.

Par Séverine?

MADAME DE PÉRIGNY.

Non, elle ne sait rien.

VALENTINE.

C'est-à-dire qu'elle veut avoir l'air de ne rien savoir, mais elle sait. La gaieté qu'elle affectait à table était de mauvais aloi ; et si elle n'est pas avec nous à cette heure...

MADAME DE PÉRIGNY.

Ah! c'est cette petite Terremonde. Eh bien, en voilà encore une que son mari adore!

BERTHE.

C'est ce qu'on peut appeler ne pas avoir de chance. Il est affreux. Il a une grosse barbe! Il est énorme! C'est un bœuf!

LA BARONNE.

Mieux que ça. Et pourquoi n'est-elle pas venue dîner ici ce soir, comme cela était convenu, la jolie comtesse Sylvanie de Terremonde? Est-ce l'indice de quelque événement?

BERTHE.

Séverine nous a donné la raison elle-même. Il paraît que Terremonde est revenu subitement de voyage au moment où l'épouse de son choix allait sortir... (Elle rit.) mais ils vont venir tout à l'heure.

LA BARONNE.

Vous direz ce que vous voudrez, moi je comprends qu'on soit amoureux de la comtesse. On ne peut pas voir une plus belle... créature.

VALENTINE.

Eh bien, moi j'avoue que je rougis, non seulement pour mon sexe, mais pour notre monde, quand je vois que nous accueillons comme une des nôtres une pareille effrontée, sous prétexte qu'elle est née de celui-ci et titrée de celui-là. Et encore celle-ci n'est pas née. Savez-vous d'où elle vient? Elle est la fille naturelle de lord Hatherbrok et d'une jeune et jolie maîtresse de piano... et de pianistes, qui courait le cachet à Londres. Lord Hatherbrok, qui buvait trop d'absinthe avant ses repas, trop de bourgogne pendant, et trop de cognac après, ayant absolument voulu rentrer chez lui à travers le mur de son parc au lieu de passer par la grille et s'étant cassé la tête contre cette difficulté, laissa dix mille livres sterling à la maman du baby. Devenue veuve de la main gauche, la jolie personne épousa, de la main droite, un vieux gentilhomme ruiné de santé, d'argent et de réputation, le sire de Latour-Lagneau, lequel légitima la petite orpheline et lui donna un nom, la seule chose qui lui manquât pour l'emploi qu'elle était appelée à tenir dans la société. Au bout de dix-huit mois de mariage, le sire en question mourait d'un accès de goutte comme il s'y était probablement engagé par contrat. La veuve inconsolable se jeta dans la dévotion, celle qui peut servir, jusqu'à ce que sa fille fût en âge de faire son entrée dans le monde. On n'avait rien négligé pour l'éducation et l'instruction de la belle enfant, qui parle quatre ou cinq langues, ce qui est indispensable quand on peut avoir à demander son chemin, dans l'ancien comme dans le nouveau monde, au premier passant venu. Les deux dames vinrent alors s'installer à Paris. La mère tint maison, très bien, ma foi; seulement elle dit et elle crut peut-être qu'elle avait en revenus ce qu'elle n'avait qu'en capital, et elle s'acheminait assez vite vers la ruine et tout ce qui s'ensuit pour des aventurières de cette espèce, quand Agénor de Terremonde vint débûcher comme un sanglier en vue de ces Dianes chasseresses. Elles l'ont bien visé, elles l'ont démonté sans le tuer, et elles en ont fait l'animal domestique que vous avez pu voir. Pour l'heure, il est absolument ruiné par l'épouse de son choix, comme dit Berthe. Toutes ses propriétés sont hypothéquées. Il est allé voir ces jours derniers s'il était possible d'hypothéquer encore, mais ç'a été si bien fait dès le commencement qu'il n'y a pas moyen de recommencer. Il est même revenu plus tôt qu'on ne croyait. Quant à Sylvanie, qui redoute la famine, je suis sûre qu'elle a déjà remis le nez au vent et qu'elle flaire un nouveau gibier, poil ou plume. Je crains fort qu'elle n'ait jeté les yeux sur le prince, pour commencer par le plus voisin, puisqu'elle demeure porte à porte avec lui. Mais qu'on se méfie. Agénor est là. C'est un imbécile, soit, mais c'est un honnête homme, et il y a toujours du fauve dans ce ragot enguirlandé. Vous n'ignorez pas, mesdames, que le sanglier est monogame, c'est-à-dire qu'il s'en tient à une seule compagne, ce qui le fait supérieur ou inférieur aux hommes, selon la manière de voir. Si on lui prend sa moitié, il devient furieux. Le jour où Agénor verra clair, il donnera de rudes coups de boutoir à travers le taillis, il reviendra sur la meute, et la comédie finira en drame, en tragédie peut-être. Bref, il fera comme Othello, il retournera l'oreiller.

BERTHE.

Le cas échéant, Agénor pardonnerait. Le pardon est la conséquence inévitable de l'amour. Celui qui n'a jamais rien eu à pardonner à celle qu'il aime ne peut pas dire qu'il l'aime.

VALENTINE.

C'est égal, s'il savait ce que je sais !

LA BARONNE.

Il y a encore autre chose ?

VALENTINE.

Il y a tout ce que je sais, il y a tout ce que vous savez, et puis il y a tout ce que nous ne savons pas, et il paraît que c'est le plus fort. Et tous les hommes l'adorent. Quand ils passent à côté d'elle ils deviennent fous. Elle les grise.

BERTHE.

Je comprends ça. Ce n'est pas pour rien que la nature lui a donné ces cheveux couleur des blés et ces lèvres couleur du sang. Résignons-nous, mesdames, nous ne pouvons pas lutter avec ces femmes-là. Ce sont des accapareuses d'amour. Leurs granges sont pleines et nos huches sont vides. Qu'y faire ? Sommes-nous même sûres que ce soient des femmes ? Elles ne sont ni épouses, ni filles, ni mères, ni amantes. Elles n'ont ni nos vertus, ni nos faiblesses, ni nos chagrins, ni nos joies. Elles sont d'un sexe à part. Quand je vois la comtesse avec son regard impassible, son sourire fixe et ses éternels diamants, il me semble voir une de ces divinités de glace des régions polaires sur lesquelles le soleil darde et reflète ses rayons sans pouvoir jamais les fondre. Ces femmes-là sont sur la terre pour le désespoir des femmes et le châtiment des hommes. Elles nous humilient, c'est vrai; mais elles nous vengent; c'est une consolation.

LA BARONNE.

Voulez-vous que je vous donne un détail, qu'on m'a assuré être vrai ?

ACTE DEUXIÈME.

BERTHE.

Voyons?

LA BARONNE, hésitant.

C'est trop difficile à dire.

VALENTINE. Toutes les femmes font cercle.

Puisqu'on vous l'a dit.

LA BARONNE.

C'est mon mari qui m'a conté cela, et encore je n'ai compris qu'après.

BERTHE.

Dites alors, nous sommes entre femmes, nous comprendrons tout de suite.

LA BARONNE.

Eh bien, il paraît que la comtesse considère en effet sa personne comme une divinité, équatoriale ou polaire, je n'en sais rien, et le lieu où elle repose comme un temple. Elle s'y enferme à clef, et quand le grand prêtre, son époux, veut faire ses dévotions, il faut qu'il commence par des offrandes.

BERTHE.

Le mari aussi? C'est sévère.

LA BARONNE.

Et c'est ainsi qu'il s'est ruiné! Quelle piété!

MADAME DE PÉRIGNY, à part.

Oh! oh! Il faut que je parle à M° Galanson. Si le mari s'y ruine, que deviendra mon gendre?

SCÈNE II

Les Mêmes, LE BARON, DE CERVIÈRES, DE FONDETTE, LE PRINCE, puis SÉVERINE, GALANSON, LE COMTE AGÉNOR et LA COMTESSE SYLVANIE DE TERREMONDE, VICTOR.

LA BARONNE, aux hommes qui entrent.

Eh bien, messieurs, avez-vous assez fumé?

LE BARON.

Mesdames, nous vous faisons toutes nos excuses.

BERTHE.

Oh! nous avons bien souffert sans vous.

LA BARONNE, au baron.

Vous savez quelle heure il est?

LE BARON.

Non.

LA BARONNE.

Dix heures moins un quart.

LE BARON.

Et moi qui dois être à dix heures à l'ambassade.

LA BARONNE.

Vous n'avez que le temps d'y aller.

LE BARON.

Vous rentrerez seule!

LA BARONNE.

J'en ai l'habitude.

LE BARON.

Du reste, je vais vous renvoyer la voiture.

ACTE DEUXIÈME.

LA BARONNE.

C'est cela. A demain, alors?

LE BARON.

A demain. (Revenant.) Ah! non, demain c'est jeudi, je chasse chez les Champclos, et je pars de très bonne heure.

LA BARONNE.

A après-demain, alors. Enfin, à un de ces jours.

DE CERVIÈRES, au baron.

Je m'en vais avec vous, attendez-moi.

LA BARONNE, bas à Cervières, sans être entendue du baron.

Vous vous en allez aussi?

DE CERVIÈRES, de même.

Il m'a demandé de l'accompagner.

LA BARONNE.

Ah! très bien. Quand vous verrai-je?

DE CERVIÈRES.

Demain. (Même jeu que le baron.) Oh! non, demain je vais à la chasse avec lui. C'était convenu, vous savez.

LA BARONNE.

Parfaitement. A après-demain, alors. Enfin, à un de ces jours.

DE CERVIÈRES.

Nous reviendrons vendredi dans la journée.

Il lui baise la main.

LA BARONNE.

Merci. (A part.) Ils aiment mieux être ensemble. Eh bien, maintenant, je crois que j'aime autant ça aussi.

MADAME DE PÉRIGNY, à Galanson qui entre par la porte des hommes.

Vous étiez là?

GALANSON.

Oui, je causais avec ces messieurs.

MADAME DE PÉRIGNY.

Eh bien, venez causer avec moi maintenant.

GALANSON.

Je suis venu exprès pour cela. Seulement je voulais d'abord prendre l'air des hommes et m'entendre un peu avec un maître laquais qui est ici. Je ne sais pas s'il deviendra jamais ministre de la reine doña Maria de Neubourg comme Ruy-Blas ou s'il a fait un peu de tout comme Figaro, mais c'est un monsieur qui sait tirer parti des circonstances. J'en sais long.

BERTHE, au prince.

Et mon mari à moi, qu'est-ce que vous en avez fait?

LE PRINCE.

Il nous a quittés tout de suite.

BERTHE.

Il n'a même point passé par le salon, lui, il simplifie les choses.

VALENTINE.

Et le mien, M. de Baudremont, qui devait revenir d'Italie au mois d'octobre, et nous sommes en mai. Il joue tant qu'il peut. Savez-vous, Berthe, que nous sommes peut-être bien bonnes de rester des honnêtes femmes? Car nous sommes des honnêtes femmes, vous et moi, il n'y a pas à dire?

BERTHE.

J'ai bien réfléchi à ça, et j'ai bien étudié les hommes. Mon avis est qu'ils se ressemblent tous; c'est donc beaucoup d'en supporter un; qu'est-ce que ça doit être quand il faut en supporter deux?

VALENTINE.

Il faut croire qu'au second ça n'est pas encore amusant,

et que ça ne commence à être vraiment gai qu'au troisième. C'est probablement pour cette raison que celles qui vont jusqu'à un vont jusqu'à deux, et que toutes celles qui ont été jusqu'à deux poussent jusqu'à trois, comme Sylvanie.

BERTHE.

Ils sont trois?

VALENTINE.

Y compris le mari. Mais le mari, c'est comme l'entresol dans les grandes maisons, ça ne compte pas.

BERTHE.

Vous me mettrez au courant.

VALENTINE.

Plus tard. Voilà M. de Fondette; je vais causer avec lui.

BERTHE.

Grand bien vous fasse! Il n'ouvre jamais la bouche.

VALENTINE.

Il l'ouvrira. J'ai un sujet. (A de Fondette.) Ne vous impatientez pas, elle va venir.

DE FONDETTE.

Qui cela, madame?

VALENTINE.

La jolie comtesse Sylvanie.

DE FONDETTE.

Tant mieux, madame, mais je ne comprends pas.

VALENTINE.

Alors pourquoi vous promeniez-vous avec elle avant-hier sur la route de Saint-Germain à Conflans, entre trois et quatre heures?

DE FONDETTE.

Qui nous a vus?

BERTHE.

Moi, moi seule, et c'est assez! Mais ne craignez rien.

DE FONDETTE.

Eh bien, madame, je vous jure sur l'honneur que, malgré les apparences, la comtesse n'a rien à se reprocher.

VALENTINE.

Tant mieux; il vous sera plus facile de suivre le conseil que je vous donne.

DE FONDETTE.

Qui est?

VALENTINE.

Qui est de ne plus la voir.

DE FONDETTE.

Impossible, madame.

VALENTINE.

Tant pis.

DE FONDETTE.

Pourquoi?

VALENTINE.

Parce que vous êtes enthousiaste, naïf et bon; parce que vous avez une mère qui n'a que vous et qui mourrait de votre mort. Avec un cœur comme le vôtre, on chante la romance à la comtesse comme Chérubin, ou l'on épouse la pupille d'Arnolphe comme Horace, mais, croyez-moi, on ne touche pas la femme de Thésée.

DE FONDETTE.

Ma vie est à elle!

VALENTINE.

Qu'est-ce qu'elle a donc de plus que les autres femmes?

DE FONDETTE.

Tout! Je l'aime! Ah! si vous saviez ce que c'est que cette femme!

VALENTINE.

Je le sais. C'est la fille de Minos et de Pasiphaé.

ACTE DEUXIÈME.

MADAME DE PÉRIGNY, qui a fini de causer avec Galanson.

Deux millions, rien que ça; quel appétit, mon gendre! (A Valentine.) Alors vous croyez que la comtesse de Terremonde est ruinée?

VALENTINE.

J'en suis sûre, et si j'étais à votre place...

MADAME DE PÉRIGNY.

Soyez tranquille! J'ai des yeux, j'ai même des lunettes. Deux millions! Et Séverine qui ne parle que de son amour. Il s'agit bien d'amour. Deux millions!

SÉVERINE, entrant par une porte latérale et regardant la porte du milieu, à elle-même.

La voici, je l'ai vue arriver.

LE VALET DE CHAMBRE, annonçant.

M. le comte et madame la comtesse de Terremonde.

SÉVERINE, à Berthe, bas.

Voit-on encore que j'ai pleuré?

BERTHE.

Non!

Sylvanie va droit à Séverine qui a fait un mouvement instinctif pour se retirer, au moment où Sylvanie lui a pris la main. Sylvanie ne l'a pas vu Séverine veut parler, elle ne peut pas, elle sourit comme un automate.

SYLVANIE.

Comment vas-tu aujourd'hui?

SÉVERINE, d'une voix étranglée.

Bien; merci, et toi?

SYLVANIE.

Eh bien, embrasse-moi donc.

Séverine l'embrasse en frissonnant.

SYLVANIE, la regardant.

Tes mains sont brûlantes.

SÉVERINE.

Les tiennes sont glacées.

SYLVANIE.

Ah! moi, toujours. Tu m'as excusée de ne pas être venue dîner.

SÉVERINE.

Oui.

SYLVANIE.

Le maître est arrivé tout à coup.

SÉVERINE.

Pour longtemps?...

SYLVANIE.

Il repart demain soir.

SÉVERINE.

Et il reviendra?

SYLVANIE.

Dans deux ou trois jours.

SÉVERINE.

Et alors?

SYLVANIE.

Alors...

SÉVERINE.

Alors il ne quittera plus Paris.

SYLVANIE, la regardant à la dérobée.

Si, mais avec moi.

SÉVERINE, avec un mouvement de joie involontaire.

Ah!

SYLVANIE, après un temps.

Qu'est-ce que tu as fait hier, après mon départ?

ACTE DEUXIÈME.

SÉVERINE.

Je me suis couchée.

Elle va pour continuer et se tait.

SYLVANIE.

Devine ce que j'ai fait.

SÉVERINE.

Comment veux-tu ?...

SYLVANIE.

Je suis partie pour Motteville. J'ai reçu une dépêche au moment où je rentrais.

SÉVERINE.

Est-ce que ta mère était malade?

SYLVANIE.

Une fausse alerte, heureusement.

SÉVERINE.

Comme les malheurs sont près de nous.

SYLVANIE.

Toujours plus près qu'on ne le croit.

SÉVERINE.

Toujours.

SYLVANIE, bas.

Il y a quelque chose.

AGÉNOR.

Votre santé est bonne, princesse?

SÉVERINE.

Je vous en veux de ne pas être venu le savoir plus tôt.

AGÉNOR.

Il fallait que j'eusse à causer avec Sylvanie pour me priver de ce plaisir et de cet honneur. Vous savez que vous êtes la personne que j'estime le plus au monde.

LE PRINCE, à Sylvanie.

Le retour de votre mari vous va à merveille, comtesse.

SYLVANIE, bas.

Est-ce qu'elle sait quelque chose?

Le prince fait signe que non.

SÉVERINE, à elle-même.

Il lui a fait un signe.

AGÉNOR.

Vous dites, princesse?

SYLVANIE, bas, au prince.

Vous trouverez un billet dans la doublure de mon manteau.

SÉVERINE, bas, à elle-même.

Elle lui a parlé. (A Agénor.) Alors vous repartez demain soir?

AGÉNOR.

Oui.

SÉVERINE.

Avec Sylvanie?

AGÉNOR.

Elle ne veut pas.

SÉVERINE, à elle-même.

Que lui a-t-elle dit? (A Agénor.) Et vous revenez bientôt

AGÉNOR.

Je l'espère.

SÉVERINE.

Vous ne nous trouverez plus ici.

AGÉNOR.

En tout cas, nous aurions perdu pour longtemps le plaisir de vous voir.

SÉVERINE.

Parce que?

ACTE DEUXIÈME.

AGÉNOR.

Parce que nous allons être forcés d'habiter la campagne, très modestement, pendant plusieurs années peut-être.

SÉVERINE, suivant de l'œil son mari qui s'éloigne de Sylvanie.

C'est le vrai bonheur.

DE FONDETTE, à Sylvanie, de l'autre côté du théâtre.

Si vous saviez ce que je souffre.

SYLVANIE.

Parce que?

DE FONDETTE

Votre mari est revenu.

SYLVANIE.

Pouvais-je prévoir ce retour?

LE PRINCE, à Agénor, devant Séverine, haut.

Mon cher comte, je crois que Fondette fait la cour à la comtesse.

AGÉNOR.

Il a bien raison. Devant moi tant qu'il voudra.

DE FONDETTE, bas, à Sylvanie.

Voulez-vous être bonne? Voulez-vous me rendre bien heureux?

SYLVANIE.

Dites.

DE FONDETTE.

La nuit est tiède. Laissez votre chambre éclairée toute la nuit.

SYLVANIE.

C'est facile.

DE FONDETTE.

Et puis laissez votre fenêtre ouverte... afin..

V.   8

SYLVANIE.

Afin?...

DE FONDETTE.

Afin que moi, qui serai dans la rue, je puisse voir jusqu'au jour que vous êtes seule.

SYLVANIE, à part.

Cœur innocent qui ne craint que la nuit. (Haut.) Je ferai peut-être mieux encore, monsieur, je ferai partir le comte ce soir.

DE FONDETTE.

Mais alors?...

SYLVANIE.

Patience.

LE PRINCE, à Séverine.

Je vous remercie de l'effort que vous avez fait sur vous-même. Vous avez tenu votre parole.

SÉVERINE.

Je la tiens toujours. Que vous a-t-elle dit tout bas?

LE PRINCE.

Elle m'a demandé si vous saviez quelque chose, parce qu'elle a senti sans doute que vous étiez troublée, et comme je vous avais promis de ne pas lui parler bas, je lui ai fait signe que non, sans parler, puisqu'il est convenu qu'elle ne saura rien.

SÉVERINE.

Je sens que tu me dis la vérité! Comme tu m'as comprise! Comme tu es bon pour moi! Tu vas voir maintenant, je vais rire. (Elle lui serre la main dans ses deux mains.) Tu peux lui parler, du moment que tu me répètes ce que tu lui dis. Il ne faut pas non plus qu'elle croie que je suis jalouse, elle serait trop fière. Et puis je ne le suis plus.

ACTE DEUXIÈME.

LE PRINCE.

A la bonne heure! (Bas, en s'éloignant.) Galanson a raison. Il y a vraiment là une femme. Quelle puissance a donc l'autre?

Il disparaît un moment.

SÉVERINE, à sa mère, avec gaieté.

Eh bien, chère maman, qu'est-ce que vous avez? Votre whist vous manque.

Elle l'embrasse.

MADAME DE PÉRIGNY.

Tu es contente, toi?

SÉVERINE.

Très contente.

MADAME DE PÉRIGNY.

Ce n'est plus comme ce matin.

SÉVERINE.

J'ai suivi vos conseils.

MADAME DE PÉRIGNY.

Es-tu décidée à les suivre tous?

SÉVERINE.

Tous.

MADAME DE PÉRIGNY.

Eh bien, je t'en donnerai d'autres tout à l'heure.

SÉVERINE.

Donnez.

MADAME DE PÉRIGNY.

Plus tard.

LE DOMESTIQUE, annonçant.

La voiture de madame la baronne est avancée.

LA BARONNE, à Séverine.

Au revoir, chère.

SÉVERINE.

A bientôt.

La princesse accompagne la baronne et sort un moment avec elle. — Le prince qui est rentré va à Sylvanie.

SYLVANIE, au prince, bas.

Vous avez trouvé le billet ?

LE PRINCE, bas.

Oui.

SYLVANIE.

Vous l'avez lu ?

LE PRINCE.

Et brûlé, soyez tranquille.

SYLVANIE.

Pouvez-vous faire ce que je vous demande ?

LE PRINCE.

C'est déjà fait. Du reste vous trouverez un mot de moi à la place où j'ai trouvé le vôtre, mais vous n'avez besoin de lire qu'en rentrant. Ne me parlez plus que tout haut.

VICTOR, à Galanson en lui présentant un plateau de rafraîchissements.

Elle avait laissé un billet dans la doublure de son manteau, c'est là *qu'il* est allé le prendre. (Il indique du regard le prince.) Il en a mis un autre à la place.

GALANSON.

Tu l'as ? (A lui-même.) Je le tutoie. J'ai l'air de M. de Richelieu.

VICTOR.

Non. Il vaut mieux qu'il reste où il est pour qu'on ne soupçonne rien, mais je l'ai lu et je me le rappelle mot pour mot.

GALANSON, bas, avec mépris.

Brave garçon ! (Haut.) Que contient-il ?

VICTOR.

Il contient ces mots : « L'argent est chez lui, soyez prête » à partir demain, une heure après son départ. On ne se » doute de rien. » Monsieur me gardera le secret !

ACTE DEUXIÈME.

GALANSON.

Vous avez ma parole. Merci.

VICTOR.

Inutile de me remercier. Monsieur n'oubliera pas sa promesse, voilà tout.

GALANSON.

Non. (A part.) Voilà un joli drôle!

VICTOR, à part.

Il y a une fortune à faire ici. Ils ne sont pas forts, les maîtres. *Il sort.*

LE PRINCE, à Agénor.

Vous ne voulez pas me dire ce que vous avez. Je vais vous le dire, moi; vous avez besoin de trois cent mille francs que vous ne pouvez trouver sur seconde hypothèque. Et cependant il faut que vous partiez demain pour aller payer ces trois cent mille francs, sinon l'on vend votre bien de Terremonde. Les trois cent mille francs sont chez vous.

AGÉNOR.

Qui les a envoyés?

LE PRINCE.

Moi. Je suis de ceux qui se contentent d'une seconde hypothèque avec un débiteur de votre sorte.

AGÉNOR.

Sans vous, j'étais ruiné, je me tuais. J'aurais mieux aimé me faire sauter la cervelle que d'infliger la misère à Sylvanie. Merci, mon ami.

LE PRINCE.

Ne parlons plus de ça.

AGÉNOR.

Je partirai demain dès le matin. Il faut que je porte moi-même cette somme. Dans trois jours je serai revenu.

8.

Dans deux mois au plus tard je me serai acquitté. En attendant, vous aurez mon reçu en règle, et, en cas de mort...

LE PRINCE.

Quelle plaisanterie !

AGÉNOR.

Ah! on ne sait ni qui vit, ni qui meurt. (Passant la main sur son front.) Et depuis quelque temps j'ai des pressentiments lugubres. C'est la première fois de ma vie. Merci encore.

Il lui serre la main.

GALANSON, causant avec Sylvanie.

C'est mon confrère, M⁰ Lelong, qui m'a dit cela. Il cherchait de l'argent pour le comte.

SYLVANIE, tranquillement.

Je crains bien que nous ne soyons ruinés tout à fait. Je le crains pour mon mari, car pour moi, peu m'importe.

GALANSON.

Vous avez un remède ?

SYLVANIE.

J'ai un remède à tout.

GALANSON.

Vous n'avez qu'à vendre vos diamants pour payer les dettes de votre mari.

SYLVANIE.

Je l'ai déjà fait, sans qu'il s'en doutât ; et cela n'a pas suffi.

GALANSON.

Et ceux que vous avez là?

SYLVANIE, le regardant en face.

Ils sont faux !

GALANSON, bas.

Quel aplomb! (Haut.) Je vous en donne trois cent mille francs.

ACTE DEUXIÈME.

SYLVANIE.

Je le crois bien. Ils en valent quatre cent mille. Mais ils tiennent à la peau. Vous êtes orfèvre, monsieur Josse?

GALANSON.

Mon père l'était. Comtesse, savez-vous que vous n'êtes pas une femme ordinaire?

SYLVANIE.

Je sais vouloir d'abord, et je sais exécuter ensuite. Rappelez-vous bien ceci, monsieur Galanson, quel que soit l'intérêt que vous puissiez avoir à connaître mes affaires et à m'en parler : il n'y a rien dans le monde qui puisse m'arrêter quand je veux quelque chose. Lorsque j'étais petite, je faisais de la gymnastique, et je n'ai jamais oublié ce que mon maître disait aux autres élèves, étonnées de me voir passer toute droite sur la poutre ronde à quatre mètres au-dessus du sol (exercice que faisaient seuls les hommes, et pas tous encore). Savez-vous, disait-il, pourquoi mademoiselle de Latour-Lagneau passe si bravement et si facilement sur cette poutre, ce qu'aucune de vous n'ose faire? C'est qu'elle ne regarde pas où elle met les pieds, elle ne regarde qu'où elle va. Il avait raison ; quand on veut arriver quelque part, il ne faut pas regarder sur quoi l'on marche, il faut marcher. On en est quitte pour ôter ses bottines en arrivant.

GALANSON.

Et peut-on vous demander sans indiscrétion si vous êtes arrivée à tout ce que vous vouliez?

SYLVANIE.

Toutes les fois que je suis partie, je suis arrivée. Ce n'est pas moi qui ai demandé à venir au monde ; j'y suis ; j'y veux être heureuse comme je l'entends, quoi qu'il en coûte.

GALANSON.

A qui?

SYLVANIE.

Aux autres. Ne jouez donc pas au fin avec moi, monsieur Galanson. Ou vous savez ce que je veux, alors à quoi bon me questionner ? Ou vous ne le savez pas, alors vous ne me le ferez pas dire. Je défie qui que ce soit de me prendre au dépourvu ni par ruse ni par force. Je suis bien armée.

GALANSON.

Bomarsund !

SYLVANIE, avec une révérence.

Gibraltar !

GALANSON, à part.

C'est ce que nous verrons.

AGÉNOR.

Monsieur Galanson, voulez-vous me rendre un service ?

GALANSON.

Très volontiers, monsieur le comte.

AGÉNOR.

Alors venez dans le cabinet du prince. J'ai besoin de vous pour rédiger correctement un reçu. (A Sylvanie.) J'ai toute la somme dont j'avais besoin. Je puis partir demain.

SYLVANIE.

Partez ce soir, cela vaudra mieux. Vous gagnerez vingt-quatre heures. Autant ne pas perdre une minute. Vos adversaires ont trop d'intérêt à profiter de tout. Vous pourrez être de retour après-demain matin.

AGÉNOR.

Je vous ai si peu vue.

SYLVANIE.

Nous ne nous en reverrons que plus tôt et en toute sécurité.

AGÉNOR.

Vous avez raison. Je partirai ce soir. J'ai hâte de ne plus vous quitter. Je vous aime tant !

ACTE DEUXIÈME.

GALANSON, à madame de Périgny, avec qui il causait.

Prévenez votre fille tout de suite.

MADAME DE PÉRIGNY.

Elle voudra des preuves.

GALANSON.

Allez les prendre dans la doublure du manteau de la comtesse. Avec une pareille ennemie tous les moyens sont bons.

AGÉNOR.

Je suis à vous, monsieur Galanson.

Ils sortent par une porte, madame de Périgny sort par le fond.
Séverine est au piano.

SYLVANIE, au prince.

Rejoignez mon mari dans votre cabinet et surveillez Galanson. Patience jusqu'à demain. Quoi qu'il arrive, demain à une heure je serai déshonorée à tout jamais, puisque vous l'exigez, mais je serai toute à vous.

LE PRINCE.

Ah! que je vous aime!

Il sort.

SCÈNE III

SÉVERINE, VALENTINE, BERTHE, DE FONDETTE, MADAME DE PÉRIGNY.

VALENTINE, à Séverine.

Bravo! bravo! Vous jouez merveilleusement.

SÉVERINE.

Je suis gaie, je suis heureuse.

MADAME DE PÉRIGNY, à Séverine, bas.

Ton mari a pris deux millions aujourd'hui chez Galanson, et il part demain avec cette femme qui est là.

SÉVERINE.

Ce n'est pas vrai!

MADAME DE PÉRIGNY, lui remettant un papier.

Lis.

SÉVERINE, après avoir lu.

Ah! la misérable! (Elle va droit à Sylvanie, s'arrête, la regarde en face, et, à voix basse.) Va-t'en!

SYLVANIE.

Qu'est-ce que tu me dis?

SÉVERINE, toujours à voix basse.

Je te dis : Va-t'en, va-t'en d'ici à l'instant! Je te chasse de chez moi! Tu ne comprends pas?

SYLVANIE, même ton.

Parce que?

SÉVERINE, même jeu.

Parce que tu es la maîtresse de mon mari; parce que tu as passé la nuit dernière avec lui, parce que tu viens chez moi me braver, me voler mon bonheur, ma vie, mon âme, parce que je te hais et te méprise, parce que tu es la dernière des filles perdues. Va-t'en sans dire un mot, sans faire un signe, ou je t'insulte publiquement et je te chasse devant tout le monde.

SYLVANIE, très calme.

Soit, adieu! (Haut.) Monsieur de Fondette.

DE FONDETTE.

Comtesse?...

SYLVANIE.

Voulez-vous me donner mon manteau?

VALENTINE, à Séverine.

Vous êtes toute pâle, toute tremblante.

SÉVERINE.

Ce n'est rien. Je me sens mieux, au contraire.

MADAME DE PÉRIGNY, à Séverine.

Qu'est-ce que tu lui as dit?

SÉVERINE.

Tu le vois bien. Elle s'en va. Je l'ai chassée.

SYLVANIE, cherchant la lettre dans son manteau.

Il n'y a plus rien. C'est le moment de la décision. (A de Fondette.) Venez dans une heure. Si ma fenêtre est éclairée, retournez chez vous. Si elle est sombre, entrez sans crainte ; la porte du jardin sera entr'ouverte. (A Séverine.) Crois-moi, garde cela pour toi, c'est plus prudent. Ce n'est pas moi que mon mari tuera.

SÉVERINE, bas.

Va-t'en.

SYLVANIE, haut, d'un ton dégagé.

Au revoir, chère. Bonsoir, madame la marquise. Mesdames...

Elle tend la main à Berthe et à Valentine.

DE FONDETTE, mettant le manteau à Sylvanie.

Comme je vous aime !

SYLVANIE, à elle-même.

Sont-ils heureux de m'aimer tous ainsi ! Ah ! si je pouvais aimer, moi, ne fût-ce qu'une heure.

Ils sortent.

BERTHE.

Vous avez raison, autant nous en aller. Ça sent le drame ici. (A Séverine.) Je viendrai vous voir demain.

SÉVERINE.

C'est cela. (A madame de Périgny.) Accompagnez-les, ma mère, je ne me tiens plus.

Tout le monde est sorti

SCENE IV

SÉVERINE, seule, puis AGÉNOR.

SÉVERINE, seule.

Menteur ! menteur ! menteur ! Lâche ! lâche ! Il y a dix minutes, là, il mentait ! Il m'avait dit que nous partions ensemble demain, et c'est avec elle qu'il doit partir. C'est lui le coupable. Ce n'est pas elle. Elle ne m'a rien juré, elle, elle ne me doit rien, c'est une courtisane qui fait son métier chez moi; je la chasse, voilà tout. Mais lui!

AGÉNOR, entrant.

Pardon, princesse, vous êtes seule.

SÉVERINE.

Le mari! (Avec une inspiration soudaine.) Ah! *il* ne partira pas.

AGÉNOR.

Sylvanie n'est plus ici?

SÉVERINE, riant nerveusement.

Non! elle est partie...

AGÉNOR.

Pourquoi est-elle partie sans moi?

SÉVERINE, après un temps.

Je l'ai chassée.

AGÉNOR.

Chassée!

SÉVERINE.

Oui, monsieur.

AGÉNOR.

Vous avez chassé ma femme de chez vous, madame?

SÉVERINE.

Oui, oui, oui.

AGÉNOR.

Je rêve! Chassée? Par vous? Ma femme? — Et pourquoi?

SÉVERINE.

Parce qu'il ne me plaît pas de recevoir une femme qui vient chez moi voir son amant.

ACTE DEUXIÈME.

AGÉNOR.

Son amant! Ma femme a un amant! Savez-vous bien ce que vous dites, madame?

SÉVERINE.

Parfaitement, monsieur.

AGÉNOR.

Et vous connaissez cet homme?

SÉVERINE.

Je le connais.

AGÉNOR.

Son nom?

SÉVERINE, un temps.

Cherchez!

Elle rentre dans son appartement; Agénor sort par le fond.

ACTE TROISIÈME

Même décor.

SCÈNE PREMIÈRE

SÉVERINE, ROSALIE, puis MADAME DE PÉRIGNY, GALANSON.

SÉVERINE.

M. Galanson n'était pas parti ?

ROSALIE.

Non, il était encore dans le cabinet du prince.

SÉVERINE.

Seul ?

ROSALIE.

Avec le prince.

SÉVERINE.

Que faisait-il ?

ROSALIE.

M. Galanson parlait au prince, et de choses sérieuses sans doute, car le prince était pâle et paraissait faire un grand effort pour l'écouter. Quand j'ai dit à M. Galanson que madame le priait de descendre, le prince lui a dit : « Allez, monsieur Galanson, allez, ne faites pas attendre la princesse. » Il semblait avoir hâte d'être seul. Mais M. Galanson paraissait ne pas vouloir s'en aller sans avoir dit tout ce qu'il avait à dire.

ACTE TROISIÈME.

SÉVERINE.

Merci. (Otant ses bracelets et ses boucles d'oreilles.) Tiens, prends, je te donne tout cela.

ROSALIE.

Mais, madame...

SÉVERINE.

Je ne porterai plus de bijoux et je donnerais tout ce que je possède pour être à ta place. Maintenant, tâche de savoir ce qui se passe chez la comtesse. Fais grande vigilance et grande attention; c'est grave.

ROSALIE.

Madame paraît bien troublée.

SÉVERINE.

Où est ma mère?

ROSALIE.

Elle cause encore dans le jardin avec madame de Baudremont. La nuit est si belle!

SÉVERINE.

Oui, la nuit est belle. Il y a des gens qui, à cette heure, disent : Oh! la belle nuit! Ils sont heureux!

ROSALIE.

Voici madame la marquise.

SÉVERINE.

Va, et que je te sente toujours près de moi.

Rosalie sort au moment où la marquise entre par la porte du fond.

MADAME DE PÉRIGNY.

Conte-moi ce qui s'est passé, et je te dirai, moi, tout ce que madame de Baudremont vient de me dire sur la comtesse.

SÉVERINE.

Je lui ai dit tout bas de s'en aller, voilà tout. Quant à

ce qu'on dit sur elle, peu m'importe. Je ne m'occupe que de ce qui me regarde.

MADAME DE PÉRIGNY.

Et son mari, tu l'as vu ? Il n'a pas dû quitter la maison sans prendre congé de toi ?

SÉVERINE.

Je l'ai vu, en effet.

MADAME DE PÉRIGNY.

Tu ne lui as rien dit, je pense ? Songe aux conséquences terribles que la moindre indiscrétion pourrait avoir pour elle, pour lui, pour M. de Birac surtout.

SÉVERINE.

Je n'ai rien dit que je ne dusse dire. (A Galanson qui entre.) Arrivez, mon cher monsieur Galanson. J'ai grand besoin de vous.

GALANSON.

Je suis à vos ordres, princesse.

SÉVERINE.

Qu'avez-vous dit au prince ?

GALANSON.

J'étais monté dans son cabinet, appelé par M. de Terremonde qui voulait faire un reçu aussi en règle que possible d'une somme de trois cent mille francs que le prince lui a prêtée ce soir.

MADAME DE PÉRIGNY.

Trois cent mille francs ! Êtes-vous bien sûr que M. de Terremonde n'est pas complice de sa femme ? C'est qu'il y en a plus d'un de ce genre en ce temps-ci.

GALANSON.

M. de Terremonde est le plus honnête homme de la terre. Seulement il est amoureux fou de sa femme. Il s'est ruiné pour elle comme quelques-uns se ruinent pour une fille galante. Elle est de la race de ces filles galantes, et maintenant qu'elle a ruiné le comte, elle passe au prince qui a ce dont elle a le plus besoin pour vivre, l'argent. Et cela sans souci de sa position dans le monde, de son honneur, du bonheur, de l'honneur et de la vie des gens. Elle accomplit sa destinée qui est de briller coûte que coûte. Ajoutez à cela qu'elle cherche l'amour qui lui échappe et qui lui échappera toujours. Il n'y a donc à lui faire ni raisonnement ni morale, elle ne comprendrait pas; elle est sourde et elle est implacable; c'est l'Instinct. Si, parmi les hommes qui l'entourent et qu'elle entraîne dans son orbite, il s'en trouvait un plus riche que le prince, elle prendrait celui-là, fût-il laid, ivrogne comme le père à qui elle doit la vie, vieux et déshonoré comme le père à qui elle doit un nom. Si M. de Fondette, joli garçon, célibataire, complètement libre, eût été aussi riche que votre mari, princesse, elle lui eût donné la préférence, car il lui plaît autant qu'un homme peut plaire à cette créature; mais que voulez-vous qu'elle fasse des trois ou quatre cent mille francs de ce pauvre enfant? C'est un en-cas pour une morte saison. Oh! je l'ai bien étudiée ce soir, je la connais, sans compter qu'elle m'a fait l'honneur d'être presque franche. Elle a donc jeté son dévolu sur le prince qui a quatre millions, les vôtres. Il vous en a déjà emprunté deux pour partir demain avec elle, elle compte bien qu'il vous empruntera le reste. Que vous mouriez de chagrin et de misère, cela ne la regarde pas. Quand le prince n'aura plus rien et ne pourra plus servir à rien, elle le remplacera par un autre, et ainsi de suite. Ah! j'en ai vu de ces monstruosités-là dans ma carrière de notaire! Il n'y a pas beaucoup de confessionnaux qui en sachent aussi long que mon étude. On ne soupçonne pas ce que le choc d'un appétit et d'une passion peut produire de catastrophes. J'ai dit, moi, au prince tout ce que je pouvais et devais lui dire en raison de l'estime que j'ai pour vous et de l'intérêt que je vous porte. Il ne faut pas songer à lui faire entendre raison, il est complètement fou ; elle l'a ensorcelé. Il la regarde comme la plus honnête femme du monde et je crois qu'il tuerait qui lui dirait le contraire. Il verra clair, un jour, tout à coup, trop tard, peut-être. En attendant, il partira demain avec elle, rien ne le retiendra.

SÉVERINE.

Quels sont les moyens que la loi me donne pour empêcher cette infamie et ce malheur ?

GALANSON.

Aucuns.

SÉVERINE.

Il est libre ?

GALANSON.

Absolument.

SÉVERINE.

Et si je voulais partir, moi ?

GALANSON.

Il pourrait vous en empêcher.

SÉVERINE.

Pourquoi est-ce comme ça ?

GALANSON.

Parce que c'est comme ça. Quand il sera parti, vous pourrez faire constater légalement son départ, dans quelles conditions ce départ se sera effectué, l'emploi que votre mari aura fait de la moitié de votre fortune, ses relations publiques avec une autre femme, et nous demanderons une séparation de corps et de biens, que nous obtiendrons, je pense.

SÉVERINE.

Et après ?

ACTE TROISIÈME.

GALANSON.

Vous attendrez que votre mari revienne ou qu'il meure.

SÉVERINE.

C'est bien long.

GALANSON.

Ça peut durer toujours.

SÉVERINE.

Alors voilà tout ce que les hommes ont trouvé pour garantir celles qui sont leurs mères, leurs sœurs, leurs femmes, leurs filles ?

GALANSON.

Voilà tout.

SÉVERINE.

Ce n'est pas assez. (A madame de Périgny.) Pourquoi m'avez-vous mariée à cet homme, ma mère ?

MADAME DE PÉRIGNY.

Je t'ai mariée à cet homme parce que, quand on a des filles, il faut les marier ; mais nous ne sommes pas dans les maris qui se présentent, et nous ne pouvons savoir comment ils sont faits. Et puis, c'est toi qui as voulu l'épouser ; tu as déclaré que tu mourrais si tu ne l'épousais pas. Tu en étais folle.

SÉVERINE.

Il fallait vous opposer à ma volonté ; il fallait combattre ma folie ; il fallait employer la force ; il fallait m'expliquer les choses ; il fallait me dire que le mariage était une prison et un enfer.

MADAME DE PÉRIGNY.

Je n'en savais rien, moi ; je me suis mariée deux fois, j'ai toujours été heureuse. Et puis, rien ne me faisait prévoir ce qui arrive. Le prince s'était toujours bien conduit. S'il t'abandonne, tu reviendras vivre avec nous.

Tu ne seras pas la première femme qui aura vécu séparée de son mari sans qu'il y ait de sa faute à elle. L'important est qu'il ne te ruine pas pour cette gaillarde. Tous les honnêtes gens seront pour toi.

SÉVERINE.

Eh! que me fait la pitié des gens heureux! Alors, c'est tout ce que vous pouvez pour moi tous les deux? Vous, la loi; toi, la famille; la loi peut me rendre l'argent de ma dot, si elle le retrouve; la famille peut me rendre ma chambre de pensionnaire, et puis c'est tout. La vie matérielle toujours; la table et le logement, tel est le souci de la société! Et c'est tout ce qu'elle croit me devoir. Et si je ne peux plus manger: et si je ne peux pas dormir, que fera-t-elle pour mon cœur qu'elle aura laissé briser, pour mon âme qu'elle aura laissé meurtrir? L'âme! qu'est-ce que c'est que ça? J'en ai une cependant! Je la sens! Cela ne nous regarde pas, étouffe-la. Mais le dernier des animaux vit de sa vie pleine, il a des petits, il les couve, il les allaite, il les protège, il les aime; et toi, créature de Dieu, pour laquelle un Dieu est mort, tu n'auras pas ce que la nature a donné aux animaux. A vingt ans, tu ne seras plus une femme, tu ne seras même plus une femelle!... (Se frappant la poitrine.) Allons donc! Qui est-ce qui s'est permis de dire ça? Ah! c'est ainsi! Chacun pour soi? Soit, et puisque vous n'avez pas trouvé le moyen de me rendre ma liberté, je le trouverai, moi. Je ne suis plus l'esclave de cet homme, je ne suis plus sa victime, je suis son juge. Merci, monsieur Galanson, merci, ma mère. Bonsoir. Vous pouvez vous retirer. Je n'ai plus besoin de vous. Allez dormir, vous qui dormez.

MADAME DE PÉRIGNY.

Que vas-tu faire?

SÉVERINE.

Rien, chère maman, rien. Seulement je craignais

d'avoir fait plus que je n'avais le droit de faire. Je vois maintenant que j'étais dans mon droit, et je m'en réjouis et je suis calme. (A Rosalie qui entre.) Qu'y a-t-il?

ROSALIE.

Il faut que je parle à madame.

GALANSON.

Si vous saviez, princesse, combien de fois j'ai cherché une solution à la malheureuse destinée des femmes dans votre situation! Du calme.

SÉVERINE.

Évidemment.

MADAME DE PÉRIGNY, l'embrassant.

Tu as ta mère, chère enfant; quoi que tu en dises, c'est quelque chose. (En sortant, à Galanson.) Enfin, les dix-sept-cent mille francs qui restent, où sont-ils?

GALANSON.

Ils sont encore entre les mains du prince, mais demain, adieu! Diable d'affaire!

Ils sortent.

SCÈNE II

SÉVERINE, ROSALIE.

SÉVERINE.

Qu'y a-t-il?

ROSALIE.

Madame sait qu'elle avait un ennemi dans la maison.

SÉVERINE.

Mais pourquoi est-on mon ennemi? A qui ai-je fait du mal?

9.

ROSALIE.

Enfin, madame a reçu une lettre anonyme qui la mettait au courant.

SÉVERINE.

Oui.

ROSALIE.

J'ai toujours soupçonné le valet de chambre de monsieur de l'avoir écrite.

SÉVERINE.

Ce Victor?

ROSALIE.

Si je n'en ai rien dit à madame, c'est que je n'aime pas accuser; mais à cette heure Victor, très ému, et qui doit savoir beaucoup de choses, demande à parler à madame en secret.

SÉVERINE.

Qu'il entre!

Rosalie sort et fait entrer Victor.

SCÈNE III

SÉVERINE, VICTOR.

VICTOR.

Madame la princesse veut-elle me faire l'honneur de m'écouter et de me croire?

SÉVERINE.

C'est vous qui m'avez écrit une lettre anonyme que j'ai reçue hier matin?

VICTOR.

Oui, madame.

SÉVERINE, s'éloignant avec un sentiment de dégoût.

Qu'avez-vous à me dire?

ACTE TROISIÈME.

VICTOR.

Je regrette ce que j'ai fait; je viens en demander pardon à madame, car, à force d'écouter aux portes, j'ai fini par comprendre tout le mal que j'ai pu causer, et je voudrais écarter des malheurs bien autrement grands qui se préparent.

SÉVERINE.

Combien vous faut-il pour ce nouveau renseignement?

VICTOR.

Rien.

SÉVERINE.

C'était pourtant pour de l'argent que vous faisiez ces choses-là?

VICTOR.

Que voulez-vous, madame, on est laquais.

SÉVERINE.

Et maintenant vous avez des remords?

VICTOR.

On est tout de même un homme. Maintenant, madame, il faut que vous sachiez tout. C'est un de mes amis qui est le valet de chambre du comte. Le comte a en lui une confiance absolue, et c'est par lui que moi...

SÉVERINE.

Eh bien?

VICTOR.

Eh bien, je ne sais pas ce qui s'est passé tout à l'heure entre madame la princesse et le comte, je n'ai pas voulu entendre: mais j'ai vu le comte sortir d'ici comme un fou. Je l'ai surveillé. Il a traversé le jardin, il a passé par la porte de communication, puisqu'il y en a une entre sa maison et la vôtre; mais, une fois chez lui, il s'est arrêté tout à coup. Je ne sais quelle réflexion lui a traversé l'esprit, il a fait deux ou trois tours à petits pas, et il a passé dans sa chambre. Il a appelé Eugène, c'est le nom de mon ami, il a fait préparer sa valise, et il a envoyé chercher une voiture de place. Puis, il est entré dans la chambre de la comtesse, et, devant la femme de chambre, il a pris congé d'elle, il l'a embrassée sur le front et lui a dit qu'il serait de retour demain soir. Au lieu d'emmener avec lui Eugène jusqu'au chemin de fer, comme il fait ordinairement, il l'a envoyé se coucher, en lui disant qu'il n'avait pas besoin de lui; mais en passant devant la loge du concierge, qui habite seul cette loge, il lui a dit : « Au fait, prenez cette voiture, et allez m'attendre au chemin de fer de l'Ouest. Ne revenez que quand vous m'aurez vu. — Mais ma loge va rester vide, a dit le père Laroche. — Cela ne fait rien, a répondu le comte. Tout le monde est rentré et couché! à cette heure, il ne viendra plus personne. » Et il a pris une autre voiture qui passait, après avoir vu Laroche qui s'éloignait dans la première. Eugène, qui se méfiait de quelque chose, a écouté et attendu. Il est resté aux aguets dans l'obscurité, et il a vu M. le comte revenir à pied, dix minutes à peine après son départ, ouvrir tout doucement la petite porte de service qui donne du côté des écuries et se glisser dans la loge du concierge dont il a refermé la porte sur lui. C'est un malin, Eugène. Il est descendu nu-pieds dans la chambre du comte et il a vu que le comte avait emporté ses pistolets. Alors il est venu me prévenir, et moi je suis venu prévenir madame pour.

SÉVERINE.

Pour?...

VICTOR.

Pour qu'elle empêche monseigneur d'aller cette nuit chez la comtesse, comme il est possible qu'il veuille y aller, la sachant seule. Il n'en reviendrait pas. M. de Terremonde est un homme si jaloux et si résolu!

SÉVERINE.

Et pourquoi venez-vous me dire cela, à moi, au lieu d'aller le dire à votre maître?

VICTOR.

Parce que mon maître est brave, et que, pour le prouver, même à un domestique, il irait au-devant du danger, tandis que madame la princesse — qui aime son mari tout de même — trouvera le moyen de l'empêcher de sortir.

SÉVERINE, à part.

Ainsi mon amour, ma jalousie, les plus secrètes pensées de mon âme, sont livrées aux laquais, objet de spéculation, de moquerie ou de pitié. (Haut.) Merci, monsieur, merci. Je n'oublierai pas ce service. Gardez-moi le secret, si vous pouvez, et faites prier le prince de descendre ici. (Victor s'incline.) Allez, merci.

VICTOR, sortant, à part.

Ouf! c'était dur! mais me voilà tranquille.

Il sort.

SCÈNE IV

SÉVERINE, seule.

Eh bien, ma conscience, vous êtes juge comme vous vouliez l'être, comme vous aviez le droit de l'être. Je n'ai qu'un mot à dire pour que cet homme meure. Il dépendra de lui que je le dise. Pourquoi est-ce que je tremble? Est-ce que ce que j'ai fait est mal? N'ai-je pas le droit de disposer de la vie de cette femme et de cet homme? Non. Ceux-là mêmes qui ont donné la vie n'ont pas le droit de donner la mort! Je suis peut-être une criminelle. D'ailleurs, qui suis-je pour être si sévère? Qu'est-ce que je connais de la vie? Quelles luttes ai-je soutenues? Quel bien ai-je fait? Car c'est la mort, comprends-tu, malheureuse, c'est la mort que tu veux donner; car, si tu laisses ton époux franchir le seuil de cette porte, il est mort. Et cet autre homme qui est là, caché dans l'ombre, qui souffre autant que moi, guettant cet inconnu qui lui a volé son honneur, cet homme sera impitoyable. Il est dans son droit, lui. Que pensera-t-il de moi quand il saura que je l'ai fait servir à ma vengeance? Il me dira : « Il fallait vous venger vous-même. Pourquoi m'avez-vous rendu meurtrier? moi, qui ne vous avais rien fait, moi qui vous respectais. » Tant pis pour lui. Il n'avait qu'à surveiller cette femme! Il n'avait qu'à ne pas l'épouser, c'est son honneur qu'il venge; ce n'est pas le mien. Qu'est-ce que c'est que la mort, d'ailleurs? Ne suis-je pas prête à mourir, moi aussi? Est-ce que je survivrai à celui que je tue? Ce qu'il ne faut pas tuer, c'est une foi! c'est une croyance! c'est une âme! Et cet homme a tué tout cela en moi. Sa voix m'a menti. Hier, à cette heure, il était dans les bras d'une autre. Si je le sauve ce soir, il y retournera demain. (Le prince paraît.) C'est lui!

SCÈNE V

SÉVERINE, LE PRINCE.

LE PRINCE.

Vous m'avez fait demander, me voici. (Séverine essaye de parler et ne peut.) Qu'avez-vous, vous êtes émue?

SÉVERINE, qui est parvenue à reprendre sa respiration.

Oui, très émue; mais je puis parler; je voulais causer avec vous.

LE PRINCE.

D'affaires d'intérêt, sans doute. M⁶ Galanson m'a laissé entrevoir cette conversation. J'ai pris chez lui une grosse somme.

SÉVERINE.

Vous avez bien fait, et je ne vous en demande aucun compte. J'ai quatre millions, vous en prenez deux, rien de plus juste. D'ailleurs, si nous ne devons plus vivre ensemble, il est nécessaire qu'un partage égal se fasse. Tant mieux s'il est déjà fait.

LE PRINCE.

Si nous ne devons plus vivre ensemble?

SÉVERINE.

N'essayez plus de me tromper. Pour gagner quelques heures, cela n'en vaut pas la peine. Vous m'avez trompée tantôt, c'est bien assez. Vous devez partir demain avec madame de Terremonde.

LE PRINCE.

Qui vous a dit cela?

SÉVERINE.

Ce papier.

Elle lui donne sa lettre.

LE PRINCE.

Quel est l'infâme?

SÉVERINE.

Pas de colère inutile. Il y a deux personnes en cause, vous et moi. Le reste du monde n'existe pas. Je sais que vous m'avez menti tantôt et que vous devez partir demain pour toujours; ne nous occupons que de cela; tout ce qui n'est pas cela ne signifie rien. Pourquoi ne m'avez-vous pas tout dit, ce matin?

LE PRINCE.

Parce qu'il y a des choses qu'on ne dit pas à une femme qu'on respecte. Et puis, ce secret n'était pas à moi seul.

SÉVERINE.

Mais maintenant vous pouvez tout dire.

LE PRINCE.

A quoi bon! Vous savez tout.

SÉVERINE.

Ainsi, vous alliez partir avec cette femme?

LE PRINCE.

Je vous écrivais tout ce que vous me demandez là, quand vous m'avez fait appeler. Je voulais vous laisser en partant cette preuve d'estime. Vous auriez pu montrer ma lettre si jamais...

SÉVERINE, entre ses dents.

Le malheureux!... Il prévoit.

LE PRINCE.

Voilà cette lettre, où je reconnais tous mes torts.

SÉVERINE, la déchirant.

Merci, je n'ai besoin ni de compassion dans le présent, ni d'excuse dans l'avenir. Je n'ai besoin que de savoir; répondez-moi; je vous jure que l'heure est solennelle. Vous êtes bien décidé à partir demain avec cette femme?

LE PRINCE, respectueux.

Ne m'interrogez pas.

SÉVERINE.

Et pour toujours? Mais rien ne force de donner toute sa vie à une femme, à une pareille femme surtout; car elle, monsieur, elle ne vous aime pas, malgré les preuves apparentes qu'elle vous a données hier, et qui ne lui coûtent plus rien depuis longtemps. Elle est ruinée, et elle quitte le mari qui est pauvre pour l'amant qui est riche. Elle ne se rend pas, monsieur, elle se vend.

LE PRINCE.

Madame!

SÉVERINE.

Je vous propose un moyen, monsieur, car si je n'ai plus souci de votre amour, j'ai encore souci de votre dignité, et je ne veux pas que vous vous rendiez ridicule ni que vous vous déshonoriez, ce qui arriverait peut-être plus tard; donnez à cette femme ces deux millions dont elle a tant envie, elle les acceptera, soyez tranquille, c'est tout ce qu'elle veut de vous; nous l'aurons payée royalement, nous serons quittes avec elle, et laissez-la à ses autres amours!

LE PRINCE.

A ses autres amours!

SÉVERINE.

Croyez-vous donc que vous soyez le premier, croyez-vous donc que vous soyez le seul?

LE PRINCE, très exalté, mais très sincère.

Dites un nom, donnez une preuve, et je ne la revois de ma vie, je le jure.

SÉVERINE.

Le premier venu vous renseignera aussi bien que moi.

LE PRINCE.

Si vous aviez pu avoir une preuve contre elle, votre colère me l'eût déjà jetée au visage. Un nom! un nom! un nom!...

SÉVERINE.

Vous êtes donc jaloux!

LE PRINCE.

Eh bien, oui, c'est de la folie, c'est de l'ivresse, tout ce que vous voudrez, mais je ne puis plus vivre ainsi; je me contrains depuis six mois, il faut que j'éclate à la fin. (Tirant un portefeuille de sa poche et le jetant sur la table.) Voilà ce que je vous dois, madame! Ce qu'il en manque vous sera rendu, soyez sans crainte. Votre notaire y pourvoira. Suis-je libre maintenant? Où sont les contrats humains qui peuvent lier un homme comme moi?

SÉVERINE.

Voilà donc ce qu'une pareille femme peut faire d'un gentilhomme! Le voilà qui rugit et qui écume, comme une

bête sauvage, et qui maudit et qui insulte l'amour le plus
pur, le plus dévoué qui fût jamais! Ah! je crois que la
mesure est comble. (Au prince.) Le mari de cette femme
est parti ce soir. Elle est libre! elle est seule, vous n'avez
pas de temps à perdre, allez la retrouver; vous êtes mort
pour moi. — Allez.

LE PRINCE.

J'y vais.

Il court vers la porte. — Elle y arrive avant lui.

SÉVERINE.

Eh bien, non! tu n'iras pas.

LE PRINCE, voulant passer.

Eh, madame!

SÉVERINE.

Tu n'iras pas. N'obéis pas à ta passion qui t'aveugle
en ce moment, attends un peu; ne sors pas d'ici; je t'en
conjure! Demain tu partiras, je ne dirai rien, je te le
promets, mais pas ce soir, pas cette nuit!...

LE PRINCE.

Adieu, madame.

SÉVERINE.

Tu ne sais pas tout. Je vais tout te dire. Non, je me
croyais plus forte que je ne le suis; je ne suis qu'une
femme décidément. Non, je t'aime toujours, je le sens.
Ce n'est pas ta faute si tu en aimes une autre qui ne t'aime
pas. Je t'aime bien, moi, malgré tout. Quelle puissance
que l'amour! on ne peut pas résister, n'est-ce pas? Cela
vous entraîne; On ne sait pas où l'on va; on aime. Tu es
jaloux, tu me comprendras; moi aussi, je suis jalouse,
et alors...

LE PRINCE.

Et alors?...

ACTE TROISIÈME.

SÉVERINE.

Ce que j'ai fait est horrible : je le comprends maintenant ; j'ai chassé cette femme d'ici.

LE PRINCE.

Vous avez fait cela?

SÉVERINE.

Ce n'est encore rien ! J'ai dit à son mari que je l'avais chassée parce qu'elle avait un amant.

LE PRINCE.

Vous m'avez dénoncé !

SÉVERINE.

Je ne t'ai pas nommé, heureusement. J'ai dit : un amant. Tu comprends ! Demain, je puis dire que je me suis trompée ; je puis faire des excuses pour te sauver la vie.

LE PRINCE.

Vous avez dénoncé une femme !

SÉVERINE.

Oui, mais le comte est là, embusqué, caché dans son jardin, armé ; il a dit qu'il partait, et il n'est pas parti. Elle ne se doute de rien ; mais si tu entres chez elle, s'il te voit, il te tuera, et je ne veux pas que tu meures. Je ne veux pas être criminelle ; je ne veux pas te perdre. (Mouvement du prince.) Où vas-tu ? Tu ne comprends donc pas ? Je te dis que la mort est là.

LE PRINCE.

Et c'est au-devant de la mort que je vais. Vous voulez que je laisse cette femme exposée à la colère, à la vengeance de cet homme, qui la tue peut-être en ce moment. Vous ne comprenez pas que, si elle meurt par vous, je n'ai plus qu'à mourir pour elle.

Il s'arrache des bras de Séverine, la repousse et sort.

SCÈNE VI

SÉVERINE, seule. Elle est tombée sur ses genoux. Se relevant à moitié.

Il est perdu. C'est moi qui l'aurai tué. Il m'a fait mal. Il m'a brisée. Pourquoi ai-je fait ce que j'ai fait? (Elle se relève et appelle d'une voix affaiblie.) Au secours! (On entend un coup de feu. Elle recule jusqu'au mur, où elle reste pour ainsi dire appliquée, les yeux fixés sur la porte par où le prince est sorti, Allant heurter à reculons et sans quitter cette porte des yeux à la porte de sa mère, d'une voix étranglée.) Maman! maman!

MADAME DE PÉRIGNY, entrant.

Ce coup de feu! Qu'y a-t-il?

SÉVERINE, articulant à peine.

Mon mari. On vient...

Voyant paraître M. de Terremonde, elle reste terrifiée et sans voix.

SCÈNE VII

SÉVERINE, MADAME DE PÉRIGNY, M. DE TERREMONDE, puis LE PRINCE et VICTOR.

SÉVERINE.

Qu'avez-vous fait, monsieur?

LE COMTE, jetant son pistolet sur la table.

Vous avez été cruelle, madame, mais je me suis vengé.

SÉVERINE.

Vous l'avez tué?

LE COMTE.

Oui.

SÉVERINE.

Malheureux!

Elle court sur lui.

ACTE TROISIÈME.

LE PRINCE, entrant.

Séverine!

SÉVERINE, se jetant à son cou, avec un grand cri.

Toi?

LE PRINCE, lui mettant la main sur la bouche.

Silence.

LE COMTE, au prince.

Il est mort, n'est-ce pas?

LE PRINCE.

Oui.

SÉVERINE, bas, surprise.

Mais qui donc?

LE PRINCE.

M. de Fondette.

MADAME DE PÉRIGNY.

Pauvre enfant! Et sa mère?

LE COMTE.

C'était à lui de penser à elle. Moi je tuerai quiconque touchera à cette femme qui est à moi.

VICTOR.

Il tuerait tout le monde. Je vais le faire arrêter.

Il sort.

Pendant que le comte parle en s'avançant sur le public, le prince, qu'il ne peut voir, fait un mouvement spontané pour se jeter dans les bras de sa femme, mais il s'est arrêté avec respect et s'est presque agenouillé en étendant les mains vers une des mains de la princesse, qu'il n'ose pas encore prendre.

FIN DE LA PRINCESSE GEORGES

LA
FEMME DE CLAUDE

PIÈCE EN TROIS ACTES

Représentée pour la première fois, à Paris,
sur le théâtre du Gymnase-Dramatique, le 16 janvier 1873.

A MON CHER AMI

LE DOCTEUR HENRI FAVRE

A. DUMAS FILS.

Mars 1873.

A M. CUVILLIER-FLEURY

Monsieur,

J'ai lu dans les *Débats* le long article que vous m'avez fait l'honneur de me consacrer. Je réponds le moins possible aux critiques que l'on m'adresse, non que je les dédaigne ou les méprise, Dieu m'en garde, mais cela me prendrait trop de temps, car elles sont nombreuses et variées, et cela n'intéresserait que médiocrement le public. Votre critique à vous, monsieur, a un caractère particulier ; elle émane d'un homme appartenant à un groupe d'élite, officiant en un lieu consacré. La discussion peut prendre entre nous des proportions qui ne me déplaisent pas, et je m'y hasarde bravement ; ma réponse servira de préface à mon œuvre, et l'objet du litige se trouvera, ainsi placé, immédiatement après sous les yeux du lecteur.

Établissons bien nos lignes. Je suis celui qui a dit dans la brochure de *l'Homme-Femme* : « Tue-la ! » et qui, dans *la Femme de Claude*, a mis en œuvre et en action ce conseil expéditif.

Vous, vous êtes celui qui ne veut pas qu'on *la* tue ; vous représentez ou croyez représenter l'opinion générale et vous *me défendez* — c'est votre expression — de *la* tuer.

Vous avez tous les droits possibles de me défendre quelque chose; j'ai tous les droits possibles de n'en tenir aucun compte. La seule différence qui existe entre nous, c'est que vous voyez certaines choses d'une certaine manière, tandis que je vois les mêmes choses d'une certaine façon. La loi, dont vous vous faites le champion, est une de ces choses; ce n'est ni vous, ni moi qui l'avons faite et nous ne la redoutons ni l'un ni l'autre, étant honnêtes gens tous les deux; nous sommes donc personnellement désintéressés dans le débat; situation excellente pour discuter librement et loyalement.

Cependant, cette loi qui n'a été faite ni par vous ni par moi, elle a été faite. Par qui? Par d'autres évidemment. Quels sont ces autres? Des hommes. Que sont ces hommes? Des créatures faillibles comme moi, et vous peut-être. Ce qui a été fait par des êtres faillibles a chance d'être incomplet. De là mon droit, à moi, comme à tout autre, de discuter, d'essayer d'éclairer, de modifier, de battre en brèche, de détruire cette loi, si elle est véritablement mauvaise. Je vous ferai même observer, en passant, que ce n'est pas moi, quel que soit mon orgueil, qui ai eu, le premier, l'idée de ces discussions et de ces attaques, et que le monde est pavé de lois jadis inattaquables, renversées à tout jamais, comme Rome et Athènes sont pavées des débris de leurs statues et de leurs temples d'autrefois. Et il est bien heureux qu'il en soit ainsi, et que ce droit de discussion existe; sans quoi, le grand journal qui a l'honneur et la bonne chance de vous compter au nombre de ses rédacteurs ne pourrait pas défendre, comme il le fait aujourd'hui, les droits nouveaux de l'homme, établis sur les ruines des lois anciennes, lesquelles ont paru si bonnes et pendant si longtemps à tant d'honnêtes gens convaincus comme vous. Et vous sentez si bien vous-même que cette loi humaine pourrait bien être dans son tort, que vous appelez immédiatement à son secours une autre loi, celle du Christ, qui, elle, a l'autorité indiscutable, pour vous, d'une loi divine.

Ici (passez-moi le mot, monsieur, mot que je ne me permettrais pas si je faisais ou même si je devais faire partie un jour de l'Académie), ici vous *trichez*. Sommes-nous dans la loi humaine ou dans la loi divine? Sommes-nous dans le Code ou dans l'Évangile? Je sais bien ce que vous allez me répondre. Vous allez me répondre que nous sommes dans les deux; comme citoyens dans la loi de notre pays, comme chrétiens dans la loi de notre religion ; comme membres de la société française dans le Code français, comme membres de la grande famille humaine dans l'Évangile divin. Soit ; il s'agit alors pour le législateur de mettre en accord les deux lois, le Code et l'Évangile. L'a-t-il fait, ce législateur? Veuillez vous donner la peine de lire les deux livres, et vous verrez que non seulement ils ne s'entendent pas du tout, mais qu'ils sont perpétuellement en contradiction et en antagonisme. Tandis que l'un dit : « Pardonne », l'autre dit : « Punis ». Tandis que l'Évangile déclare que tous les hommes sont frères, le Code ne prévoit qu'une chose, c'est qu'ils pourraient bien tous se tromper, se voler, se massacrer ; tandis que la loi divine met le repentir au-dessus de tout, et assure qu'il y aura plus de joie au ciel pour un pécheur qui se sera repenti que pour cent justes qui n'auront jamais péché, la loi humaine n'a nul souci du repentir même sincère de l'homme qu'elle a condamné à mort. Elle le laisse régler cette question avec l'aumônier de la prison, et elle lui coupe tranquillement la tête devant une foule de chrétiens que ce spectacle attire et quelquefois amuse. Il y a donc là, pour régir l'homme, deux lois bien distinctes. Il en résulte qu'un gredin qui ne s'est pas laissé prendre peut passer devant les yeux mortels et devant la loi humaine pour le plus honnête homme de la terre, et que Tropmann, s'il s'est repenti bien sincèrement au moment de mourir, a réjoui le ciel quand il y est arrivé

Séparons donc les deux lois, si vous le voulez bien, quitte à les étudier ensuite l'une après l'autre.

Je suis désolé d'être forcé de parler de moi, monsieur, à propos de ces intérêts supérieurs de l'humanité ; mais, puisque l'on m'attaque, il faut bien que je me défende. que je me disculpe même, car, à entendre certains critiques, je ne suis pas seulement un accusé, je suis un coupable.

Il y a dans *Rabagas* une des plus spirituelles tirades qui soient au théâtre, celle où le prince de Monaco raconte que, quoi qu'il fasse, l'opposition y trouve à redire. S'il se promène, il est un fainéant; s'il ne sort pas, il est un poltron ; s'il vit modestement, il ne fait pas aller le commerce ; s'il dépense de l'argent, il gaspille les deniers de l'État. Je suis exactement, au théâtre, dans la situation de ce prince de Monaco. Si *je pardonne* à la Dame aux Camélias, je réhabilite la courtisane ; si *je ne pardonne pas à la femme de Claude*, je prêche le meurtre. Si je ne mets pas d'honnêtes femmes en scène, je ne me plais que dans la peinture du vice ; si j'en mets une comme madame Aubray, la princesse Georges ou Rébecca (c'est vous-même qui parlez, monsieur), *ces bonnes créatures, ombres légères et indécises, matrones ou confidentes, innocence ou repentir, n'ont jamais la valeur d'une sérieuse antithèse ou d'une véritable rédemption.*

Comment vous les faut-il, monsieur? Madame Aubray, pour affirmer sa foi, pour se conformer à cette loi divine que vous invoquez si volontiers et qui commande le pardon, madame Aubray fait le plus grand sacrifice qu'une mère chrétienne puisse faire : elle pardonne à la fille déchue et repentante ; elle la recueille dans son cœur et dans sa famille, elle lui donne son fils comme Dieu a donné son fils à la terre ; elle fait ici-bas ce que le ciel fait là-haut, et vous la trouvez indécise! La princesse Georges, devant les infidélités et les trahisons de son mari, au lieu d'écouter les conseils du dépit et de venger l'alcôve par le canapé, comme le font tant de pauvres petites femmes du monde, si intéressantes, à ce qu'il paraît, la princesse Georges veut mourir, se désespère mais se respecte, menace mais pardonne, et se roule aux pieds du coupable pour qu'il n'aille pas à la mort, que, selon beaucoup de femmes, honnêtes ou non, il a méritée, et vous la trouvez ombre légère ! Rébecca, qui, dans notre temps de cocodès, de petits crevés, de Roméos en carton se brûlant la cervelle qu'ils n'ont pas sur le trottoir de leurs Juliettes, Rébecca qui n'a pas trouvé une âme à la fois noble et libre, et qui admire, qui plaint, qui aime le seul homme qui soit digne d'elle, mais auquel votre loi mal faite du mariage ne permet pas de se dégager de l'épouse dissolue, adultère et infanticide, Rébecca, au lieu de se livrer à cet homme marié, comme Césarine a fait avec M. de Luceny, au lieu de mettre au monde des enfants illégitimes, de la mort desquels elle se réjouira quand elle ne les tuera pas elle-même, au lieu de faire comme tant d'autres et de se marier, de guerre lasse, au premier venu qu'elle trompera ensuite ; Rébecca s'immole dans sa jeunesse, dans sa beauté, dans son amour, dans ses sens, et, ne vivant plus que dans son âme et dans son idéal, entre le rêve réalisable ou non de son père et son rêve ultra-terrestre à elle, Rébecca reste vierge, résignée et immaculée, et vous ne voyez en elle qu'une bonne créature sans la valeur d'une sérieuse antithèse ! Vous êtes difficile, monsieur, permettez-moi de vous le dire, même à propos de moi ; et je suis bien sûr que ceux de mes confrères qui ont l'honneur d'être vos collègues ne sont pas de votre avis.

N'importe, il est convenu que je ne présente et glorifie sur la scène que des coquines, des exceptions abominables, que j'ai perdu ainsi le droit de parler de vertu et d'honneur, que c'est moi qui ai corrompu les sociétés modernes, lesquelles, avant mon apparition, n'étaient que troupeaux de blancs moutons, qu'il suffisait d'une houlette à rubans roses pour mener de leur naissance à leur mort; que je soutiens des thèses insoutenables, surtout en un lieu qui n'est fait que pour la récréation des honnêtes gens (et les autres, n'y viennent-ils jamais?); finalement que je suis devenu un danger public en attaquant les lois de mon pays, jusqu'à conseiller aux maris de tuer leurs femmes.

Les plus indulgents ou les plus malins déclarent tout simplement que je suis fou et que mon cas relève des docteurs Blanche ou Moreau.

Vous demandez dans un des passages de votre article, en parlant de moi : *A-t-il une longue expérience de la morale qu'il professe? A-t-il fait l'épreuve sérieuse des leçons qu'il donne? A-t-il droit au crédit dans l'ordre philosophique, le crédit du prédicateur public, du législateur à mandat, du magistrat sur son siège, de tous ceux, en un mot, qui ont reçu de la société mission de l'édifier, de régler sa vie et d'apprécier ses actes? A-t-il, oui ou non, un tel crédit?*

A quoi vous répondez, car vous faites les demandes et les réponses, ce qui est très commode en matière de controverse, à quoi vous répondez : « Non, assurément. »

Pourquoi répondez-vous non? — Vous ne le dites pas. Sans doute parce que cela est inutile, tout le monde sachant que je ne suis ni prince, ni prêtre, ni ministre, ni député, ni magistrat, ni académicien, ni membre d'un conseil général ou municipal, ni médecin, ni avocat, ni officier de l'Université, ni maire, ni garde champêtre, et que, par conséquent, ces gens-là, seuls, ayant reçu de la société le droit de parler officiellement de quelque chose, j'ai juste, comme Figaro, le droit de ne parler de rien.

Eh bien, monsieur, ce droit que je n'ai pas, selon vous, je le prends. — Pourquoi? — Je vais vous le dire. Parce que, comme dit tout bonnement le proverbe, l'habit ne fait pas le moine. Il ne s'agit donc pas d'avoir reçu de la société mission de faire tels ou tels actes; ce n'est qu'une fonction, cela; il s'agit d'avoir reçu de sa conscience ordre de faire telle ou telle action. Les juges et les prêtres qui ont condamné Calas au supplice de la roue avaient reçu de la société mission, les uns de rendre la justice, les autres de répandre la charité. Cela ne les a pas empêchés de condamner et de tuer un innocent. Un simple homme de lettres, comme vous et moi, M. de Voltaire, qui n'avait reçu de la société aucune mission de ce genre, a pris dans sa conscience le droit de discuter les jugements des juges et de venger et réhabiliter la mémoire et la famille de cet innocent du crime commis par les pouvoirs constitués auxquels vous voulez absolument qu'on appartienne pour oser dire une vérité aux hommes. Ce jour-là, ce sont les juges et les prêtres qui ont été des imbéciles ou des misérables; c'est l'homme de lettres, sans mandat et sans siège, qui a fait fonction de prêtre et de juge.

Les hiérarchies et les administrations ont leur raison d'être, et je leur rends hommage quand elles le méritent; mais elles ne sont pas toujours en raison directe des valeurs individuelles; les corps constitués ont du bon certainement, mais il y a quelquefois en dehors d'eux des mérites supérieurs à eux, même lorsque les corps en question refusent de reconnaître ces mérites irréguliers.

L'Académie était un corps constitué qui avait reçu de l'État et de la société mission d'instruire et d'éclairer le pays, de recueillir et d'appeler à elle les hommes de talent; elle n'en repoussait pas moins Molière, qui, pendant ce temps-là, accomplissait son action d'homme de génie sans l'autorisation de personne. Parce que ni les États ni les sociétés ne peuvent donner ce que Dieu se réserve de donner à qui bon lui semble. On ne décrète pas que le génie et la vertu seront dans un endroit plutôt que dans un autre, mais on les subit tôt ou tard, n'importe où ils sont. Ceci est élémentaire comme vérité.

Donc, bien que je ne sois autorisé par personne, j'ai le droit plein et entier de prêcher et de conseiller la justice tout autant que Laubardemont, par exemple, et la vertu tout autant que le cardinal Dubois. Je n'ai ce droit, il est vrai, ni dans une église ni dans un tribunal; je ne puis ni donner la sainte hostie aux petits enfants, ni appliquer la peine de mort aux criminels; mais je puis parler aux hommes assemblés dans un lieu particulier qu'on nomme le théâtre; et, comme, partout où il y a des hommes réunis, il y a des âmes disponibles, je dois à ces hommes la vérité dans le monde fictif, comme le prêtre et le magistrat la leur doivent dans le monde réel. Libre aux magistrats et aux prêtres de mépriser ma profession et de ne pas descendre jusqu'à moi; libre à moi de respecter la leur et d'essayer de monter jusqu'à eux. Et, si je vous demandais à vous-même, monsieur, quel a été, non seulement le plus grand, mais le plus utile, de ce petit comédien excommunié qu'on appelle Molière ou de ce grand prélat qui avait reçu de la société le droit d'excommunication et qu'on appelle Bossuet, vous seriez peut-être bien embarrassé — ou bien injuste.

Sur ce, monsieur, puisque vous m'avez interpellé, puisque vous me demandez : *Qui êtes-vous? A qui vous attaquez-vous? Qui vous fait juge et quels sont vos justiciables?* je vais tâcher de répondre à votre interpellation et à votre demande, qui font certainement allusion à ma folle jeunesse et à mes débuts dans la carrière.

Lorsque je vins au monde, une de ces lois que vous trouvez si bien faites, et que je me permets quelquefois d'attaquer, m'attendait à côté de mon berceau pour peser sur moi, qui n'avais pas demandé à naître, qui n'avais certainement jamais fait de mal et qui étais aussi innocent que tous les autres enfants qui naissaient à la même heure, fussent-ils fils de rois sur leur trône ou de magistrats sur leur siège. Cette loi, qui allait me constituer tous les devoirs des autres hommes sans me reconnaître tous leurs droits, avait permis à mon père de m'appeler à la vie, dans l'ordre naturel, en lui laissant la faculté, une fois la chose faite, de m'abandonner complètement, dans l'ordre matériel, physique, social et moral. Que faisait la loi divine pendant que le législateur à mandat faisait cette loi, qui dispense, en de certains cas, le père de toute solidarité avec l'enfant issu de ses entrailles et de sa volonté, tandis qu'elle établit une solidarité des plus poignantes et des plus injustes entre le père légal et l'enfant adultérin que sa femme a su introduire dans sa famille et dans sa postérité la plus reculée? *Pater is est quem nuptiæ demonstrant.* En vérité, les sociétés eussent chargé don Juan et Lovelace de faire cette loi, qu'elle ne serait pas plus à l'avantage des instinctifs et des débauchés. Heureusement, ma mère était une brave femme, qui travailla pour m'élever ; mon père, petit employé à douze cents francs, ayant sa mère à soutenir. Et, voyez quelle heureuse chance ! il advint que mon père était de premier mouvement, mais bon. Sans vouloir se soumettre tout à fait aux conséquences de sa paternité involontaire et précoce, il ne voulut pas non plus s'y soustraire complètement. Lorsqu'après ses premiers succès au théâtre il crut pouvoir compter sur l'avenir, il me reconnut, il me donna son nom. C'était beaucoup, la loi ne l'y forçait pas, et je lui en ai été si reconnaissant, à lui, que j'ai porté ce nom le mieux que j'ai pu. Il paraît cependant que ce nom n'était pas encore assez, aux yeux des enfants tout à fait en règle avec la loi ou passant pour y être, au milieu desquels je fus placé de très bonne heure dans un grand pensionnat que tenait le meilleur des hommes, Prosper Goubaux. Ces enfants m'insultaient du matin au soir, enchantés probablement d'abaisser en moi, parce que ma mère avait le chagrin de ne pas le porter, le nom retentissan que se faisait mon père. Il n'y avait pas de jour que je ne me batisse avec l'un de mes camarades, quelquefois avec plusieurs ensemble, car ils n'étaient pas lâches que de cœur. Ceux qui n'étaient pas ainsi laissaient faire et regardaient. — « Cet âge est sans pitié, » comme a dit La Fontaine. Charmants enfants, n'est-ce pas? et qui indiquaient ainsi ce que devaient être leurs familles légales. Mon supplice, que j'ai peint dans l'*Affaire Clémenceau* et dont je ne parlais pas à ma mère pour ne pas lui faire de peine, dura cinq ou six ans. Je faillis en mourir; je ne grandissais pas; je m'étiolais; je n'avais de goût ni pour l'étude ni pour le jeu. Seulement, je me repliais en moi-même et je prenais cette habitude de la réflexion et de l'observation qui devaient me servir et me garantir un jour, si je survivais. Observation des autres, préservation de soi-même.

Cependant, il arriva un moment où cette existence ne fut plus supportable. Je demandai que l'on me mît dans une autre institution avec des *frères* un peu moins féroces, et je fus placé dans une petite pension de famille, où je grandis et me développai tout à coup, comme un arbuste retiré de la caisse qui comprimait ses racines et remis en pleine terre. Je me développai même si bien, que, deux ou trois ans après que j'étais sorti de ma dernière pension, ayant rencontré, sur le boulevard, un de ceux qui m'avaient le plus persécuté dans la première, où il était alors plus grand et plus âgé que moi, et, celui-ci m'ayant abordé en me tendant la main, avec cette générosité de l'homme qui se pardonne le mal qu'il a fait, je lui dis : « Mon excellent ami, j'ai maintenant la tête de plus que toi; si tu m'adresses jamais la parole, je te casse les reins. »

Ce jeune homme, dans une situation régulière, poursuivit sa route et se le tint pour dit.

Un critique aussi pénétrant que vous, monsieur, reconnaîtra immédiatement dans ma menace le germe de ce fameux *Tue-la!* qui fait aujourd'hui le sujet de notre discussion.

Tout ce que je vous raconte là n'est point pour vous attendrir, ni vous ni d'autres. S'il y a des choses dont je ne sais plus rire, il y en a un grand nombre encore dont je ne souffre plus depuis longtemps : seulement, interrogé publiquement par vous, je vous réponds publiquement, en toute franchise et toute simplicité, d'où date, pour moi, le droit que je crois avoir d'observer, de comparer, de juger et d'attaquer certaines choses. C'est ainsi que, de la loi qui m'avait opprimé, je passai à celles qui opprimaient les autres. Né d'une erreur, j'avais les erreurs à combattre.

Il se trouva donc que j'étais aussi bien portant à vingt ans que j'avais été malade de huit à quinze. Je ne demandais, après avoir souffert beaucoup, qu'à m'amuser autant, comme fait la France elle-même à cette heure, car vous n'ignorez pas que la France n'a qu'une idée en ce moment, idée qui lui coûtera cher, c'est de s'amuser ; et voilà pourquoi vous-même vous ne voulez pas que je prêche et me renvoyez aux grelots du théâtre. *Grelots* est un peu méprisant, mais je suis habitué à ces façons-là. Passons !

Vous avez connu mon père, monsieur ; vous vous rappelez cette bonne humeur, cette gaieté inaltérable et puissante, cette prodigalité de son argent, de son talent, de ses forces, de sa vie. Il compléta par le cœur ce qui manquait légalement à sa paternité, et je devins son meilleur ami. Cet homme prodigieux avait la faculté de se reposer d'une fatigue par une autre fatigue, et, lorsqu'il avait travaillé outre mesure, il chassait pendant trois ou quatre journées, ou dansait pendant trois ou quatre nuits, dormant dans la voiture qui le menait au rendez-vous de chasse, ou dans le cabriolet qui le ramenait du bal. Lorsque j'eus dix-huit ans, son exubérance s'associa ma jeunesse et ma curiosité, et nous voilà partis dans les plaisirs

du monde, de tous les mondes. *Shocking!* n'est-ce pas? Eh!
mon Dieu, l'observation et l'expérience sont partout, et
peut-être où nous allions plus que dans les gros livres de
philosophie. Mais ce qui n'était que distraction pour ce
travailleur acharné devint, d'abord, occupation unique
pour moi qui étais las de tristesse, qui voulais me sentir
vivre, et qui croyais trouver toujours de l'argent dans le tiroir de la table sur laquelle mon grand ami écrivait quinze
heures sur vingt-quatre. Certes, je ne vécus pas comme
un saint, à moins que nous ne prenions comme comparaison *la première manière* de saint Augustin, lequel,
lorsque saint Ambroise le convertit à Dieu, habitait avec
une concubine qu'il congédia, en gardant auprès de lui
le fils qu'il avait eu d'elle, au lieu d'épouser la mère et
de légitimer l'enfant, ce qui eût été cependant plus conforme à la morale et à l'Église. Car il ne faut pas oublier
que saint Augustin n'était, à cette époque, que simple
docteur, ce qui ne le dispensait pas, disons-le en passant,
de ses devoirs d'époux et de père chrétien, si nouveau
chrétien qu'il fût. Où prenait-il ce droit d'abandonner sa
compagne et de ne pas reconnaître son enfant, qui devait,
dès lors, se contenter du simple nom de Deodatus? Il le
prenait dans sa foi même et dans l'appel que lui faisaient
des vérités qu'il considérait déjà comme supérieures aux
lois du monde. N'oublions pas ce point, quelque distance
qu'il y ait de saint Augustin à *la Femme de Claude*, lorsque
nous aurons à étudier la question de la morale absolue
et celle de la morale légale.

Me voilà donc lancé à fond de train dans ce que j'appellerai le paganisme de la vie moderne. Faut-il tout vous
dire, monsieur. Je ne prenais pas grand plaisir à ces plaisirs faciles. J'observais et je constatais plus que je ne
jouissais dans cette vie turbulente. Les créatures dévoyées
que je côtoyais à chaque moment, qui vendaient le plaisir aux uns, qui le donnaient aux autres, qui ne gardaient
pour elles qu'une honte certaine, qu'une ignominie fatale,

qu'une fortune douteuse, me donnaient au fond plus envie de pleurer que de rire, et je commençais à me demander pourquoi cela était ainsi. Comme je n'avais pas de patrimoine à dilapider avec ces femmes, aux dépenses que je pouvais me permettre j'ajoutais un peu de pitié. J'assistai à des désespoirs, je reçus des confidences, je vis couler des larmes sincères et amères à travers toutes ces fausses joies. Celles qui me prirent pour confident me surent gré de ne pas me moquer d'elles, et mon âme, qui commençait à remuer en moi, m'annonçait déjà un nouveau *moi* dans mon propre sein. Le roman de *la Dame aux Camélias* fut le premier effet de ces impressions. J'avais vingt et un ans lorsque je l'écrivis, et, malgré cela, l'intention de glorifier la courtisane était si loin de moi, que je terminai ce livre par ces mots : « L'histoire de Marguerite Gauthier est une exception ; mais, si ce n'en était pas une, je ne me serais pas donné la peine de l'écrire. »

Cependant, de même qu'il serait impossible d'aller de Paris à Lyon sur la locomotive du train sans avoir de la suie sur le visage et du charbon dans les yeux, de même il n'était pas possible de traverser ce monde interlope sans avoir besoin de se débarbouiller un peu. Je regardai autour de moi. *Vidi quod non erat bonum.* La suie et le charbon étaient... de mauvaises habitudes contractées, et, ceci entre nous, n'est-ce pas, monsieur ? cinquante mille francs de dettes. Or, il se trouvait que j'étais né honnête et j'étais poursuivi, non seulement par mes créanciers, mais par une idée fixe qui était de les payer. « Voir Naples et mourir, » dit le proverbe italien. Payer mes dettes et mourir, tel était mon rêve, à moi. J'ai payé mes dettes avec mon travail et je ne suis pas mort. J'ai rêvé le plus grand bonheur possible, et je l'ai connu ; il y a donc plus de vingt-cinq ans que je vis par-dessus le marché. Cela vous expliquerait, si vous me connaissiez davantage, ma complète indifférence pour une foule de choses que nombre de mes contemporains prennent au sérieux.

Ce fut la pièce de *la Dame aux Camélias* qui commença à me dégager de l'esclavage de la dette et du monde auquel je devais et la dette et le succès. Je me promis de ne plus retomber ni dans le monde ni dans la dette, et je tins ma promesse au risque d'être accusé d'ingratitude. Mais de cette première expérience faite sur la femme, *in anima vili*, j'emportai, chose bizarre, le respect de la femme, sinon dans ce qu'elle est, du moins dans ce qu'elle pourrait, dans ce qu'elle devrait être, si les hommes savaient ce qu'ils devraient savoir, et je me mis à essayer de le leur apprendre. En attendant, je plaçai définitivement le travail au premier plan de ma vie, le travail qui m'avait remis en possession de moi-même. Je décidai que je resterais mon maître et que je n'écrirais jamais que ce que je croirais être l'absolue vérité, ce que j'avais toujours fait du reste, même au milieu de mes plus grands besoins. Je résolus aussi de regarder la vie bien en face, de ne pas me laisser tromper par les fictions et les apparences, et de ne subir aucune des non-valeurs littéraires, philosophiques, religieuses, sociales, morales ou politiques, qui avaient cours parmi de fort honnêtes gens d'ailleurs, lesquels finissaient cependant par en mourir plus ou moins étonnés ou désespérés. Sans instruction universitaire, sans morale de convention, mais aussi sans influence d'école, sans mot d'ordre de groupe, sans dépendance ni engagement d'aucune sorte, renseigné par une première expérience coûteuse, muni de cette gaieté apparente qui est un permis de circulation à travers les êtres superficiels, qui tiennent tant de place et qu'il faut écarter pour aller où l'on va, quand on va quelque part où ils ne vont jamais (cette gaieté étant d'ailleurs toujours prête à se retourner contre les goguenards et les sots) ainsi équipé et armé, je partis résolument et librement, à la recherche, sur tout et sur moi-même, de cette vérité que j'étais décidé à dire, quelle qu'elle fût.

Ce que j'ai vu de monstruosités, d'abominations, d'ignominies sous la caution de ces lois dont la prévoyance vous suffit, monsieur, c'est à ne pas le croire ; ce que j'ai rencontré de coquins, de criminels, de misérables de toute espèce, se pavanant et prenant le frais à l'ombre de ces institutions que vous glorifiez, c'est fantastique. Quant à ce que j'ai entendu d'inepties, de grossièretés, de mensonges, répandus au nom de ces autorités supérieures qui vous ont délégué des droits qui me sont refusés, à ce qu'il paraît, c'est incalculable. Je ne sais pas pourquoi Dante se donnait la peine de descendre dans les cercles de l'Enfer. L'épouvante et le vertige sont aussi bien sur la terre pour celui qui regarde profondément ce qui s'y passe.

Or, quel fut mon étonnement, lorsque, après avoir bien regardé, bien étudié tous ces scélérats et tous ces malheureux, je reconnus que ce n'étaient que des imbéciles ! Ce qui dominait, ce qui faisait le mal, c'était la bêtise. Comprenez-vous ma stupéfaction ! Sauf quelques êtres fatalement et véritablement pervers qui mordaient à même dans leurs voisins et qu'il fallait abattre dans un coin comme des chiens enragés pour qu'ils n'empoisonnassent pas le troupeau, pas de méchants, rien que des imbéciles. Et, par imbéciles, je n'entends pas ceux qui se moquent de *la Femme de Claude* ou qui ne saisissent ni les finesses de votre article, ni les malices de ma réponse ; ceci n'est que littéraire et par conséquent de luxe et de superfluité : par imbéciles, j'entends, en donnant au mot sa véritable signification, les êtres faibles d'esprit, de corps et d'âme qui flottent à la surface des choses et à la merci des courants, des conventions, des habitudes, qui vont à droite ou à gauche, selon que ce qu'ils appellent les circonstances, le hasard et la fatalité les ont poussés ici ou là, car ils croient à la fatalité, au hasard et même aux circonstances ; qui passent de la joie aux larmes, de l'espérance au découragement, de la passion au repentir, sans prévoir, sans pouvoir, sans savoir, sans voir. Je veux parler de ces gens qui se déclarent malins et retors, qui croient arriver plus vite par le mal que par le bien à la réalisation du bonheur, jusqu'au jour où, leur combinaison s'écroulant sur leurs têtes, ils se mettent à geindre et viennent demander à ceux qui apprenaient quelque chose pendant ce temps, de les sauver dans leurs corps, dans leurs fortunes et dans leurs âmes. Mais ces gens-là, en attendant la catastrophe finale, sont si nombreux, si insolents, si enviés, si glorifiés quelquefois, qu'on se demande, de temps en temps, si ce n'est pas eux qui ont raison et si le mieux n'est pas de faire comme eux. On a des envies folles de se jeter, la tête la première, dans cette humanité basse et de s'en aller tout bonnement où elle va, en se disant : « Au petit bonheur ! » d'autant plus qu'elle se dit garantie et couverte par des institutions inébranlables qui la dispensent de toute initiative et de toute réflexion.

En effet, au milieu de cette cohue, de distance en distance, je voyais des refuges semblables à ceux qu'on place aujourd'hui dans les carrefours pour que les pauvres piétons ne soient pas écrasés par les voitures. Sur l'un, je lisais : « La loi » ; sur un autre : « La religion » ; sur un troisième : « La philosophie » ; sur un quatrième : « La liberté ». Il y avait ainsi des poteaux, des écriteaux et des mots à perte de vue. De loin, cela donnait du courage, et, comme je me sentais quelquefois entraîné par la foule, je ne perdais pas les poteaux de vue, et, faisant les sourires nécessaires, donnant les coups de coude indispensables aux civilisés qui m'étouffaient, j'abordai successivement à tous ces refuges. J'y trouvai encore plus de cris et de désordre que dans la foule. Au nom de cette loi, de cette religion, de cette philosophie, de cette liberté que quelques hommes de génie et de foi du passé avaient découvertes et proclamées, pour lesquelles ils avaient travaillé, souffert, pour lesquelles ils étaient morts, au nom de ces choses sacrées, des usurpateurs, des drôles, des imbéciles enfin, volaient, trichaient, tuaient. Des hommes de trafic s'étaient emparés de la loi, des tartufes de la religion, des révoltés de la philosophie, des assassins et des incendiaires de la liberté. On se jetait à la tête les usages, les mœurs, les codes, les droits : droit romain, droit français, droit public, droit personnel, droit des gens ; on se lapidait avec l'Évangile, la Bible, la révélation, les dogmes, la gnose, les exégèses, les textes, les schismes, la réforme, l'inquisition, les droits de l'Église, le droit canon ; on se rendait fou avec le positivisme, le spiritualisme, le matérialisme, le nihilisme, l'hégélisme, le spinozisme, le kantisme, le moi et le non-moi, l'objectif et le subjectif, le droit d'examen, le droit de penser, le droit de nature ; enfin, on s'assassinait et on se guillotinait avec les immortels principes de 89, les droits de l'homme, le droit de réunion, le droit de discussion, le droit de parler, le droit d'écrire, le droit divin, le droit populaire, et par-dessus tous ces droits le droit du plus fort, qui finissait toujours par avoir raison des autres. Que faire, que devenir au milieu de ces contradictions et de ces antagonismes ? A qui entendre dans cette Babel ? A qui se fier dans ce dédale, tous déclarant, affirmant, insinuant, proclamant, hurlant, que chacun d'eux contenait, savait, disait la vérité ? Il n'y avait qu'une chose à faire, c'était de rentrer le plus vite possible chez soi et en soi, de s'isoler, de se recueillir, de se rechercher, de se retrouver, de se reconstituer dans les principes éternels et immuables, dans la justice qui est au-dessus des religions, dans l'observation qui est au-dessus des philosophies, dans la conscience qui est au-dessus des libertés et dans Dieu qui est au-dessus de tout. C'est ce que je fis, non sans effort, car, après tout, *homo sum*, vous me comprenez, n'est-ce pas ? J'arrivai cependant à ce que je voulais, ayant pour les choses qui en valent la peine une persévérance vraiment remarquable. Je ne réclamai aucuns droits, les honnêtes gens finissent par les avoir tous; j'acceptai tous les devoirs, les vrais. Je constituai la famille comme je la comprends ; je respectai l'art et la pensée comme ils le méritent; et je n'en fis jamais commerce; je tâchai de concilier dans ma vie et dans mon âme ce Code et cet Évangile qui s'entendent si peu au dehors, de combiner mon mouvement humain et mon action divine, selon l'expression dont je me suis servi autre part et que vous plaisantez si spirituellement aujourd'hui ; c'est-à-dire que je m'efforçai de mettre en accord ce que ma conscience me disait avec ce que je disais aux autres, les actes dont j'ai à répondre aux hommes avec l'action dont je n'ai à répondre qu'à Dieu ; c'est-à-dire enfin que je me constituai *dans ma vie et dans ma mort*, qui m'intéresse bien plus que ma vie, car celle-ci ne fait partie que du temps et celle-là de l'éternité. Or, l'immortalité dont je ne suis pas sûr ne m'occupe guère, tandis que l'éternité dont je suis certain me préoccupe beaucoup. Enfin, monsieur, je me suis fait homme, laborieux, honnête, libre, conscient, et cela tout seul, malgré de grands obstacles, à travers la bêtise humaine, en dépit de cette loi stupide qui m'attendait à mon entrée dans le monde pour me rendre ma tâche plus difficile qu'aux autres.

Me voilà donc avec cette certitude, preuves nombreuses à l'appui, qu'il n'y a pas de méchants, qu'il n'y a que des imbéciles, dans une proportion de quatre-vingt-dix pour cent, à peu près. Les dix pour cent qui font la différence (et dont nous sommes, naturellement, vous et moi) sont chargés de renseigner les quatre-vingt-dix autres. Car enfin cette humanité imbécile et malheureuse, c'est notre espèce. Un Dieu l'a créée pour qu'elle soit autrement, un Dieu est mort, dit-on, pour qu'elle fût ce qu'elle n'était pas, et elle continue à être ce qu'elle a toujours été. Les *dix pour cent* sont là, de tout temps, pour essayer, dans la mesure de leurs forces, de la remettre dans son principe et dans sa fin, en commençant par s'y mettre eux-mêmes, pour n'avoir plus ni à redouter ses instincts ni à subir ses erreurs.

Nul ne saurait avoir, sans être fou, la prétention de faire à soi tout seul une réforme générale; mais il est probable que cette réforme doit s'opérer graduellement. On choisit donc, lorsqu'on traverse ce monde et que l'on a la volonté du bien, un point quelconque où se manifestent d'ailleurs, car ils sont visibles partout, les symptômes de l'imbécillité quasi universelle. On y devient incessamment attentif, et on la combat en apportant à la masse des observations déjà acquises les observations nouvelles que l'on a pu faire. On particularise son action, avec chance toutefois d'étendre peu à peu son domaine. C'est le procédé scientifique appliqué à l'ordre moral, et, un beau jour, *le prédicateur public, le législateur à mandat, le magistrat sur son siège, ceux enfin qui ont reçu de la société mission de l'édifier, de régler sa vie et d'apprécier ses actes,* peuvent et doivent utiliser ces découvertes externes et individuelles, s'ils n'ont pas l'orgueil de se croire, par les pouvoirs qu'ils ont reçus, complètement au courant de toutes choses.

Je cherchai le point sur lequel la faculté d'observation dont je me sentais ou me croyais doué pouvait se porter avec le plus de fruit, non seulement pour moi, mais pour les autres; je le trouvai tout de suite. Ce point, c'était l'amour. C'est bien certainement là que la bêtise humaine se constate le mieux. Il faut que tout le monde y passe plus ou moins,

> Qui que tu sois voici ton maître,
> Il l'est, le fut ou le doit être,

a dit encore Voltaire. Il ne me restait plus qu'à trouver le lieu où je pourrais, moi, simple volontaire, porter les meilleurs coups et donner à mes observations la plus

11.

grande publicité possible. Ce lieu, je l'avais à ma disposition, c'était le théâtre, qui m'offrait la mise en forme et en mouvement de ma pensée devant des milliers de spectateurs. De même que je voulais fixer mes observations toujours sur le même objet, je résolus de les faire connaître toujours dans le même lieu où j'eusse le droit de tout dire, et je m'en tins au théâtre du Gymnase, dont le directeur mit la scène à ma disposition, en acceptant les risques et périls matériels de cette entreprise psychologique. C'est ainsi que Montigny devint mon ami, et quelquefois mon complice.

Ce ne sont pas les définitions de l'amour qui manquent, on en a donné de toutes sortes. A vérités éternelles, formules variées, multiples, souvent contradictoires; je n'essayerai donc pas d'en donner une définitive. Seulement, j'avais cette certitude que l'objet de mon étude et de mes investigations avait été, était et serait de tous temps. L'homme peut changer ses topographies, ses religions, ses mœurs, ses gouvernements, ses littératures, ses idées, ses idiomes, ses dieux; il ne changera jamais ses rapports avec la femme, et il viendra toujours au monde de la même façon. A peine sera-t-il sorti du sein de la femme comme enfant, qu'il voudra y rentrer comme homme, soit avec le titre sacré de l'époux, soit avec l'idéal vague de l'amant, soit avec l'appétit grossier du mâle. La matière est donc inépuisable, et ce qu'on appelle du nom générique d'amour prend ainsi des aspects d'une diversité infinie, intraduisible (en apparence peut-être), selon les types, les caractères, les habitudes, les traditions, les coutumes, les tempéraments, les *circonstances*, les préjugés, les milieux, les corps, les âmes et les lois. Or (voyez quelle heureuse coïncidence !) il se trouvait que le lieu que j'avais choisi pour parler d'amour, ce cinquième élément aussi indispensable que l'air, l'eau, la terre et le feu, il se trouvait que ce lieu, le théâtre, est justement et exclusivement consacré à la représentation et à la glorification de l'amour. Les hommes et les femmes ne se réunissent au théâtre que pour entendre parler de l'amour, et pour prendre part aux douleurs et aux joies qu'il cause. Tous les autres intérêts de l'humanité restent à la porte. Là, rien n'est au-dessus de l'amour, rien n'est égal à lui; il règne en maître; c'est le dieu de ce temple dont la prêtresse est la femme, et où l'homme n'est jamais que la victime ou l'élu. Car (n'oubliez pas ce détail, monsieur, dans vos critiques ultérieures, il y sera de la plus grande importance) il nous est absolument interdit de représenter, au théâtre, l'homme supérieur à la femme. C'est là, par tradition des temps les plus reculés, que la femme règne, officie et finalement triomphe; c'est là qu'elle se moque et se venge du sexe fort, qui lui est si injuste, si oppresseur, si cruel, si barbare dans la vie réelle; c'est là qu'elle a toujours raison. Ses charmes y ont une puissance irrésistible, ses fautes y ont une excuse toujours renaissante; c'est là que, nous autres hommes, nous venons avouer notre faiblesse, reconnaître, proclamer et subir cette puissance. Tout ce que nous faisons de bien, sur ce terrain, c'est elle qui nous le fait faire; tout ce qu'elle fait de mal, c'est par nous qu'elle le fait; il est donc juste que nous en souffrions, et, du moment qu'elle pleure, nous devons être désarmés. Si l'œuvre représentée est une comédie, l'idéal du héros et sa récompense à la fin sont de posséder l'héroïne; si l'œuvre est drame ou tragédie, le héros doit mourir pour elle s'il l'a possédée, par elle s'il l'a abandonnée, avec elle s'ils n'ont que ce moyen d'être l'un à l'autre. Elle, toujours elle. Au théâtre, les maris sont des tyrans, les parents sont des ganaches. Il n'y a pas encore eu, depuis trois mille ans, un auteur dramatique qui ait eu l'audace d'écrire une pièce en un acte seulement, où, un père et une mère s'étant opposés au mariage de leur fille avec l'homme qu'elle aime, ce soient les parents qui aient raison, et où la jeune fille le reconnaisse et les remercie à la fin! Les jeunes filles ne se trompent jamais, au théâtre. L'homme qu'elles aiment est toujours celui qu'elle doivent aimer, et maman et papa sont forcés de s'incliner au dénouement devant cette éternelle clairvoyance de l'amour. Bref, au théâtre, tout par l'amour, tout pour l'amour. Exemple :

Chimène a vu son père tué par Rodrigue, il y a deux heures; vous croyez que cette jeune fille va maudire le meurtrier de son père, le tuer peut-être, en tout cas le chasser à tout jamais de sa présence? Pas le moins du monde. Don Gomez n'est pas encore enterré, que sa fille déclare qu'elle ne peut pas résister davantage à son amour pour Rodrigue, et le roi est forcé de lui dire que le mariage n'aura lieu qu'un an plus tard, pour ne pas trop blesser les convenances. Charmante fille, vraiment! Si vous avez une fille, monsieur, j'espère pour vous qu'elle n'est pas faite de cette sorte ; quant à moi, je recommande bien ici aux miennes de ne pas imiter Chimène, le cas échéant. Rodrigue est le seul espoir de son pays. L'Espagne a les yeux fixés sur ce jeune capitaine. Des millions d'existences, des millions d'âmes sont suspendues à son bras. Vous croyez que c'est pour lui d'un intérêt suffisant. Pas le moins du monde. Il vient trouver Chimène et lui déclare que, si elle ne lui pardonne pas, si elle ne l'aime pas, si elle ne l'épouse pas, il se fait tuer par don Sanche, et laisse son pays se tirer d'affaire comme il pourra. Pour Chimène, il n'y a plus de famille ; pour le Cid, il n'y a plus de patrie. Qu'est-ce qu'il y a donc pour eux au-dessus de cela? il y a l'A-a-a-mour, comme dirait Brid'oison. Aussi les femmes, le lendemain de la première représentation de cette pièce, où elles avaient vu immoler à l'amour les plus saintes traditions de leur sexe et les plus grands devoirs du nôtre, ont-elles énoncé cet axiome : « Beau comme le Cid. »

Est-ce à dire que *le Cid* soit une œuvre méprisable?

Non. C'est un chef-d'œuvre *de théâtre*, et les vers au milieu desquels ce chef-d'œuvre se déroule sont des plus beaux qui aient jamais tourné autour du mirliton de l'amour, quand même.

Si l'Académie d'alors a protesté contre *le Cid*, œuvre dramatique, elle a eu tort; si elle a protesté contre *le Cid*, œuvre morale, elle a eu raison. Cette apothéose de l'amour proclamé supérieur à tous les hauts intérêts de la conscience humaine, limite à trop peu l'idéal et la fonction de l'homme. Déclarer que, lorsqu'il y a lutte entre le devoir et la passion, c'est la passion qui l'emporte, et cela, dans des âmes aussi élevées que doivent l'être les âmes du Cid et de Chimène, c'est mettre la femme au-dessous de ce qu'elle peut, et l'homme au-dessous de ce qu'il doit, et je déclare que si demain, nous avions en France un Cid quelconque sur lequel nous crussions pouvoir compter pour nous rendre le territoire perdu, et que nous apprissions que cet homme passe son temps à gémir aux pieds d'une Chimène, si charmante qu'elle fût, et qu'il est prêt, si elle ne l'aime pas, à abandonner son pays et à se passer au travers du corps son épée ou celle de Sanche, je déclare que nous aurions une piètre idée de ce troubadour, et que nous ferions bien d'en chercher un second. Malheureusement, nous n'avons pas même le premier!

Il n'en est pas moins vrai que nous sommes enfermés dans cette convention, espèce de lit de Procuste sur lequel nous sommes forcés de coucher l'homme et de lui couper tout ce qui dépasse, tandis que la femme fait tout ce qu'elle veut autour du lit et même dessus.

Il est vrai, d'autre part, que si la moyenne des hommes donne en effet, dans l'observation de la réalité, quatre-vingt-dix pour cent d'imbéciles, cette convention du théâtre se trouve avoir sa raison d'être, et qu'il est tout naturel que le sexe spirituel et charmant dont l'homme veut faire sa victime légale vienne lui montrer en public que c'est lui qui est réellement sous sa dépendance. Il y avait donc peut-être moyen de s'entendre avec la convention et la réalité, et je n'avais pas à trouver insuffisant un procédé de l'art qui avait suffi à de plus forts que moi, et où l'on s'était immortalisé jusque dans ma famille. Mais plus mes maîtres avaient fait, moins il restait à faire. Ils avaient taillé à grands coups dans la nature humaine ; ils nous avaient laissé des incarnations éternellement vivantes, auxquelles nous ne pouvions plus ajouter ou prendre sans faire acte d'orgueil ou de plagiat. Il fallait trouver du nouveau dans une société que la Révolution française a tellement remuée, amalgamée, nivelée, que tout le monde s'y ressemble, comme langage, comme mœurs, comme costume. Les grands caractères, les grandes passions, les grands vices, les grands préjugés, les grandes infortunes, les grands ridicules même, après avoir trouvé leurs poètes, avaient disparu. Tout semblait être au niveau des institutions bourgeoises, démocratiques, moyennes, qui devaient naître nécessairement de la proclamation de l'égalité parmi les hommes. Il ne nous restait plus qu'une société grisâtre, à ondulations molles, dans laquelle, en dernier lieu, M. Scribe, avec une dextérité supérieure, avait découpé près de quatre cents pièces, dont les personnages, silhouettes souvent originales, toujours légères, commençaient déjà à s'effacer.

Fallait-il ressusciter l'antiquité? C'était fait et bien fait, par Corneille et Racine ; et Casimir Delavigne, Dumas, Hugo, venaient de découvrir et de dramatiser le moyen âge et la Renaissance. Que restait-il donc? Eh bien, il restait cette société nouvelle, dont l'uniformité n'était peut-être qu'apparente et dont il était peut-être possible de reconnaître, de séparer et d'utiliser les éléments ; et j'avais justement, sous ses yeux et sous la main, Paris, le grand creuset où il semble que Dieu fait ses expériences.

Quelques fusions et quelques distillations qui aient été faites en lui et de lui, l'homme, même parisien, quand on l'analyse avec soin, contient encore une parcelle d'âme, comme la soixantième dilution d'Hahnemann contient encore une parcelle de la teinture mère. Il n'y a qu'à secouer le flacon pour répandre le suc ou la poudre dans toutes les parties d'eau. Il en est de même de l'âme. N'importe dans quel corps vous la secouerez, elle se répandra, agira selon son dosage particulier. Après tout, dirait un joueur de mots, l'homme n'est que l'infinitésimal de Dieu. Français, ayant à parler surtout à des Français, pour commencer, j'avais à savoir ce que des *âmes françaises donnent*, dans leurs combinaisons avec leurs lois et leurs mœurs particulières. Je résolus de solliciter la production des faits que je voulais observer quand ils ne se présenteraient pas tout seuls, et de tâcher d'en assigner la loi, d'en déterminer les causes et de reconnaître la manière dont ces causes agissent, ce qui est la véritable méthode d'expérimentation.

Je me penchai sur le creuset et je m'aperçus assez vite que cette mixtion de l'être humain avec des mœurs et des lois particulières donnait les résultats les plus sérieux, se traduisant souvent en des tragédies effroyables, véritables problèmes sociaux, en contradiction absolue avec les traditions et les ingéniosités du théâtre, et dont le théâtre, par contre, était peut-être appelé à chercher la solution, s'il ne voulait pas mourir d'épuisement à force de vivre de redites. L'orgueil était grand de ma part, mais le but était généreux en revanche; et chacun a son idéal et sa folie, comme dit Daniel dans *la Femme de Claude*. D'ailleurs, ces lois avaient été faites, comme j'avais l'honneur de vous le dire plus haut, par des hommes faillibles, malgré leurs bonnes intentions, dans des temps et selon des mœurs considérablement modifiés.

Tout en recueillant ces observations importantes, j'assistais à la formation des imbéciles dont je n'avais pu que constater précédemment l'existence. Ils sortaient de l'écume du creuset, ils naissaient de la vapeur de ces mixtions étranges. Rien de plus curieux que de voir comment ils se développaient, gazeux et solides, opaques et transparents, épais et volatils, parlant comme s'ils pensaient, s'agitant, vibrant, trépidant, gravitant sans direction volontaire, par instinct vital ou par attraction irrésistible, pendant un temps plus ou moins long, toujours encombrants ou dangereux, se reproduisant à outrance, infestant l'air pendant qu'ils vivaient et l'infectant après leur mort.

J'en étais là de mes observations, et je me demandais ce que nous allions devenir, et si nous n'allions pas à la longue être asphyxiés par ces empoisonneurs de l'air respirable, quand je vis un énorme bouillonnement se produire dans le creuset; et non plus de l'écume et de la vapeur, mais des bases mêmes de la matière composée, sortit une Bête colossale qui avait sept têtes et dix cornes, et sur ses cornes dix diadèmes, et sur ces têtes des cheveux du ton du métal et de l'alcool dont elle était née. Cette Bête était semblable à un léopard, ses pieds étaient comme des pieds d'ours, sa gueule comme la gueule d'un lion, et le dragon lui donnait sa force. Et cette Bête était vêtue de pourpre et d'écarlate, elle était parée d'or, de pierres précieuses et de perles, elle tenait en ses mains blanches comme du lait un vase d'or plein des abominations et des impuretés de Babylone, de Sodome et de Lesbos. Par moments cette Bête, que je croyais reconnaître pour celle que saint Jean avait vue, dégageait de tout son corps une vapeur enivrante au travers de laquelle elle apparaissait et rayonnait comme le plus beau des anges de Dieu, et dans laquelle venaient, par milliers, se jouer, se tordre de plaisir, hurler de douleur et finalement s'évaporer les animalcules anthropomorphes dont la naissance avait précédé la sienne. Ils s'évanouissaient alors spontanément avec une toute petite détonation, autrement dit, ils crevaient, et il n'en restait plus rien qu'une goutte de liquide, larme ou sang, que l'air absorbait aussitôt. La Bête ne se rassasiait pas. Pour aller plus vite, elle en écrasait sous ses pieds, elle en déchirait avec ses ongles, elle en broyait avec ses dents, elle en étouffait sur son sein. Ceux-ci étaient les plus heureux et les plus enviés.

Et cette Bête formidable ne disait pas un mot, ne poussait pas un cri! On entendait seulement le choc de ses mâchoires, et, dans ses entrailles, le bruit rauque et continu de ces roues des grandes usines qui tordent ou fondent, sans le moindre effort, les métaux les plus durs.

Et les sept têtes de la Bête dépassaient les plus hautes montagnes, et, formant une immense couronne, plongeaient dans tous les horizons. Ses sept bouches, toujours entr'ouvertes et souriantes, étaient rouges comme des charbons en feu; ses quatorze yeux toujours fixes étaient verts comme les eaux de l'Océan. On voyait passer dessus les ombres des nuages, et le soleil ne pouvait qu'en faire étinceler les surfaces sans en éclairer les profondeurs. Et, au-dessus de chacun des dix diadèmes surmontant les dix cornes, au milieu de toutes sortes de mots de blasphème, flamboyait ce mot, plus gros que tous les autres : Prostitution.

Or, cette Bête n'était autre qu'une incarnation nouvelle de la femme, décidée à faire sa révolution à son tour. Après des milliers d'années d'esclavage et d'impuissance, malgré les légendes du théâtre, cette victime de l'homme avait voulu avoir raison de lui, et, croyant briser les liens de l'esclavage en brisant ceux de la pudeur, elle s'était dressée tout à coup, armée de toutes ses beautés, de toutes ses ruses, de toutes ses faiblesses apparentes. Souriante et rugissante à la fois, elle se disait en elle-même : « Ah! j'ai besoin de toi, faux homme, et tu ne veux de moi que le plaisir! Ah! mes tendresses, mes dévouements, mes aspirations, mes chastetés, mes larmes, mes confiances, mes sacrifices, tout cela ne compte pas pour toi! Tu me demandes cent mille écus pour être mon époux et tu m'offres cent sous pour être mon amant. Voilà ce que tu appelles l'amour! En dehors de cela, pour moi, la mansarde, le travail à vingt sous par jour, la misère, l'enfant dont tu te débarrasses en moi, l'hôpital et l'amphithéâtre! Attends un peu, tu vas voir ce qui va se passer. Tu n'auras plus de mère, tu n'auras plus d'épouse, tu n'auras plus de fille, tu n'auras même plus de maîtresse; tu n'auras plus que la sensation incessante et implacable qui détendra tes muscles, décolorera ton sang, empoisonnera tes os, obscurcira ta raison, anéantira ta volonté, éteindra ton âme. Car je ne te résisterai plus, ce sera là ma vengeance. Mais tu ne posséderas de moi que mon rouge, mon blanc, mon noir, mes faux cheveux, ma poudre de riz et mes parfums de toilette, mes surfaces enfin, que je te ferai parer et adorer, que tu montreras en public et dont tu t'enorgueilliras à haute voix. Mon être intime te restera obscur et fermé; tu n'y pénétreras jamais. C'est là que je puiserai inépuisablement les raisons de te haïr et les moyens de te vaincre. Mon cœur ne sera plus un temple, mais un sépulcre plein de tes cendres et de mon silence, et tu ne déposeras plus tes petits dans mon sein; je leur ferai prendre une fausse route, et les éparpillerai dans le vide; je connais l'art de la stérilité. Quant à me violer, je t'en défie..»

A partir du moment où j'eus vu cette Bête, où j'eus entendu ce qu'elle ne disait cependant qu'à elle-même, je la suivis partout et me mis au courant de ses habitudes et de ses métamorphoses, car elle change de formes comme Protée. Je l'ai rencontrée quelquefois, souvent, dans les meilleures maisons, dans les plus hauts parages, et jusqu'en des lieux sacrés. Je la voyais escortée, adorée, cachée qu'elle était sous les traits de la grande dame, de l'épouse, de la mère, de la jeune fille, dont elle n'accepte pas les fonctions, mais dont elle emprunte le vêtement et l'allure. Je la saluais jusqu'à terre, comme tout le monde, et je la regardais jouer son jeu. Mais vous savez aussi bien que moi, monsieur, que ce Protée à qui je la comparais plus haut, quand on le serrait de près, qu'on le regardait bien en face et qu'on n'avait pas peur de lui, finissait par avouer qui il était, par reprendre sa véritable forme et par répondre à toutes les questions qu'on lui adressait. Ainsi de la Bête. Nous nous connaissons bien maintenant, elle et moi, et ce que je sais de plus étrange sur son compte, c'est quelquefois elle-même qui me l'a appris. C'est elle qui m'a montré, lorsque personne ne les voyait encore, les barbares en marche sur Paris, et le triomphe de la populace, et les ruines au milieu desquelles nous trébuchons depuis deux ans.

Eh bien, monsieur, faut-il tout vous dire? La Bête ne me révolte pas plus que les imbéciles qu'elle détruit ne m'émeuvent quand ils poussent leur dernier cri et font leur dernière contorsion. N'ayant personnellement rien à craindre d'elle, je vous avouerai même qu'elle m'intéresse et m'amuse, et je l'aurais laissée accomplir son œuvre de destruction, si, se contentant de détruire ce qui n'a pas le droit d'exister, elle nous eût débarrassés et affranchis de non-valeurs bruyantes et nuisibles; mais l'appétit lui était venu en mangeant, et elle voulait entamer les valeurs ayant cours, l'homme et la femme véritables. C'est alors que j'ai pensé que le théâtre pouvait me servir à la dénoncer publiquement, puisqu'elle avait modifié, perverti, contaminé l'amour, qui est l'âme même de ce monde de convention. Seulement, il m'était impossible de jeter sur la scène la Bête telle que je la connaissais. Jugez, par les cris que vous avez entendus lorsque j'en ai présenté les réductions, des cris que l'on aurait poussés devant l'original !

J'ai donc pris des ménagements : j'ai usé de métaphores, j'ai voulu acclimater graduellement mes auditeurs. On m'a reproché alors de revenir toujours sur le même sujet, et l'on m'a demandé dans quel monde j'avais vu ces choses-là. J'ai bien été forcé de répondre la vérité : Dans tous les mondes ; et c'était bien pour cela que je signalais le danger. Mes critiques, soit qu'ils ne soupçonnassent pas ce danger ou ne le vissent pas aussi grand qu'il est, car je ne puis admettre qu'ils cèdent eux-mêmes à l'influence de la Bête, soit que, le connaissant, ils fussent convaincus qu'il valait mieux ne pas le dire, mes critiques me crièrent, pour la plupart, que je faisais fausse route. Je tins bon, je m'obstinai dans mon *Delenda Carthago;* et, comme je suivais la Bête non seulement dans ses transformations, mais dans ses mouvements et dans ses tentatives, après l'avoir montrée dans les mondes interlopes par lesquels elle avait commencé, je la montrai dans les mondes supérieurs où je la voyais s'introduire. Après madame d'Ange du *Demi-Monde* et Albertine de Laborde du *Père prodigue*, qui n'avaient pu attaquer la famille que du dehors et qui avaient fait un siège inutile (dans ces deux pièces), je montrai Iza de *l'Affaire Clémenceau* et madame de Terremonde de *la Princesse Georges* venant attaquer et essayer de détruire, la première, par instinct naturel, l'homme de valeur qui n'avait pas su la reconnaître, la seconde, par combinaison et calcul, la plus pure vertu de femme, qui n'avait pas su se défier d'elle; et je montrai ces attentats énormes commis tranquillement, sous la protection des sociétés régulières, des lois réputées infaillibles, des sacrements reconnus divins. C'est alors que, comme aujourd'hui en réponse à l'article d'un homme d'esprit à propos d'un meurtre, article qui ne voyait dans la Bête qu'un petit être faible auquel il fallait pardonner toujours, c'est alors que je publiai une brochure où je m'efforçai d'expliquer physiologiquement, socialement, *bibliquement*, cette créature particulière qu'on appelle à tort une femme, que j'appelai la guenon de Nod, et je conclus en disant *à mon fils :*

« Et maintenant, si, malgré tes précautions, tes renseignements, ta connaissance des hommes et des choses, ta vertu, ta patience et ta bonté, si tu as été trompé par des apparences et des duplicités; si tu as associé ta vie à une créature indigne de toi; si, après avoir vainement essayé d'en faire l'épouse qu'elle doit être, tu n'as pu la sauver par la maternité, cette rédemption terrestre de son sexe; si, ne voulant plus t'écouter ni comme époux, ni comme père, ni comme ami, ni comme maître, non seulement elle abandonne ses enfants, mais va avec le premier venu en appeler d'autres à la vie, lesquels continueront sa race maudite en ce monde : si rien ne peut l'empêcher de prostituer ton nom avec son corps; si elle te limite dans ton mouvement humain, si elle t'arrête dans ton action divine; si LA LOI QUI S'EST DONNÉ LE DROIT DE LIER S'EST INTERDIT CELUI DE DÉLIER ET SE DÉCLARE IMPUISSANTE, déclare-toi personnellement, au nom de ton maître, le juge et l'exécuteur de cette créature. Ce n'est pas ta femme, ce n'est pas *une femme*! elle n'est pas dans la conception divine, elle est purement animale, c'est la guenon du pays de Nod, c'est la femelle de Caïn : tue-la! »

Enfin, cette brochure ayant eu un très grand retentissement, ayant été discutée, attaquée, interprétée, commentée de toutes les façons, ayant défrayé pendant plusieurs semaines la curiosité publique, je pensai que le moment était venu de jeter la Bête sur la scène, telle qu'elle est.

Je jugeais l'occasion convenable, opportune même. La France venait de recevoir une rude leçon. Il me semblait impossible qu'elle l'eût déjà oubliée; c'était à la Bête que nous la devions, car c'était elle qui avait commencé à dissoudre nos éléments vitaux, en minant peu à peu la morale, la foi, la famille, le travail. Elle reparaissait cependant plus redoutable que jamais, puisqu'elle nous retrouvait encore plus divisés, plus inquiets, plus ignorants, plus affaiblis, tandis que l'odeur de la poudre, le bruit du canon, la flamme des incendies, les vapeurs du sang, les miasmes de la mort l'avaient ragaillardie. Elle avait humé dans l'air d'agréables senteurs de cadavres, mêlées à de fraîches bouffées de folie, d'athéisme et de décomposition; elle s'était dit : « Voilà les premières brises de la Fin. »

La vérité est que les symptômes étaient effroyables. Plus de gouvernail, plus de voiles, plus de boussole, plus de capitaine; rien que la carcasse du vaisseau, les vents, la tempête et la nuit. Tous les matelots commandaient; tous les passagers criaient; les grands oiseaux tournoyaient en l'air, attendant le naufrage. Les autres vaisseaux passaient au large, indifférents, silencieux, sans signaux. Quand les événements furent un peu calmés, quand le vaisseau put, sinon choisir où il aborderait, du moins aborder quelque part, tous les passagers débarquèrent pêle-mêle à la hâte, ahuris et demandant à grands cris leur route sur ces terres nouvelles. « Où est mon Dieu? Où est mon âme? Où est ma patrie? Où est mon drapeau? Où est mon toit? Où est mon passé? Où est mon avenir? Où est le bien? Où est le mal? A quelle tradition revenir? A quelle promesse croire? » Et tous les charlatans politiques, tous les guérisseurs en plein vent se mirent à crier : « Par ici; par là; à droite; à gauche; en haut; en bas; prends de ma liqueur blanche; prends de mon élixir rouge. Ne prends pas de sa liqueur blanche, ce n'est que de l'eau; ne prends pas de sa liqueur rouge, c'est du sang. »

Et la Bête se contentait de dénouer ses cheveux, de mouiller ses lèvres, de tendre sa gorge, d'étirer ses bras, de cambrer ses reins, de présenter ses flancs et de murmurer : « Tu viens de souffrir, de jeûner; tu as été trompé; tu as été héroïque; tu as été vaincu; tu as besoin de te reposer, de te refaire, de jouir un peu; viens donc à moi, je suis la sensation immédiate; je suis le plaisir de tous les temps; je suis l'ivresse éternelle; je suis l'oubli certain; je suis la plus grande preuve de la vie, je suis l'amour. » Mais l'homme hésitait; sur le mur du festin, l'Allemand écrivait ces quatre mots : « Cinq milliards de dette. » Et la Bête lui montra le Juif qui, sur l'autre mur, écrivait ces mots magiques, au milieu des fanfares : « Quarante-deux milliards de crédit! » Et elle reprit : « Tu vois! tu es plus riche que jamais, tu n'as rien à craindre; tu as la sympathie et la confiance du monde entier. Allons, viens, amusons-nous; aimons-nous, repeuplons gaiement la terre. » Et les quatre-vingt-dix pour cent répondirent : « C'est vrai; allons-y gaiement! »

Et on rattrapa le temps perdu! On adora de nouveau la Bête, on l'épousa en premières noces, en secondes noces, *in extremis*; et, comme quelques-uns trouvaient que, malgré tout, on ne mourait pas assez vite, ils se tuèrent pour elle.

Et il y a, de l'autre côté du Rhin, un homme au front dégarni, à la moustache épaisse, aux yeux sombres, profonds, fixes et insondables, à la bouche railleuse et froide, au teint terreux, marbré de rouge, aux muscles d'acier, à la volonté de fer, à l'estomac énorme, au cerveau puissant; et cet homme de génie, qui a vaincu et utilisé la Bête, voyant que ce qu'il avait prévu arrivait, se frotta les mains et dit à son faux maître : « Votre Majesté peut regarder du côté de l'Orient, il n'y a plus rien à craindre du côté de l'ouest; on y meurt. »

Alors il me vint cette idée ridicule, que le moment était venu de tuer la Bête, non seulement dans la fiction, mais encore dans la réalité. Je crus avoir le droit et le pouvoir de la montrer enfin telle qu'elle est, sous ses formes multiples, de la juger, de l'exécuter au nom de la conscience humaine et de la justice divine, et de donner en même temps un avertissement public à ce pays que j'aime. Au lieu de composer une pièce de théâtre comme j'aurais dû la composer selon vous, monsieur, comme j'aurais su le faire, croyez-le bien, s'il ne s'était agi que d'une moralité courante à glisser dans les loisirs d'une nation spirituelle, aimable, ayant toute la sécurité de ses intérêts et toute la quiétude de son esprit (mais nous n'en sommes plus là : les hommes vont mal et les choses vont vite) ; au lieu de faire une simple pièce de théâtre, je voulus pousser un cri d'alarme, tenter une reprise de conscience. Au lieu de mettre en mouvement des personnages humains, je présentai des incarnations totales, des essences d'êtres, des entités en un mot, et je dis au public :

Tu vois ce Claude ; ce n'est pas seulement un mécanicien, un inventeur, un homme, c'est l'Homme dans le grand sens du mot, c'est l'exemple ; c'est ce que, toi et moi, nous devons être toujours, aujourd'hui plus que jamais ; c'est le Français, c'est la France telle qu'il la faut après les épreuves qu'elle vient de traverser, épreuves mortelles si elle n'y prend garde. Comme cet homme, nous ne devons pas perdre de vue une seconde ce but : la reconstitution de la patrie commune, et, ce qui est d'un ordre plus élevé encore, la recherche, la connaissance, la proclamation, l'application de la vérité, chacun selon nos forces et notre énergie personnelle ! Notre autonomie, notre durée, notre valeur ne sont qu'à ce prix. Claude, c'est l'homme qui a souffert dans son âme et dans l'âme des autres, qui a compris, qui a réfléchi, qui s'est élevé, qui a maintenant une volonté bien ferme, un but bien net, et qui marche droit à ce but, en laissant de côté tout ce qui est inutile, en s'associant à tout ce qui est valable, en exterminant tout ce qui est hostile. A ce Claude, qui est *nous*, à cette France qui travaille, veut renaître et tend à reprendre la tête du monde, qui est-ce qui veut et peut faire obstacle, en dehors des obstacles visibles et connus de tous ?

Regarde cet homme qui rôde autour de ta maison paternelle, de ton cher foyer entamé, délabré, hypothéqué, dont tu es forcé de sacrifier les restes à ton travail et à ta mission. Cet homme pénètre chez toi ; il a la mine ouverte et la main tendue ; il te comprend, il t'aime, il t'offre son amitié et sa bourse ; il partage tes espérances, il voudrait être associé à tes travaux et à tes représailles. Pour t'expliquer sa confiance et pour gagner la tienne, il te raconte qu'*ils* lui ont tué son fils, son unique enfant. Il pleure ! Quel est cet homme au gros rire, aux larmes faciles, à l'amitié toujours prête, à l'accent expansif de ton compatriote du Midi ? C'est lui. Qui lui ? C'est le voisin, c'est le faux ami, c'est l'étranger, c'est le haineux, c'est l'espion qui s'est glissé, durant des années, dans ta famille, et qui, tout en jouant avec tes enfants, tout en *gaudriolant* avec la bonne, tout en te parlant de sa blonde fiancée restée là-bas au pays, prenait l'empreinte de tes serrures, le chiffre de tes revenus et le plan de ta maison. Le moyen a été bon ; l'affaire a été bonne. Il a entendu dire que tu te relèves, que tu travailles, que ton génie renaît ; il a peur de cette résurrection, et le voilà qui revient, avec ses allures de bonhomme et notre argent dans sa poche, pour nous corrompre et nous dissoudre, à nos frais cette fois, et sans avoir besoin de se mettre de nouveau en campagne, car, au fond, il n'aime pas ça. Tu ne le reconnais pas ? — Non. — Cette face sanguine à front étroit, à mâchoires larges, à poils roux et frisés ne te dit rien, ne te rappelle rien ! Tu m'effrayes ! Quel oubli ! Quelle légèreté ! Quelle confiance ! Tu es donc incapable de soupçonner la trahison, même après avoir répété tant de fois que tu as été trahi ! Écoute-le parler alors, ton hôte nouveau, quand il est seul avec Césarine, puisque je t'admets à ce qu'ils se disent. Avec celle-là, il ne se donne plus la peine de ruser ; il jette de côté son accent marseillais et reprend sa voix véritable, impérative et rauque, broyant les gutturales du Nord, comme les lourds camions broient les cailloux des vieilles routes que l'on répare. Écoute ce qu'il dit. Il parle de la société qu'il représente et qui a *des milliards maintenant*; il parle des *acquisitions qu'elle ⁀ faites récemment à grands frais et qui lui deviendraient inutiles si elle ne possédait pas le canon de Claude pour les défendre et en faire de nouvelles;* il dit : *Nous ne sommes pas des barbares*, et il promet de *remercier la Providence, publiquement en temps et lieu.* — Ah ! tu commences à comprendre. C'est ma faute si tu n'as pas compris plus tôt. Pourquoi ne t'ai-je pas dit tout de suite à quelle nation appartient cet homme, c'était bien plus simple, au théâtre surtout, où l'on n'a pas de temps à perdre? Parce que je ne pouvais pas te le dire. Tu ne sais donc pas que nous sommes abaissés et déchus à ce point que nos arts eux-mêmes sont sous la censure de cet anonyme que tu n'as pas reconnu et dont tu devrais toujours sentir l'odeur dans l'air que tu respires. Tu ne te rappelles donc pas que, l'an dernier, il nous a fallu retirer de notre exposition de peinture, avant même qu'elle fût ouverte, deux tableaux qui auraient pu lui déplaire, et, s'il y eût eu dans ma pièce le moindre mot qui le désignât positivement, il aurait exigé de nos gouvernants apparents qu'ils défendissent la représentation de cette pièce. Mais il s'est bien reconnu sur la scène, lui ; et je l'ai bien reconnu dans la salle, moi ; et, un soir qu'il sifflait et faisait siffler tant qu'il pouvait, j'ai fait crier par un de mes amis : « A la porte les agents secrets! » et il s'est tu. Car il ne veut pas qu'on le reconnaisse ni qu'on le dénonce.

Eh bien, cet homme qui veut notre mort et notre dissolution, ou (ce qui va bien t'étonner) notre alliance, avec qui va-t-il faire pacte? A qui va-t-il demander aide et complicité pour son œuvre ténébreuse et basse? A l'élément permanent et intérieur de dissolution : à la Bête, installée depuis plusieurs années déjà sous le toit de Claude, et à laquelle celui-ci est indissolublement lié par cette loi injuste qui ne lui a jamais permis et ne lui permettra jamais de se libérer d'elle. Mais la Bête n'est pas de politique, elle n'est que d'instinct, c'est-à-dire qu'elle n'agit pas pour une cause et pour une fin communes, mais pour la satisfaction personnelle et immédiate de ses appétits. Elle sait que les mœurs l'excusent, que les lois la garantissent, que la religion l'abrite, que l'atmosphère sociale, malgré les médisances et les faits, l'enveloppe et la préserve, elle sait enfin qu'elle a une sauvegarde jusque dans le mépris silencieux de ce mari condamné à elle et résigné; mais la progression du vice est tellement fatale, qu'on est depuis longtemps déjà dans le crime quand on croit n'être encore que dans la passion. Et la Bête, en donnant libre pâture à ses fantaisies et libre cours à ses débordements, dans un temps et un milieu qu'elle croit éternellement et universellement disponibles, a oublié ou plutôt ignore qu'il y a en dehors et au-dessus d'elle des lois et des logiques coordonnées et inexorables, parce que ce ne sont pas les hommes seuls qui les ont faites. Elle ne soupçonne pas les grandes raisons d'État qui se mettent en mouvement, elles, pour l'accomplissement de destinées et de fins collectives, et qui font le bien et le mal, selon qu'il est nécessaire, mais en sachant toujours ce qu'elles font et pourquoi elles le font. Il suffira donc que le *travail* de la Bête entre dans les combinaisons d'un génie supérieur pour que, de toute-puissante qu'elle était ou croyait être, elle se trouve tout à coup n'être que l'agent humble et subalterne d'une puissance et d'une force véritables, dont elle ne connaît pas plus le mécanisme que le principe et le but. Toute resistance est inutile. Elle devra se soumettre ou périr. Le repos, la satiété, le repentir même ne lui sont plus permis, car elle est incapable de se racheter par une conversion spontanée et le châtiment public et glorieux d'elle-même. Elle obéira parce qu'elle est vaincue, et elle cher-

chera son salut dans la perte définitive des autres parce qu'elle est lâche.

C'est ce qui arrive à Césarine. Jusqu'alors, elle a tout utilisé à son profit. Elle s'est asservi ce à quoi les êtres réguliers s'asservissent; elle a contraint les lois, les mœurs, les sacrements et jusqu'à la nature à se fausser, à s'avouer esclaves et à prévariquer en sa faveur. Jeune fille, elle a conçu par l'adultère, et elle a trouvé une loi qui l'a autorisée à donner la vie incognito, c'est-à-dire à faire porter par un innocent la peine de la faute dont elle n'a voulu avoir que le plaisir; elle a réclamé ensuite la complicité du groupe social auquel elle appartenait, lequel a escamoté cette faute, a répondu de la coupable, l'a garantie intacte et lui a cherché et découvert un mari à la fois innocent et responsable, comme l'enfant qu'on lui cache. Dans le mariage, elle trouve encore la complicité d'une loi à la fois imprévoyante et impitoyable qui, au lieu de protéger celui des deux époux qui est dans son droit et dans son devoir, ne sert absolument que celui qui n'est ni dans l'un ni dans l'autre. Quant à la loi religieuse, trop complaisante avant, car elle se contente alors de la confession banale et équivoque de ceux qu'elle va unir, elle est encore plus rigoureuse après, car elle proclame l'indissolubilité éternelle, au delà même de la terre, du lien des âmes qu'elle a unies si facilement.

Redevenue adultère dans le foyer comme elle l'a été dans le temple, Césarine ne veut plus laisser la nature accomplir son œuvre, elle lui fait rebrousser chemin, elle intervertit et pervertit la création, elle tue ce qui n'est pas encore né; et la nature se laisse faire, tout en lui montrant la mort de près, ce qui la trouble un peu, car la Bête a peur du néant qu'elle proclame. En attendant, elle a perdu de sa substance et de son équilibre, elle se sent momentanément dans le vide; elle voit trouble et cherche où s'appuyer. Après avoir exploité les mœurs, les lois, les sacrements, la nature, elle va essayer d'exploiter l'Église, et comme il lui faut un moyen de reprendre son mari qui va devenir célèbre et riche, elle appelle le prêtre, à qui il est interdit de révéler la confession au magistrat, mais à qui il est permis de donner l'absolution à la coupable en dehors du mari, et elle lui demande conseil. L'absolution et le conseil la soulagent et l'enhardissent. Elle n'a avoué, d'ailleurs, que le nécessaire et elle revient assez tranquillement à ce foyer conjugal qu'elle avait résolu de fuir; elle y revient lorsque le complice sur lequel elle comptait lui manque; elle y revient pour reprendre les forces et le point d'appui dont elle a besoin; ce n'est pas du repentir, c'est de l'hygiène. Elle y trouvera même une sensation plus aiguë et plus excitante que toutes les autres. La transmissibilité sensitive commence à s'émousser en elle. Il lui faut des stimulants. Si elle pouvait se faire aimer de son mari, quel triomphe pour son orgueil et quel régal pour ses sens! Voilà dans quel état elle revient; comme elle le dit, l'impossible la tente. D'ailleurs, elle apporte une arme nouvelle, l'argent de l'adultère. Et elle ne doute pas que tout cela s'arrange facilement. Le prêtre lui a promis le succès si elle a la foi, et elle a de si belles robes!

C'est ici que la fatalité se présente sous la forme de Cantagnac. Ce qui est au-dessus de la Bête ne va plus se laisser traverser, mais se fermer et peser sur elle. La voilà prise au traquet, la voilà terrassée, domptée, mise au joug, condamnée à tirer patiemment la charrue de la politique transcendante. Ses fantaisies, ses fautes, ses duplicités, ses impudences, ses victoires, ses jouissances, après avoir servi de litière à toutes sortes d'animaux, vont, bienfaisant mélange d'immondices, servir de fumier au labour d'un grand diplomate. C'est humiliant, mais c'est logique. Le mal n'aurait pas sa raison d'être, s'il ne hâtait pas certaines moissons. La Bête se soumet en rugissant devant son maître, en essayant de transiger, non plus avec l'Église, mais avec le Ciel, à qui elle jure de se repentir. Elle s'engage à sauver son âme, s'il sauve sa vie. Le bon billet qu'a Dieu! Elle n'est pas la première qui l'ait souscrit; mais Dieu ne se laisse pas mettre dedans comme les lois, les mœurs et les sacrements que les hommes ont institués en son nom, et les Césarines et les Cantagnacs ne vont pas plus loin qu'il ne veut. De même que l'Instinct vient se briser contre la politique, de même la politique vient se briser contre la Conscience.

La Conscience, c'est Claude. Lorsque Cantagnac a eu affaire à celui-ci, il a bien compris, dès les premiers mots, que cet homme n'avait même pas besoin d'être défiant, tant il était convaincu; mais il n'a pas vu tout de suite tout ce que cette grande âme avait acquis dans sa lutte avec la douleur, à quelles profondeurs elle avait pu descendre, à quelles hauteurs elle avait su s'élever. Il n'a pas soupçonné que cet homme laborieux, simple, indulgent, résigné, était allé reprendre les choses dans leur principe et leur totalité; que ses droits comme ses devoirs s'étaient dès lors placés au-dessus des compromis sociaux qui n'avaient pas voulu le garantir, et qu'après s'être immolé lui-même, il immolerait quiconque ferait obstacle à la mission dont il avait reçu le commandement.

Car il a commencé par s'immoler, cet homme; il s'est, par l'imprévoyance d'une de nos lois inattaquables, il s'est trouvé condamné, dans le mariage, au célibat et à la stérilité. Il était resté chaste, entre sa mère et son travail, au fond de la solitude où il avait vu le jour. Sa mère, en mourant, avait laissé un tel vide dans son cœur et dans sa vie, qu'il lui avait semblé que l'épouse seule pouvait le remplir. Il souffrait, il avait besoin d'épancher ses douleurs, de confier son âme, de communiquer ses rêves. N'est-il pas convenu que la femme a justement été créée pour nous recueillir et nous réconforter? Claude l'a cru et il s'est trompé dans le choix de sa compagne. C'est là le crime qu'il lui faudra expier de toutes ses illusions, de tous ses droits, de toute sa vie. Il ne lui restera plus, le mariage étant indissoluble, qu'à être héroïque et ridicule. Il accepte l'un et l'autre rôle. Il se soumet silencieusement et il laisse dire. Il tente même le salut de la Bête, qu'il ne sait pas encore indigne et incapable d'être sauvée. Il lui pardonne le passé à la condition qu'elle se constituera mère. La maternité, qui a été la faute de cette femme, peut devenir son rachat devant la générosité de cet époux chrétien. Mais la Bête fait des enfants, elle n'en a pas. Elle a bien d'autres besoins à satisfaire, et ce qu'elle veut de son mari, ce n'est pas l'ami, ce n'est pas le sauveur, c'est le mâle. Quel effroyable malentendu! Que ne fait-il comme tant d'autres, que ne se sépare-t-il judiciairement? Que ne prend-il une maîtresse pendant que sa femme, sa femme! celle à qui l'Église l'a déclaré lié, prendra des amants? Pourquoi, puisqu'il voudrait être père, ne fait-il pas des enfants à une femme, des enfants qui n'auront rien à réclamer de lui, puisqu'il ne peut les reconnaître, et qui seront, quoique innocents, coupables par la loi? Il pourra ainsi contribuer à la moyenne des 35 pour 100 d'enfants naturels que la statistique est forcée de constater aujourd'hui. Ces saletés ne sont pas dans les idées de Claude, bien qu'elles soient dans les habitudes du monde. Cet homme jeune, robuste et sain, dont le corps, le cœur et l'âme ont besoin de se répandre, s'attelle à un travail acharné, sans trêve, sans relâche, sans détente des muscles ou de l'esprit. Les malheurs de la patrie sont venus tout à coup lui donner le mépris des siens, et il s'est trouvé bien lâche de souffrir pour lui seul en présence de cette grande souffrance commune. Après avoir immolé ses espérances d'amant, d'époux et d'homme, il immole ses douleurs et se voue tout entier au salut de la la France, cette autre coupable qui promet de se repentir et de se racheter, bien qu'il l'entende encore rire, chanter et blasphémer comme *avant*, mais il s'obstine dans sa foi et dans sa tâche. Que lui resterait-il s'il lui fallait maintenant douter de la patrie?

Cependant, Dieu seul a le pouvoir et la faculté de se donner toujours sans s'épuiser jamais. L'âme humaine, si forte et si résolue qu'elle soit, a besoin de soulagement et de dégagement, sans quoi, elle fait éclater le corps qui la contient. Claude, à qui les institutions de son pays ont interdit la postérité naturelle et directe, s'en donne une de choix; Claude, que les législateurs à mandat et les magistrats sur leur siège ont frustré de l'amour terrestre, se repose et se rassérène dans un amour purement idéal, tout de contemplation et de respect. Il déposera son esprit dans Antonin, l'orphelin recueilli sur la grande route, il reposera son âme dans la pureté de Rébecca, la fille des éternels persécutés. Il ne demande pas à Rébecca, il ne sait pas si elle l'aime; il veut croire seulement qu'elle l'admire et le plaint, tant il aurait honte de troubler, d'amoindrir cette âme d'élection. Près d'elle il se sent moins meurtri, moins malheureux, il respire un air plus pur, voilà tout. Pauvre homme de bien égaré dans nos temps! Il respecte et il adore, tellement qu'il veut se persuader qu'il n'aime pas, et qu'il s'impose ce nouveau sacrifice d'unir Rébecca à Antonin, c'est-à-dire de s'immoler encore une fois, et de n'avoir que leur bonheur pour récompense.

Mais cet amour silencieux et immatériel, tout le monde autour de lui, le sent, le devine, le comprend. La grandeur de cet homme et la pureté de cette femme étaient si bien faits l'un pour l'autre! Seulement les pouvoirs constitués ne veulent pas. Alors, il faut attendre que l'on en ait à jamais fini avec eux. Puisque Rébecca ne peut se donner à qui elle appartient, Rébecca fait son aveu d'amour et son vœu de virginité, et elle leur restera fidèle. Elle se déclare l'épouse de la seconde vie (c'est à mourir de rire), quand l'homme pour qui elle était faite sera dégagé par la mort des liens que le terre qu'il habite lui impose; et elle disparaît avec son père dans l'horizon insondable où celui-ci va rechercher sa patrie détruite depuis des siècles.

Ce père a beaucoup fait rire aussi. On m'a demandé ce que ce juif venait faire là-dedans. Il vient y faire ce qu'il doit y faire. S'il était parti pour aller fonder une grande maison de commerce à Buenos-Ayres, il aurait paru très vraisemblable, d'autant plus que Buenos-Ayres, c'est quelque part et que, la pièce finie, Césarine étant morte, Claude aurait pu envoyer une dépêche à son ami avant même qu'il eût appris la nouvelle par *le Figaro* et qu'après son acquittement, acquittement inévitable, il aurait pu rejoindre Rébecca, laquelle aurait tenu les livres en attendant, qu'il aurait épousée et dont il aurait eu enfin beaucoup d'enfants.

Eh bien, non, l'auteur a voulu que, quoi qu'il arrivât sur la terre, l'union de Claude et de Rébecca ne se fît que dans le monde des âmes. Il fallait donc qu'au lieu de partir pour un de ces pays réels, bien connus des dénouements de comédies et de vaudevilles, pays où l'on se retrouve, une fois le rideau baissé, il fallait que Rébecca partît pour des pays où ne l'on ne pût jamais retrouver sa trace. Comme elle ne peut partir seule, elle part avec son père qui ne sait pas lui-même où il va, ayant chance pour ses recherches d'être renvoyé de la Chine au lac Salé et du lac Salé au centre de l'Afrique, où il rencontrera peut-être Livingstone, autre fou qui a cru aussi qu'il y a mieux à faire en ce monde que de jouer à la Bourse, de vendre des denrées, de courir après un bon mariage, d'aller au cercle ou d'entretenir Cora. L'auteur a donc choisi parmi tous les errants de la terre l'errant le plus connu : le juif. Il aurait même pu ajouter que son juif était un Caraïte, mais, cette fois, on aurait trop ri. Ces plaisanteries-là sont bonnes dans les théâtres d'opérettes, car il est convenu qu'un juif, au théâtre, doit toujours être un grotesque. Et l'auteur le sait si pertinemment, il sait si bien que son juif sérieux va paraître ennuyeux, qu'il enferme ce que ce juif a à dire entre le sommeil de Cantagnac et la raillerie de Césarine. Seulement, Cantagnac, qui est un malin, ne fait que semblant de dormir, tandis que Césarine, qui est une brute, manque franchement de respect à son hôte. Enfin, pourquoi Daniel est-il justement là? Parce que vous permettrez bien à Claude d'avoir un ami, avec qui il puisse converser, espérer, rêver. L'ami de Claude sera un idéaliste comme lui, comprenant ses travaux, partageant son idéal, le dépassant peut-être. Où trouverons-nous les limites des espérances de l'âme? Si vous les connaissez, monsieur, veuillez me dire où elles sont, je partirai pour les voir. Il y a eu d'abord rencontre fortuite de ces deux hommes, puis attraction simultanée et irrésistible, enfin communion scientifique, intellectuelle et morale, même au delà de la terre, en un mot : amitié.

Ces deux hommes sont bien faits pour se comprendre et s'aimer, à quelque distance que leurs travaux respectifs les tiennent l'un de l'autre, et comme le dit Cantagnac, si la France avait beaucoup d'enfants comme ceux-là, elle n'en serait pas où elle est. Ce Cantagnac est un coquin, mais ce n'est pas un imbécile, et il sait très bien qu'un pays où les Claudes domineraient, où ils auraient des épouses comme Rébecca et des amis comme Daniel, ne serait pas facile à tromper et à conquérir. Il est donc tout naturel que, tandis que Claude travaille à reconstituer sa patrie démembrée, Daniel pense à retrouver sa patrie perdue, à renouer sa tradition coupée, à rebâtir son temple, à réunir en un groupe, en un peuple, en une nation, ses frères disséminés sur le globe. Puisse-t-il réussir, et que ses coreligionnaires n'aient bientôt plus besoin de notre hospitalité, et que nous n'ayons

plus besoin de leur argent, qu'ils nous prêtent si géné-
reusement en échange, car le peuple français est leur
frère bien-aimé, comme Joseph. Joignez ce souhait à
vos prières, monsieur, et que le Dieu des chrétiens vous
exauce ! mais je crains fort que ce ne soit le Dieu des
juifs qui ait eu raison lorsqu'il a promis à ses enfants
le royaume de la terre, et je commence à croire que ceux-
ci ne nous laisseront bientôt plus que le ciel, dont ils
se soucient médiocrement. Je me figure que Daniel n'est
pour eux qu'un rêveur ou un maladroit, qu'ils ne deman-
dent pas mieux que d'envoyer se promener, pourvu qu'il
ne revienne pas leur annoncer qu'il a trouvé ce qu'il
cherche. Où Daniel a-t-il la tête, en effet, de vouloir
refaire une patrie locale, définie, limitée, fixe, à ces
persécutés conquérants, en marché à cette heure pour
acheter le monde?

Claude réussira-t-il plus que Daniel? Qui le sait? Dans
ce temps où tout s'écroule, sera-t-il assez fort pour soutenir quelque chose? Ce qui est certain, c'est que, lui,
il ne sera plus, ne pourra plus être ni arrêté, ni détourné,
ni entraîné. Toute combinaison, toute politique qui ne
sera pas dans sa communion intime viendra se briser
contre cet homme de foi et de détermination. Cantagnac
pourra suborner Césarine, celle-ci pourra troubler Antonin : au dernier moment, tout sera remis en ordre par
l'exécution impassible que fera Claude. A ce coup de
fusil, Césarine tombe, Cantagnac s'esquive, Antonin se
prosterne. L'être de rébellion est précipité dans le néant,
l'être de ruse est précipité dans le vide, l'être d'impression mais de repentir est rappelé dans le bien. Chaque
chose est remise où elle aurait dû être, où elle devra
rester; la reprise de conscience est faite, proclamée,
imposée; les courants divins sont rétablis, *la loi de Dieu*
éclate et triomphe.

Mais c'est insensé, me direz-vous; il y a transgres-
sion à la fois de la loi divine et de la loi humaine,

puisque le Code punit le meurtre, et que l'Évangile le défend.

Bossuet n'a-t-il pas dit : « Celui qui transgresse la loi en un commandement, la méprise en tous les autres ; car celui qui a dit : « Tu ne commettras pas d'impuretés, » a dit aussi : « Tu ne tueras pas? »

Or Claude a beau être laborieux, continent, charitable, résigné, pur, du moment qu'il tue, c'est comme s'il n'était rien de tout cela.

Que seraient, en effet, des vertus dont la résultante serait le meurtre? Que serait une société qui tolérerait de pareils principes?

Je vous ferai d'abord observer, monsieur, que la loi humaine n'est aucunement transgressée en cette circonstance, attendu qu'elle prévoit, qu'elle tolère, qu'elle absout ce genre de meurtre.

Pauvre loi qui en est réduite n'osant pas libérer les époux par le divorce, à leur permettre implicitement de se libérer par l'assassinat! Triste loi qui, en cette matière, punit celui qui absout, et absout celui qui punit; car, si le mari outragé pardonne à l'épouse coupable, il est condamné toute sa vie à porter la peine de la faute qu'il a pardonnée; tandis que, si, dans cet accès de passion que le Code a été forcé d'admettre, il tue cette femme, il en est débarrassé à tout jamais : sans compter que, dans le premier cas, on le plaisante, et que, dans le second, on l'admire.

Loi à refaire, monsieur, celle qui n'a pas prévu qu'un homme comme Claude pouvait être accolé toute sa vie à un monstre comme Césarine, et qui force cet homme, après toutes les indulgences, après tous les sacrifices, après toutes les abnégations, à prendre un fusil et à tuer sa compagne éternelle au moment où elle va vendre son pays à l'étranger.

Si, trompé par la jeune fille qu'il épousait et par sa famille, complice de cette fausse vierge qu'elle garantissait pure ; si Claude, le jour où il apprit que cette créature avait déjà fait avec un autre homme fonction volontaire d'épouse et de mère, si Claude avait trouvé une loi juste et logique à laquelle il eût pu dire : « On s'est servi de toi pour me voler mon nom, mon cœur, mon honneur et ma liberté ; je m'adresse à toi pour que tu me fasses restituer tout ce que des misérables m'ont volé ; » si Claude avait trouvé cette loi prête à faire son devoir, il n'eût pas été condamné au désespoir d'abord, puis à la stérilité, puis au meurtre ; Rébecca ne fût pas restée vierge errante et inféconde ; de cet homme et de cette femme créés l'un pour l'autre seraient nés des enfants qui nous manqueront peut-être le jour où il nous faudra de véritables valeurs humaines ; Antonin n'eût pas été adultère, Cantagnac n'eût pas été attiré et Césarine n'eût pas été mise à mort, par Claude, du moins ; car ses infanticides l'auraient amenée jusque sous le glaive de la loi, qui tue tranquillement, elle, même quand même elle est dans son tort, et quoi qu'en dise Bossuet.

Quant à la loi divine, ce n'est pas Claude qui l'enfreint, c'est la loi humaine ou plutôt la loi française elle-même qui la fausse. Jésus, qui nous a transmis la morale dans sa plus grande pureté et dans sa plus grande exactitude, n'a pas voulu que Claude fût éternellement rivé à Césarine. Il a prévu le cas, lui, et il a dit : « Je vous déclare que quiconque aura répudié sa femme, SI CE N'EST EN CAS D'ADULTÈRE, la fait devenir adultère ; et quiconque épouse celle que son mari aura répudiée commet un adultère (saint Mathieu). » Donc, la loi déclarée divine est pour le divorce en cas d'adultère ; donc, la loi humaine, en n'admettant pas même le cas, ment à la loi divine.

Permettez-moi de constater en passant, monsieur, qu'on fait dire à Jésus, pour les besoins de certaines causes, une foule de choses qu'il n'a jamais dites. Ainsi, on déclare qu'il a pardonné à la femme adultère, ce qui est absolument faux. Il ne lui a rien pardonné; il a tiré de sa faute un argument contre les pharisiens, voilà tout. Il leur a dit : « Qui de vous est sans péché? S'il en est un, qu'il lui jette la première pierre. » Heureusement pour cette femme, tous ces hommes étaient plus ou moins coupables; elle ne fut donc pas lapidée, et Jésus lui dit : « Allez-vous-en, et à l'avenir ne péchez plus. »

Ce n'est pas un pardon, ce n'est même pas un acquittement; ce n'est qu'une ordonnance de non-lieu, motivée par l'incompétence du tribunal qui s'était cru en droit de juger et de condamner cette femme.

Si un des pharisiens, le mari, par exemple, eût été sans péché, et fût sorti de la foule en disant : « Maître, moi je suis sans péché; » Jésus eût été forcé de lui dire : « Frappe. »

Eh bien, monsieur (voyez comme on peut être accusé à tort), le *Tue-la!* qui termine la brochure de *l'Homme-Femme*, qui a scandalisé tant de gens et que vous me défendez de dire, n'est que la paraphrase de la parole du Christ à ceux qui lui amenaient la femme adultère.

« Si tu es absolument sans péché, dit l'auteur à son fils supposé, et si la loi ne veut pas te libérer de cette femme chargée d'iniquités, tue-la. » Et ce n'est pas de la femme adultère qu'il s'agit, c'est de la femme qui, ayant été adultère et pardonnée déjà par son mari, n'a pas voulu aimer ses enfants, en a appelé d'autres à la vie, déshérités d'avance de nom, de morale, de famille et d'amour; c'est de celle qui n'a voulu accepter son époux ni comme époux, ni comme ami, ni comme frère, ni comme maître; c'est de celle qui s'oppose au bien qu'il a à faire, à la mission qu'il a à remplir; c'est de celle enfin qui n'a de la femme que la forme. D'où il résulte que ce mot, qui me fait traiter de révolutionnaire, d'homicide et de fou furieux, est plus indulgent, plus doux, plus clément que celui du Christ, puisque le Christ, si l'exécuteur est dans de certaines conditions, qui sont justement celles que j'exige, puisque le Christ admet la mort pour une femme qui n'a commis que le seul crime d'adultère.

Claude est dans ces conditions; il est sans péché, il a pardonné vingt fois; et, tant que Césarine n'est coupable qu'envers lui, il la laisse vivre. Ce n'est que quand elle est devenue un danger public qu'il la frappe. Il n'assassine pas, il exécute. Il ne se fait pas justice, il fait justice. En sa qualité d'homme conscient et relevant directement de son Dieu, il laisse de côté la loi insuffisante et incomplète des hommes, il se met dans la loi éternelle, qui veut que l'esprit du bien anéantisse finalement l'esprit du mal. Enfin, monsieur, dans cette pièce de *la Femme de Claude*, œuvre toute symbolique, comme l'a si bien compris et si bien expliqué Théodore de Banville dans le compte rendu qu'il en a fait (il n'y a que ces fous de poètes pour deviner ces choses-là!), dans cette œuvre particulière, Claude ne tue pas sa femme, l'auteur ne tue pas une femme, ils tuent tous deux la Bête, la Bête immonde, prostituée, infanticide, qui mine la société, dissout la famille, souille l'amour, démembre la patrie, énerve l'homme, déshonore la femme dont elle prend le visage et l'apparence, et qui tue ceux qui ne la tuent pas. *Tue-la!* ne signifie donc pas, comme je l'ai entendu répéter par maints critiques et par vous-même, monsieur, sans doute parce que mes écrits méritent d'être critiqués avec sévérité, mais ne méritent pas d'être lus avec attention; *Tue-la!* ne signifie donc pas que tous les maris trompés doivent tuer leurs femmes. Je commence même par vous dire qu'il y a une foule de maris qui, étant trompés, n'ont que ce qu'ils méritent. C'est leur faute; ils n'étaient pas faits pour le mariage; car, comme a dit encore Jésus, « tous ne sont pas capables de cette résolution, mais ceux-là seulement à qui il a été donné d'en haut. » La plupart des maris trompés sont donc plus souvent à blâmer qu'à plaindre, et comme la loi ne permet pas le divorce à leurs femmes, elle fournit une excuse à ces victimes ingénieuses qui se vengent avec les moyens particuliers qu'elles ont toujours à leur service. C'est stupide, c'est immoral, c'est malpropre, mais c'est convenu, c'est même applaudi quelquefois. Ces maris et ces femmes ne sont pas ceux qui nous occupent ici. Qu'ils s'arrangent et qu'ils lavent leur linge sale ensemble; une tache de plus ou de moins, peu importe! Ces hommes n'ont pas le droit de tuer ces femmes, et ces femmes ont perdu le droit de se plaindre de ces hommes; ils se sont mis conjointement en dehors des revendications supérieures en maintenant dans la société une moyenne d'immoralité pseudo-légale, qui donne les meilleurs résultats comme on peut voir, et dont leurs petits se trouvent à merveille. *Tue-la!* appliqué à ces ménages serait un non-sens, ou deviendrait un massacre dont l'auteur serait justiciable après, et dont il ne saurait accepter la responsabilité, n'ayant jamais eu la pensée d'en donner le conseil avant. La loi a peut-être ses raisons pour se désintéresser de ces êtres sans prévision, sans direction, qui viennent lui demander de les accoupler et non de les unir; mais les raisons ne sont pas toujours la raison, et la loi ferait encore mieux, vu le mauvais exemple que donnent ces individus, vu les grands dommages qu'ils causent et les effroyables désordres, presque toujours héréditaires, qu'ils introduisent dans le milieu commun, la loi ferait mieux, disons-nous, de ne pas tant les abandonner et de leur venir un peu en aide. Mais là où la loi est absolument en faute, c'est quand elle prétend à annihiler complètement un homme comme Claude, au profit d'une drôlesse comme Césarine, sans profit pour personne, en ne laissant à cet homme sans péché d'autre moyen de se reprendre que de se faire bourreau. Le *Tue-la!* enfin n'est que le total mathématique des erreurs de cette loi et un avertissement à elle donné pour qu'elle réfléchisse et sache bien à quelles fatalités absolues l'absolu de ses termes peut amener, en certains cas, le plus honnête homme du monde.

Je n'ai pas voulu dire autre chose dans ma brochure, et qui la lira sans parti pris le reconnaîtra facilement. Quant à *la Femme de Claude*, elle avait l'intention, la prétention si vous voulez, de dire à cet être particulier, topographiquement parlant, qu'on appelle le Français :

« Prends garde! tu traverses des temps difficiles; tu viens de payer cher, elles ne sont même pas encore payées, tes fautes d'autrefois; il ne s'agit plus d'être spirituel, léger, libertin, railleur, sceptique et folâtre; en voilà assez, pour quelque temps au moins. Le Dieu, la patrie, le travail, le mariage, l'amour, la femme, l'enfant, tout cela est sérieux, très sérieux, et se dresse devant toi. Il faut que tout cela vive ou que tu meures! Recueille tous ces éléments d'éternité et fais-en ta communion et ta conscience. Prends garde! L'étranger qui t'a vaincu et qui veut t'achever rôde autour de toi et te guette; la Bête qui t'a séduit et trompé reste sur ton sol et te menace; l'enfant sur lequel tu comptes et en qui ton esprit doit revivre, cette génération qui doit te venger, hésite et se trouble entre le travail et le plaisir, entre l'idéal et la passion; sois attentif, sois recueilli, sois résolu, sois implacable; quelle que soit la tentation qui t'appelle hors de ta route, repousse-la; quel que soit l'obstacle qui se dresse devant toi, brise-le, sinon tu disparaîtras du nombre des vivants. »

Voilà ce que veut dire *la Femme de Claude*, et voilà

pourquoi il n'y a pas dedans le plus petit mot pour se désopiler la rate après boire. J'aurais cru manquer de respect à mon public si, ayant, en des jours comme les nôtres, à lui parler de ces choses graves, vitales, je ne l'avais pas fait en termes sévères, dignes autant que possible de la situation, de lui et de moi.

Vous assurez que je me suis trompé, monsieur, que le théâtre ne doit pas agiter de questions, qu'il ne doit agiter que des grelots, auxquels vous me renvoyez dédaigneusement. Si vous avez raison, monsieur, tant pis pour le théâtre. Mais je reste convaincu que l'avenir n'a jamais été plus menaçant, et que la Bête n'a jamais été plus insatiable.

Et maintenant que j'ai fait mon devoir en le disant, advienne que pourra ou plutôt que devra ; car les proverbes se trompent quelquefois aussi.

Il n'arrive jamais *ce qui peut*, il arrive toujours *ce qui doit*.

Encore un mot et j'achève cette lettre déjà beaucoup trop longue, bien qu'elle ne contienne pas le quart de ce que j'aurais à vous dire.

Si j'avais été Galilée, du jour où j'aurais été absolument certain que la terre tourne, j'aurais crié à tue-tête et partout :

« La terre tourne ! »

Les pouvoirs constitués et autorisés m'auraient répondu comme ils ont fait :

« Tu vas déclarer qu'elle ne tourne pas, ou tu vas mourir. »

A quoi j'aurais répliqué (ma vie étant utile) :

« Vous ne voulez pas que la terre tourne? Elle ne tourne pas. »

Et elle aurait continué de tourner...

Et je me serais tranquillement remis à l'œuvre pour découvrir une vérité nouvelle; parce que, du moment que la terre tourne, ce qui est important, ce n'est pas que les pouvoirs constitués le veuillent, c'est **que** Galilée le sache ;

Et qu'il l'ait dit.

Veuillez agréer, monsieur, l'assurance de mes sentiments les plus distingués.

A. DUMAS FILS.

Mars 1873.

PERSONNAGES

                           Acteurs
               qui ont créé les rôles.

CLAUDE RUPER............................	MM. Landrol.
CANTAGNAC...............................	Pradeau.
DANIEL.....................................	Pujol.
ANTONIN...................................	Villeray.
CÉSARINE.................................	Mmes Desclée.
RÉBECCA..................................	Pierson.
EDMÉE.....................................	Vannoy.

La scène se passe à la campagne, de nos jours, du matin au soir.

LA
FEMME DE CLAUDE

ACTE PREMIER

Un grand salon avec de vieux meubles, des rideaux et des portières en tapisserie. Au milieu une grande baie vitrée donnant sur une vallée. Portes-fenêtres de chaque côté de cette baie. Portes latérales donnant dans les appartements. Boites, sphères, instruments de travail. A gauche, un grand coffre de bois, à cercles et à boutons de fer, où Antonin enfermera le manuscrit de Claude; on sent que ceux qui habitent cette maison ont aimé jadis les objets qui les entourent, mais qu'ils continuent à s'en servir sans s'y intéresser. On entend le tintement d'une grande horloge. Il ne fait pas encore jour dans ce salon, qui est au rez-de-chaussée.

SCÈNE PREMIÈRE

EDMÉE, CÉSARINE.

EDMÉE entre avec une petite lampe de nuit qu'elle lève au-dessus de sa tête pour voir l'heure.

Sept heures moins un quart, il doit faire jour. (Elle se met à ranger les papiers sur la table, tout en les parcourant un peu par une curiosité plus instinctive que calculée. On entend frapper doucement à une des portes. Edmée écoute.) On dirait qu'on a frappé aux carreaux. (On vient heurter un peu plus fort à l'autre porte.) A la porte maintenant. Qui peut venir à cette heure?

CÉSARINE, en dehors, à demi voix.

Edmée, ouvre, c'est moi.

EDMÉE.

Elle! ah! pourquoi diable revient-elle? Ça allait si bien ici.
Elle va ouvrir, tire les rideaux, ouvre les volets, le jour se fait.

CÉSARINE.

Tu es toute seule?

EDMÉE.

Oui, personne n'est encore levé dans la maison, ou du moins personne n'est encore descendu; mais comment avez-vous vu que j'étais là? Les volets n'étaient pas ouverts.

CÉSARINE.

Par un petit trou que j'ai fait moi-même un jour, pour voir du dedans dehors. Mais, à mon tour, comment se fait-il que la porte d'entrée soit fermée au verrou, et que je sois forcée de frapper aux volets comme une inconnue?

EDMÉE.

On ferme tout ainsi tous les soirs.

CÉSARINE.

Depuis quand?

EDMÉE.

Depuis votre départ.

CÉSARINE.

Est-ce pour que je ne puisse pas rentrer?

EDMÉE.

Peut-être bien.

CÉSARINE.

Et cette nouvelle habitude, par qui a-t-elle été prise?

ÉDMÉE.

Par mademoiselle Rébecca.

CÉSARINE.

Alors c'est mademoiselle Rébecca la maîtresse de la maison maintenant ?

EDMÉE.

En votre absence. Vous êtes partie subitement sans rien dire, il a bien fallu qu'on vous remplaçât. Si vous aviez annoncé votre retour, on aurait été au-devant de vous, et vous n'auriez pas attendu à la porte.

CÉSARINE.

Je ne voulais pas annoncer mon retour. Je n'étais pas fâchée de surprendre un peu la maison et de voir ce qui s'y passe quand je n'y suis pas. Et puis je voulais causer avec toi d'abord.

EDMÉE.

Vous n'aviez qu'à m'écrire, je vous aurais instruite. Je l'aurais même fait la première si vous m'aviez dit où vous étiez, comme vous me le disiez les autres fois.

CÉSARINE.

Je ne voulais pas qu'on sût où j'étais.

EDMÉE.

Pas même moi ?

CÉSARINE.

Pas même toi.

EDMÉE.

Est-ce que vous allez repartir ?

CÉSARINE.

Pourquoi ?

EDMÉE.

Tout ce mystère ! Et vos bagages, où sont-ils ?

CÉSARINE.

A la gare. Il faisait beau, je suis venue en me promenant.

EDMÉE.

Une lieue à pied! Votre santé est donc bonne maintenant?

CÉSARINE.

Bonne, mais j'ai été malade. J'ai failli mourir. J'ai bien cru que je ne vous reverrais ni les uns ni les autres! Si malade que je me suis confessée.

EDMÉE.

Complètement?

CÉSARINE.

Comme on se confesse au moment de mourir.

EDMÉE.

On est si pressé, c'est comme en voyage, on oublie toujours quelque chose. Et le confesseur, qu'est-ce qu'il a dit?

CÉSARINE.

Il m'a donné de très bons conseils.

EDMÉE.

Que vous suivrez?

CÉSARINE.

Quand on voit la mort de très près, ça vous fait faire des réflexions, je t'assure. Ah! ces nuits sans sommeil, avec une veilleuse et une garde, c'est affreux. Est-ce que je suis très changée?

EDMÉE.

Non; un peu pâlie cependant, et maigrie. Vous étiez chez votre grand'mère?

CÉSARINE.

Oui, mais pas à Paris, à la campagne. (L'embrassant.) C'est

égal! Je suis contente de te revoir. J'ai pensé à toi. Je t'ai apporté des robes.

EDMÉE, se déridant.

Vrai! que vous êtes bonne.

CÉSARINE.

Elles sont dans mes malles, que tu vas envoyer chercher tout de suite. Il y a aussi des robes neuves pour moi. On va porter cet hiver des modes très originales, et des bijoux d'or imités des bijoux des femmes romaines. Cela me va très bien.

EDMÉE.

Est-ce que vous avez des projets de conquêtes?

CÉSARINE.

Oui.

EDMÉE.

Ici?

CÉSARINE.

Ici.

EDMÉE.

Sur qui, mon Dieu? Je ne vois que le père de mademoiselle Rébecca.

CÉSARINE.

Ce pauvre Daniel, un juif! Moi qui viens de me confesser!

EDMÉE.

Monsieur Antonin, alors?

CÉSARINE.

Oh! lui, ce serait trop facile.

EDMÉE.

Vous vous en êtes aperçue?

CÉSARINE.

Depuis longtemps! Mais il faut le laisser dans l'amour

platonique, celui-là, c'est plus convenable et plus amusant.

EDMÉE.

Qui, alors? Ce sont les seuls hommes de la maison (Avec intention.) et nous n'avons plus de voisins.

CÉSARINE.

Les seuls hommes de la maison. C'est poli pour Claude.

EDMÉE.

Il ne compte pas, lui, c'est votre mari.

CÉSARINE.

Eh bien, c'est ce qui te trompe, il compte.

EDMÉE.

Comment? Vous voilà amoureuse de votre mari, maintenant?

CÉSARINE.

C'est pour ça que je reviens.

EDMÉE.

Et vous allez le lui dire ?

CÉSARINE.

Oui.

EDMÉE.

C'est lui qui va être étonné ! Il ne vous croira pas.

CÉSARINE.

On me croit quand je veux qu'on me croie. Et puis, tant mieux : l'impossible me tente.

EDMÉE.

Et comment ça vous a-t-il pris? Car vous étiez loin, on ne peut plus loin de cette idée quand vous êtes partie d'ici.

CÉSARINE.

On est quelquefois plus près de ceux que l'on quitte que de ceux que l'on rejoint. Oh ! j'ai réfléchi, va.

ACTE PREMIER. 231

EDMÉE.

En regardant la veilleuse?

CÉSARINE.

Oui, et la nuit, dans l'insomnie ou dans le sommeil, je ne voyais que lui. Ça se calmait un peu dans le jour avec la lumière. N'importe, je l'aime, j'en suis sûre. Et puis tu ne sais donc pas que Claude vient de faire une découverte qui va révolutionner le monde entier? Dans les journaux il n'est question que de cela. Je les ai tous lus pendant ma convalescence. Vous n'avez pas entendu parler ici de l'expérience qu'il a faite?

EDMÉE, d'un air distrait.

Vaguement. Ici on travaille beaucoup, on mange un peu, on dort vite et on ne parle pas. Ce n'est même pas toujours d'une gaieté folle.

CÉSARINE.

Eh bien, figure-toi qu'on a planté en terre à grands coups de maillet, cinq cents pieux, de deux mètres en deux mètres. Dans les intervalles on avait placé des sacs remplis de pierres. Le canon que mon mari a inventé, et qui est tout petit, à ce qu'il paraît, un vrai bijou, disait le journal, a lancé au milieu de tout cela deux projectiles seulement. Que contenaient ces nouveaux projectiles? on n'en sait rien, mais il paraît que des pieux et des pierres, il n'est pas resté de quoi faire une allumette, ni battre le briquet, et qu'on n'a même retrouvé aucun débris des obus. Juge de ce qui arriverait si ça tombait sur un régiment ou dans une ville. C'est admirable.

EDMÉE.

Et c'est son canon qui vous a rendue amoureuse de lui, dans l'état d'esprit où vous étiez?

CÉSARINE.

Oui.

EDMÉE.

Ça ne s'enchaîne pas du tout, cependant. Mais enfin tout chemin mène à l'amour. Et qu'est-ce que ça rapporte, le canon?

CÉSARINE.

La gloire d'abord. Et puis l'État va faire à Claude des commandes énormes, évidemment, le rapport de la commission ayant été des plus favorables.

EDMÉE.

Eh bien, en attendant que cette invention donne une fortune à M. Claude, il est forcé de vendre cette maison.

CÉSARINE.

Parce que?

EDMÉE.

Parce que, pour faire son bijou de canon, il s'est endetté et qu'il a besoin d'argent.

CÉSARINE.

Tant mieux!

EDMÉE.

Ah! je ne comprends plus.

CÉSARINE.

Je lui prêterai l'argent dont il a besoin, et les choses n'en iront que plus vite. Le confesseur m'a bien dit que les événements me viendraient en aide si j'avais la foi et la volonté.

EDMÉE.

Et cet argent où le prendrez-vous?

CÉSARINE.

J'ai deux cent mille francs.

EDMÉE.

Qui viennent?

ACTE PREMIER.

CÉSARINE.

D'un héritage. Je te conterai cela. Claude a-t-il parlé de moi quelquefois?

EDMÉE.

Jamais, devant moi, du moins.

CÉSARINE.

Aucune allusion à mon départ, à mon absence prolongée, à mon retour possible?

EDMÉE.

Silence absolu, silence de mort. Le jour où vous avez quitté la maison, monsieur a dit, comme toujours, à l'heure du déjeuner : « Prévenez madame. » Je lui ai appris alors que vous aviez reçu une dépêche vous annonçant que votre grand'mère était malade, et que vous étiez partie pour Paris, ne sachant pas vous-même quand vous reviendriez. Il n'a pas demandé d'autre explication. On a ôté votre couvert, on a déjeuné sans vous, et la vie a continué comme par le passé.

CÉSARINE.

Rébecca est la maîtresse de Claude, n'est-ce pas?

EDMÉE.

Mademoiselle Rébecca? Elle?

CÉSARINE.

Qu'est-ce qu'il y aurait d'extraordinaire, dans les termes où je suis avec lui, qu'il aimât une autre femme que moi?

EDMÉE.

Seulement vous oubliez que votre mari est le plus honnête homme de la terre, et que mademoiselle Rébecca est la plus honnête fille du monde. Du reste, le père et la fille vont partir. Et voilà tout.

CÉSARINE.

C'est bien assez.

EDMÉE.

Eh bien, et lui?

CÉSARINE

Qui, lui?

EDMÉE.

M. Richard, vous ne m'en parlez pas.

CÉSARINE.

Est-ce que tu l'as revu?

EDMÉE.

Non, mais vous?

CÉSARINE.

Moi, non plus.

EDMÉE.

Cependant, il a quitté le pays, le lendemain de votre départ.

CÉSARINE.

Je n'ai pas entendu parler de lui.

EDMÉE.

Il vous a écrit, alors?

CÉSARINE.

Non.

EDMÉE.

Vrai?

CÉSARINE.

Vrai.

EDMÉE.

Que supposez-vous?

CÉSARINE.

Il a disparu tout à coup. Il doit être en voyage ou mort.

EDMÉE.

Comme vous dites ça.

CÉSARINE.

Qu'est-ce que tu veux que ça me fasse? Et je te déclare que, si on me donnait à choisir, j'aimerais mieux qu'il eût pris ce dernier parti.

EDMÉE.

Brrr!

CÉSARINE.

Qu'est-ce que tu as?

EDMÉE.

Vous avez une façon de dire les choses qui me fait froid dans le dos. Un homme que vous aimiez tant.

CÉSARINE.

Qui m'aimait tant, tu veux dire. (On entend un coup de feu dehors. Césarine faisant un signe de croix et se bouchant les oreilles.) Ah! qu'est-ce que c'est que ça?

EDMÉE.

C'est M. Antonin qui essaye un fusil qu'il a inventé. Car il a inventé un fusil, lui.

CÉSARINE.

Est-ce qu'il va continuer?

EDMÉE.

Oui; il tire plusieurs fois tous les matins.

CÉSARINE.

Fais-le taire..

EDMÉE.

Vous avez donc peur de quelque chose?

CÉSARINE.

Maintenant j'ai peur de tout.

EDMÉE

Il faudra vous y faire. On n'entend que ça ici.

Nouveau coup de feu.

CÉSARINE.

Mais fais-le donc taire, cet imbécile!
<small>Elle court vers un coin de la chambre, cachant son visage dans les mains.</small>

EDMÉE, appelant par la fenêtre.

Monsieur Antonin, monsieur Antonin!

ANTONIN, du dehors.

Qu'y a-t-il?

EDMÉE.

Ne tirez plus.

ANTONIN.

Pourquoi?

EDMÉE.

Je vous le dirai. (Elle referme la fenêtre. A Césarine.) Vous êtes toute pâle!

CÉSARINE, montrant une carafe.

Cette eau est-elle bonne à boire?

EDMÉE.

Oui.

CÉSARINE.

On ne sait jamais, ici. Il y a des poisons partout. (Elle avale un grand verre d'eau.) Figure-toi que je suis venue au monde pendant l'insurrection de Juin, à sept mois, tant ma mère tremblait dans sa maison prise entre le feu des insurgés et le feu des troupes! Et, par là-dessus, je ne sais quelle tireuse de cartes m'a prédit que je mourrais de mort violente. De sorte que dès que j'entends un bruit d'arme à feu, tout se retourne en moi. Et justement je suis la femme d'un homme qui en invente, des armes à feu. Je devrais peut-être repartir.
<small>Elle boit un second verre d'eau.</small>

EDMÉE.

Ne buvez donc pas tant, vous allez vous faire mal.

CÉSARINE.

J'ai toujours soif maintenant, et il y a des jours où il me semble que j'ai l'enfer dans la poitrine.

EDMÉE.

Mais vous n'avez plus rien à craindre maintenant. (A part.) Elle m'a fait peur. Elle montrait ses dents comme un loup.

SCÈNE II

Les Mêmes, ANTONIN.

ANTONIN, sans voir Césarine.

Pourquoi m'avez-vous dit de cesser mon tir?

EDMÉE.

Déposez votre fusil.

ANTONIN, déposant son fusil.

Qu'y a-t-il?

EDMÉE, démasquant Césarine.

Vous avez fait peur à madame.

ANTONIN, voyant Césarine.

Madame. Oh! pardon. Je suis désolé... J'ignorais... Si j'avais su que votre étiez de retour, madame...

CÉSARINE, d'une voix douce.

Ce n'est pas votre faute. Seulement j'ai passé la nuit en voiture. Je n'ai pas dormi. Je suis un peu fatiguée, énervée, et ces deux coups de feu tout à coup m'ont surprise. Je vous prierai, quand vous ferez vos expériences, de les faire un peu loin de la maison, pendant quelque temps encore. C'est un nouveau système de fusil?

ANTONIN.

Oui, madame.

CÉSARINE.

Montrez-le-moi.

ANTONIN, reprenant le fusil.

Je croyais que cette arme vous faisait peur.

CÉSARINE.

Oui, mais je veux vaincre cette peur ridicule. Ce fusil n'est plus chargé?

ANTONIN.

Non.

CÉSARINE, maniant l'arme.

C'est une arme charmante. Il y a deux canons.

ANTONIN.

Et ce n'est pas plus long à changer qu'un seul.

CÉSARINE.

Il n'y a pas de batterie visible.

ANTONIN.

La batterie est intérieure.

CÉSARINE.

C'est curieux. Vous m'expliquerez cela, et dès demain je veux tirer cette arme. Vous m'exercerez, n'est-ce pas?

ANTONIN.

Très volontiers.

CÉSARINE, rendant le fusil à Antonin qu'il dépose sur la table.

A tantôt et pardonnez-moi d'avoir interrompu votre expérience.

ANTONIN.

C'est à moi de vous demander pardon de vous avoir effrayée.

Il se penche pour lui baiser la main; elle la retire et sort en le saluant avec un sourire.

EDMÉE, en sortant avec elle.

Faites-vous assez votre câline avec ce pauvre garçon. Vous ensorcelleriez un ange.

CÉSARINE.

Je m'exerce pour ensorceler Claude.

Elles sortent.

SCÈNE III

ANTONIN, CLAUDE, qui est entré avant que Césarine sorte et qui l'a vue sans qu'elle le vît.

ANTONIN, se croyant seul et pendant que Claude le regarde du fond du théâtre.

Pourquoi est-elle revenue ? Moi qui me croyais si fort, parce qu'elle n'était pas là. Où est-elle allée pendant ces trois mois ? Pourquoi est-elle si changée, si pâle ? Pourquoi m'a-t-elle parlé si doucement ? Cette voix me rend fou. Si je partais ? Oui, c'est le seul moyen.

CLAUDE, a pris le fusil et l'examine. A Antonin.

Eh bien ?

ANTONIN.

Ah ! c'est vous, mon cher maître.

CLAUDE.

Es-tu content de ton épreuve de ce matin ? As-tu réussi ?

ANTONIN.

Je le crois. J'ai fait les modifications que vous m'avez indiquées. Maintenant les culots de mes cartouches sont rejetés par ce ressort très simple auquel je n'avais pas songé.

CLAUDE.

Et ta portée ?

ANTONIN.

A quatorze cents mètres, j'ai mis deux balles à un mètre

de distance l'une de l'autre dans les planches de chêne qui ont été percées d'outre en outre; cela me fait espérer cent mètres de plus de portée.

CLAUDE.

Tu charges et tu tires?

ANTONIN.

En quatre secondes.

CLAUDE.

Voyons tes cartouches.

ANTONIN.

Voici. (Claude examine les cartouches, Antonin en déchire une et en montre le contenu à Claude.) Et voilà ce qui fait que deux cartouches ne pèsent pas plus qu'une. Et le fusil se trouve armé tout seul par le mécanisme qui le ferme.

CLAUDE.

Tu as trouvé.

ANTONIN.

Grâce à vous. Ah! je suis encore bien ignorant.

CLAUDE.

Travaille, tu arriveras. (Claude chargeant le fusil et se préparant à tirer par la fenêtre.) Voyons.

ANTONIN, l'arrêtant.

Ne tirez pas d'ici.

CLAUDE.

Pourquoi? C'est un désert. Il ne peut passer personne à deux lieues et dans la maison tout le monde y est habitué.

ANTONIN.

Madame Ruper est revenue, et le bruit lui fait peur.

CLAUDE, reposant l'arme dans un coin.

C'est autre chose. Je l'ai vue.

ANTONIN.

Quand cela?

CLAUDE.

Quand elle a quitté cette chambre tout à l'heure.

ANTONIN.

Pourquoi ne lui avez-vous rien dit?

CLAUDE.

Parce que je n'ai rien à lui dire. (Antonin reste soucieux.) A quoi penses-tu?

ANTONIN.

Je pense, mon cher maître, que je vais vous demander la permission de m'absenter, maintenant que j'ai fini ce travail.

CLAUDE.

Est-ce que tu as besoin de ma permission à ton âge?

ANTONIN.

Vous savez que je ne ferai jamais rien sans votre consentement.

CLAUDE.

Et où iras-tu?

ANTONIN.

A Paris.

CLAUDE.

Qu'est-ce que tu iras y faire?

ANTONIN.

J'irai demander une audience au ministre de la guerre et lui soumettre mon fusil si vous l'approuvez complètement.

CLAUDE.

A quoi bon te déranger? Tu éprouveras cette arme aux nouvelles expériences de tir que nous ferons avec le comité de l'artillerie. Ce ne sera pas long.

ANTONIN.

J'ai besoin d'un peu de mouvement.

CLAUDE.

Hier tu ne voulais plus bouger d'ici; tu t'y trouvais l'homme le plus heureux du monde! Et après avoir vu le ministre, tu reviendras?

ANTONIN.

Je ne crois pas, maître. Si vous me le permettez, je voudrais voyager pendant quelques mois, aller en Angleterre, en Amérique, étudier les travaux qui s'y font.

CLAUDE.

Les miens ne te suffisent pas? Et qu'est-ce que je deviendrai pendant ton absence, moi qui n'ai que toi pour me comprendre, m'aimer et m'aider?

ANTONIN, avec effusion.

Est-ce vrai?

CLAUDE.

Tu en doutes?

ANTONIN.

Oh! non! et je serais le plus à plaindre des hommes si je ne vous adorais pas après tout ce que vous avez fait pour moi. Car c'est votre mère et vous qui m'avez recueilli, nourri, instruit depuis dix ans, moi orphelin, vagabond, presque mendiant. Vous m'avez mis au collège, et voilà quatre ans déjà que vous m'avez associé à vos travaux. Ce que je suis je vous le dois; croyez-le bien, je vous adore et je vous vénère.

CLAUDE.

Et tu as des secrets.

ANTONIN.

Je n'ai pas de secrets.

CLAUDE.

Pourquoi pleures-tu alors?

ANTONIN.

Parce que je vous quitte.

ACTE PREMIER.

CLAUDE.

Pourquoi me quittes-tu?

ANTONIN, ne sachant plus que répondre.

Je suis bien malheureux.

CLAUDE.

Tant mieux. On ne saurait commencer trop tôt. A ton âge ce n'est qu'un exercice préparatoire; tu verras plus tard.

ANTONIN.

Et puis je suis nerveux, impressionnable.

CLAUDE.

Trop de misère dans la première enfance. Tu te referas peu à peu. Reste ici. J'ai besoin de toi et tu as besoin de l'air de ces montagnes. D'ailleurs l'espèce de chagrin que tu as ne se guérit pas par le changement de lieux. On l'emporte avec soi, on le rapporte tel qu'on l'a emporté, ou plutôt accru et fortifié par la distance, et lorsqu'on se retrouve en face de la personne qui cause cette préoccupation, on s'aperçoit qu'on a voyagé pour rien.

ANTONIN.

Que voulez-vous dire?

CLAUDE.

Tu aimes ma femme.

ANTONIN.

Qui vous fait supposer?

CLAUDE.

Je l'ai vu.

ANTONIN.

Oh! maître, n'est-ce pas qu'il faut que je parte et peut-être alors me pardonnerez-vous?

CLAUDE.

Je n'ai rien à te pardonner. Tu as vingt-deux ans!

C'est ta jeunesse qui aime, ce n'est pas toi. C'est de la femme d'un autre, de la femme de ton maître, de ton grand frère, que tu es épris; là est la douleur, parce que tu es un honnête homme; mais la douleur, crois-tu que ce soit chose inutile ou mauvaise? C'est un adversaire loyal qu'il n'y a besoin que de vaincre pour s'en faire un allié sûr, toujours prêt alors à vous préserver et à vous défendre. Vingt ans, une douleur comme celle-là, une âme comme la tienne et un ami comme moi, ce sont les armes d'Achille.

ANTONIN.

Vous riez de cela?

CLAUDE.

Tu appelles cela rire. Hélas! il y a longtemps que je ne ris plus. C'est cette femme que tu aimes qui a pour jamais fait expirer le rire sur mes lèvres; elle m'eût tué si je ne l'eusse vaincue et exterminée en moi! J'ai souffert pour nous deux, profites-en. Tu es trop jeune, trop croyant, trop tendre pour lutter contre cette femme qui a déjà dû deviner que tu l'aimes; je l'ai bien vu tout à l'heure, lorsqu'elle t'a tendu la main; c'est peut-être pour toi qu'elle est revenue ici tout à coup. Elle a toujours besoin de sensations nouvelles pour se faire croire à elle-même qu'elle vit, car elle est plus morte que ceux qu'elle a déjà fait mourir.

ANTONIN.

Mourir?

CLAUDE.

Oui, qu'elle a fait mourir dans leur âme, dans leur cœur, dans leur raison et jusque dans leurs os.

ANTONIN.

Pourquoi, puisqu'elle était si coupable, ne vous êtes-vous pas séparé de cette femme?

CLAUDE.

Tu ne l'aurais pas rencontrée, c'est vrai; mais, séparée de moi, elle eût emporté mon nom avec elle. Ce nom que j'avais reçu honorable et que je voulais laisser tel que je l'avais reçu, en l'illustrant si c'est possible, elle l'eût traîné publiquement dans toutes les boues, et je l'eusse retrouvé à chaque moment dans les scandales du monde. Ici, le toit de la vie privée la contient un peu et la garantit encore. Qui imprimerait un mot sur elle la diffamerait! Elle me ridiculise un peu plus, mais elle me salit un peu moins! Et puis j'ai longtemps espéré que je l'éclairerais! Rien. D'où viennent-elles, ces créatures particulières, inachevées pour ainsi dire, qui font le mal en souriant, en riant quelquefois, sans conscience avant, sans remords après? Sont-elles dans l'ordre naturel, comme quelques-uns l'affirment? Ce que nous appelons le mal n'est-il que le droit des natures puissantes, brisant des conventions sociales trop étroites pour elles? Le devoir, l'honneur, le travail, la pudeur, la famille, le triomphe de l'âme, la vertu, le beau, le bon et le bien, l'idéal en un mot, sont-ils rêves de fous, et faut-il lâcher les hommes et les femmes à travers la terre comme des troupeaux sauvages sans autre raison que l'instinct, sans autre loi que la passion, sans autre but que le plaisir? Je ne le crois pas, ni toi non plus, n'est-ce pas? Et voilà pourquoi je veux te sauver à ton tour. Il ne peut naître du sentiment que tu éprouves qu'une nouvelle infamie pour Césarine, qu'un malheur certain, irréparable peut-être pour toi. Arrête-toi, retourne-toi brusquement et regarde de l'autre côté! Allons, mon enfant, tu n'es pas de ceux qui croient que la plus grande douleur qui soit est celle qu'on a, vérité de l'égoïsme et des ténèbres! Il y a de plus grandes douleurs que les nôtres et nous traversons une époque où ceux qui veulent véritablement mériter le nom d'homme n'ont plus le droit de penser à eux seuls. Depuis deux ans, il n'y a plus de souffrances privées, il n'y a plus qu'une souffrance commune. Homme de vingt ans qui as peut-être encore quarante ans à vivre, que viens-tu nous parler de chagrin d'amour? C'était bon autrefois. Et ton Dieu qu'il te faut retrouver! et ta conscience qu'il te faut établir! Et ta patrie qu'il te faut refaire! Ont-ils le temps d'attendre que tu aies fini d'aimer et de gémir, ou bien vas-tu mourir sans avoir rien fait pour eux?

ANTONIN, se jetant à son col.

Oh! mon excellent maître!

CLAUDE, faisant un sacrifice intérieur.

Et plus tard, quand tu auras payé le tribut que tu dois, s'il te faut la famille pour récompense, rapproche-toi de Rébecca, fais-toi aimer d'elle; c'est l'épouse qui te convient.

ANTONIN.

Si vous lisez dans mon cœur, maître, moi je lis dans celui de Rébecca. Rébecca vous aime.

CLAUDE, voulant repousser cette idée.

Elle m'admire et elle me plaint; elle ne m'aime pas. D'ailleurs, qu'importe! je suis mort pour l'amour.

ANTONIN.

Maître, vous me jugez trop à votre mesure. Laissez-moi partir — ou bien alors donnez-moi une dernière preuve d'estime et de confiance.

CLAUDE.

Tu veux que je te dise ce que cette femme m'a fait et tu espères alors arriver à la haïr?

ANTONIN.

Vous devinez tout.

CLAUDE.

Je ne te dirai rien. De pareils récits ne sont permis qu'à la colère, à la vengeance, au désespoir, au cœur saignant

encore de la blessure qu'on lui a faite et répandant ses
confidences avec son sang. Je me suis tu alors même que
j'étais le plus irrité et le plus malheureux. Nul n'a jamais
su, nul ne saura jamais, par moi, ce que cette femme
m'a fait, quelles luttes j'ai soutenues, quelles victoires
j'ai remportées.

ANTONIN.

Vous avez pardonné.

CLAUDE.

J'ai effacé. Je ne me rappelle plus, je ne veux plus me
rappeler ce qui fut écrit un moment sur cette page de ma
vie, et connaissant ton secret, tu es le dernier à qui je
dirais celui de Césarine. Je veux que, comme moi, tu
doives ta délivrance à ta volonté, seulement tu auras
moins d'efforts que moi à faire, puisque tu es libre et
averti. Laisse passer la femme de Claude : ne te mets pas
sur sa route. Elle déshonore ou elle tue, entre deux sourires; c'est une colère de Dieu. Voilà ce que tu dois savoir.
Mais comme tu mérites en effet, par ton travail, par ton
affection, par ta franchise, une preuve d'estime et de confiance, je vais t'en donner une (Il tire un manuscrit de sa
poche.), et le moment où je te la donne te la rendra plus
précieuse et plus sacrée encore. La solution du problème
que je cherchais, je l'ai trouvée, et voilà plusieurs jours
et plusieurs nuits que je passe à écrire ce mémoire
dans ses plus petits détails avec les caractères de l'al-
phabet particulier que toi et moi seuls connaissons. Seul
aussi avec moi tu connais le secret de ce coffre. (Il lui
remet une clef.) Va l'ouvrir. Enfermes-y ces papiers, je t'en
fais le gardien pendant ma vie, l'héritier et le metteur
en œuvre après ma mort, si je viens à mourir avant
d'avoir prouvé ce que j'y consigne. Et qu'importe maintenant que ma forme matérielle disparaisse si mon
esprit revit en toi! — Eh bien, as-tu besoin d'une autre
preuve de ma confiance?

ANTONIN, lui baisant la main.

Oh! mon père!

CLAUDE.

C'est dit, n'est-ce pas?

ANTONIN.

Oui, c'est dit.

EDMÉE, entrant.

Il y a là un étranger qui demande à parler à monsieur. Il vient pour acheter la maison.

CLAUDE.

Faites-le entrer.

EDMÉE.

Monsieur sait que madame est revenue?

CLAUDE.

Oui. Elle dort, sans doute?

EDMÉE.

Non, monsieur.

CLAUDE.

Eh bien, dites-lui qu'on vient pour l'achat de cette maison et que je la prie de descendre afin de donner à cet acquéreur les renseignements qu'il désire.

EDMÉE, à Cantagnac.

Entrez, monsieur.

SCÈNE IV

Les Mêmes, CANTAGNAC.

CANTAGNAC, entrant. Il a l'accent marseillais.

M. Ruper?

CLAUDE.

C'est moi, monsieur.

ACTE PREMIER.

CANTAGNAC.

Guillaume Cantagnac, ancien notaire, aujourd'hui à la tête d'une entreprise pour l'achat des propriétés et le développement de la grande culture. J'ai lu dans le *Moniteur des ventes* que vous voulez céder votre immeuble et les terres qui en dépendent, et comme je faisais justement un petit voyage d'agrément ou plutôt de distraction dans vos contrées, après un grand chagrin que je viens d'éprouver, j'ai voulu pousser jusque chez vous, non seulement pour voir la propriété que vous avez à vendre et me renseigner directement auprès de vous sur sa contenance, sa valeur, sa situation, ses avantages et ses désagréments, il y en a toujours quelques-uns, mais aussi pour voir le propriétaire, un des hommes sur lesquels tous les bons patriotes fondent le plus d'espérances. Monsieur Ruper, voulez-vous me permettre de vous serrer la main?

CLAUDE, lui donnant la main.

Monsieur...

CANTAGNAC.

Ah! monsieur, le pays a bien besoin d'hommes comme vous. Pauvre France! (Montrant Antonin.) Monsieur votre fils?...

CLAUDE.

D'adoption. Je n'ai que trente-quatre ans et il en a vingt-deux.

CANTAGNAC.

Oh! pardon!...

CLAUDE.

Je parais plus que mon âge, je le sais.

CANTAGNAC.

Le travail de tête fatigue beaucoup. Et le jeune homme travaille avec vous? Même carrière? A-t-il déjà inventé quelque chose?...

CLAUDE.

Oui, il a fait une très belle et très bonne invention.

CANTAGNAC.

Un petit canon aussi.

CLAUDE.

Un fusil.

CANTAGNAC.

Un fusil!... un petit fusil! Bravo, jeune homme; permettez-moi de vous serrer la main. Messieurs, je ne suis qu'un prosaïque notaire, et retiré encore; j'achète des maisons, je les démolis ou je les revends, je suis bien obscur, bien ignorant des grandes questions qui vous occupent, mais je puis vous affirmer que je prends le plus grand intérêt à vos travaux. Je donnerais la moitié, les trois quarts de ce que je possède pour que vous réussissiez; ma vie même, si elle n'était pas encore utile à quelqu'un. J'avais un fils, monsieur, un fils unique, grand, beau, et intelligent comme ce jeune homme. Ils me l'ont tué, la mère est devenue folle. (Essuyant ses yeux avec son mouchoir.) Pardon.

Claude et Antonin lui prenant la main.

CLAUDE, ému.

Pleurez, monsieur, vous êtes chez un ami.

CANTAGNAC.

Merci. Un ancien notaire, et les larmes, ça a l'air de ne pas aller ensemble, n'est-ce pas? Eh bien, ça va, je vous en réponds. Il y a trois ans, on m'appelait Gros Guillaume ou Roger Bontemps; je riais toujours, je me suis rattrapé, allez... (Il fait un grand effort pour ne pas pleurer, s'essuie une dernière fois le visage, pousse un soupir, serre la main de Claude fiévreusement et reprend.) Vous voulez vendre cette maison?

CLAUDE.

Oui.

CANTAGNAC.

Et toutes ses dépendances?

CLAUDE.

Oui.

CANTAGNAC.

Qui sont?

CLAUDE.

Cent cinquante hectares de bois et surtout de roches qui ne rapportent pas grand'chose. (A Antonin.) Où est le plan?... Va le chercher et envoie-le-moi.

Antonin sort.

CANTAGNAC.

Pourquoi vendez-vous?

CLAUDE.

Parce que j'ai besoin d'argent.

CANTAGNAC.

Hypothéquez.

CLAUDE.

C'est fait.

CANTAGNAC.

Diable! Eh bien, et votre découverte

CLAUDE.

Elle m'a endetté.

CANTAGNAC.

Naturellement. Et elle n'est pas aussi certaine que vous l'espérez?

CLAUDE

Si.

CANTAGNAC, prenant un journal dans son portefeuille.

Ah! c'est que je lisais, justement en venant, un long article où il est question de vous. L'auteur de cet article, intitulé *le Canon idéal*, constate le succès de l'expérience, et cherche à expliquer votre système. C'est bien français, ça!... Ah! nous sommes une drôle de nation. On devrait écrire sur nos murs :

> La parole est d'argent, mais le silence est d'or.
> Quiconque parlera sera puni de mort.

Et il ne resterait plus que le bourreau, et encore. Bref, ce monsieur prétend que vous n'avez pu obtenir ce résultat que par les essences et que vous avez résolu en apparence le problème de la projection à distance de la... (Il consulte son journal.) de la nitro-glycérine.

CLAUDE.

C'est possible.

CANTAGNAC.

Mais il ajoute que ce que vous avez obtenu dans une expérience unique, avec des projectiles préparés par vous seul et un canon chargé par vous-même, vous ne pourriez l'obtenir en campagne, et que vu les matières explosibles dont vous vous servez, le danger serait pour ceux qui seraient autour de vos pièces, et non pour ceux qui seraient en face. Il conclut en disant que d'ailleurs votre portée n'étant que de six mille mètres et les pièces de la marine tirant déjà à sept mille cinq cents, vos pièces à vous ne pourraient même pas être mises en batterie sous le feu régulier de l'artillerie ordinaire...

CLAUDE.

Ce monsieur a raison, ou plutôt il avait raison quand il a écrit son article, et je savais tout cela aussi bien que lui. Le problème à résoudre était justement de projeter à une distance plus ou moins grande des matières brisantes d'une force incalculable et irrésistible. Le problème insoluble, disait-on, est résolu aujourd'hui; c'est là mon secret. Restait la question de distance. Il me fallait au moins en effet huit mille cinq cents ou neuf mille mètres; je les ai, et maintenant, fussé-je entouré d'un million d'hommes, eussé-je devant moi une forteresse imprenable, la lutte ne peut guère durer plus de trois ou quatre heures.

CANTAGNAC, malgré lui.

C'est formidable. En effet, il n'y a pas d'armée, il n'y a pas de forteresses qui puissent résister à de pareils instruments.

CLAUDE.

Non...

CANTAGNAC.

Mais les autres nations se coaliseront.

CLAUDE.

Que m'importe, je vous le répète, le nombre d'adversaires!

CANTAGNAC.

Et que devient l'axiome éternel : Aimez-vous les uns les autres!

CLAUDE.

Je le répands avec mon canon.

CANTAGNAC.

En détruisant des millions d'hommes?

CLAUDE.

En détruisant la guerre. C'est la guerre qui est immorale, monstrueuse et impie, et non les moyens qu'on y emploie. Plus ces moyens seront terribles, plus l'entente deviendra facile. Du jour où les hommes pourront être détruits par centaines de mille non seulement sur les champs de bataille mais derrière leurs remparts, ils ne voudront plus risquer leur nationalité, leurs maisons, leur famille et eux-mêmes pour une cause presque toujours insignifiante ou déloyale. A l'heure qu'il est, tout homme qui réfléchit, tout homme qui croit qu'il faut que la loi divine ait cours sur la terre ne doit avoir qu'une préoccupation et qu'un but : connaître la vérité, la dire, et l'imposer par tous les moyens possibles, si on ne veut pas le croire. Moi qui ai déjà donné trop de temps à mes émotions personnelles, je jure que je ne vivrai plus un jour sans avoir devant les yeux le but vers lequel non seulement mon pays, mais le monde doit marcher, et quel que soit l'obstacle qui se place devant moi, je passerai dessus. C'en est fini de ceux qui s'amusent, qui jouissent ou qui nient. Le monde va être à ceux qui travaillent, qui veillent, qui se dominent et qui croient.

CANTAGNAC.

Ah! vous haïssez bien vos ennemis.

CLAUDE.

Vous vous trompez, monsieur, je ne hais personne. Si je croyais que mon pays s'autorisât de ma découverte pour déclarer une guerre injuste, je vous jure que j'anéantirais cette invention. Mais mon pays ne déclare pas de guerre injuste et ce n'est que pour faire prévaloir le droit que la France doit être munie de la force. Il lui est réservé d'être le plus grand apôtre de l'un, parce qu'elle a été la plus grande victime de l'autre.

CANTAGNAC.

Bravo, voilà qui est parlé ! Et vous croyez que je vais laisser un homme comme vous vendre la maison où il a découvert et trouvé le salut de son pays ? Une maison qui sera un jour un monument historique. Allons donc, vous ne me connaissez pas. Entre nous, vous tenez à cette maison que vous voulez vendre ?

CLAUDE.

Mon père et ma mère y sont morts, j'y suis né.

ACTE PREMIER.

CANTAGNAC.

Nous allons arranger ça. Je suis un brasseur d'affaires, moi; au fond, c'est mon élément. Je vous fais les fonds nécessaires; vous me donnez un quart dans les bénéfices, et je vous laisse toute la direction scientifique, à laquelle je ne comprendrais rien du reste. Vous ne me verrez même pas, mais je voudrais être pour quelque chose dans ce qui en résultera.

CLAUDE.

Merci, monsieur, et de tout mon cœur, mais c'est un dernier sacrifice à accomplir, je l'accomplirai. La proposition que vous me faites m'a été faite déjà par un excellent ami à moi, israélite en relation avec les plus grandes caisses du monde. J'ai refusé, je garde mon droit d'aînesse.

CANTAGNAC.

Je vous comprends, vous ne seriez pas ainsi, que vous ne seriez pas vous. N'en parlons plus. L'hypothèque est prise par un étranger?

CLAUDE.

Non, par madame Ruper, c'est une partie de sa dot. C'est pour cela que je désire que vous débattiez la question avec elle-même.

CANTAGNAC.

C'est bien; nous débattrons, dans vos intérêts.

RÉBECCA, entrant et remettant un papier à Claude.

Voici le plan.

CANTAGNAC, regardant Rébecca, à Claude.

Tiens, un ange!

RÉBECCA, à Claude, bas.

Elle est revenue!

CLAUDE.

Oui.

Rébecca ferme un moment les yeux et reprend sa physionomie ordinaire.

EDMÉE, rentrant, à Claude.

Madame voudrait causer un instant avec monsieur, avant de voir l'acquéreur.

CLAUDE.

Qu'elle vienne. (Edmée sort.) Rébecca, voulez-vous montrer d'abord la maison à M. Cantagnac?

CANTAGNAC.

C'est cela.

Ils sortent par une porte au moment où Césarine entre par une autre porte.

RÉBECCA, sortant avec Cantagnac.

Venez, monsieur.

SCÈNE V

CLAUDE, CÉSARINE.

CÉSARINE.

Vous êtes étonné de me revoir?

CLAUDE.

Vous savez bien que, de votre part, rien ne m'étonne.

CÉSARINE.

Je vous ai écrit une longue lettre pour expliquer la nécessité de ce départ subit, vous ne m'avez pas répondu.

CLAUDE.

Je n'ai pas reçu cette lettre.

CÉSARINE

Comment cela se fait-il?

CLAUDE.

Cela vient peut-être de ce qu'elle n'a jamais été écrite.

CÉSARINE.

Je vous affirme...

ACTE PREMIER.

CLAUDE.

C'est sans aucune importance.

CÉSARINE.

Et si je ne vous ai pas écrit de nouveau, c'est que je ne voulais vous donner ni une trop grande inquiétude ni une trop grande espérance.

CLAUDE.

Je ne comprends pas.

CÉSARINE.

J'étais en danger de mort.

CLAUDE.

Oh! ne faisons pas d'esprit.

CÉSARINE.

Vous ne seriez donc pas heureux que je mourusse?

CLAUDE.

Votre grand'mère, si vous étiez avec elle...

CÉSARINE.

J'étais avec elle.

CLAUDE.

Votre grand'mère aurait pu, aurait dû m'écrire.

CÉSARINE.

A quoi bon? vous ne seriez pas venu me voir.

CLAUDE.

Vous vous trompez.

CÉSARINE.

Et pourquoi seriez-vous venu?

CLAUDE.

Parce qu'au moment de mourir vous auriez pu avoir à faire des aveux ou des recommandations que vous n'auriez pu faire qu'à moi.

CÉSARINE.

Que supposez-vous donc?

CLAUDE.

Je ne suppose pas; je me souviens et je prévois.

CÉSARINE.

Alors vous ne m'en voulez pas d'être revenue?

CLAUDE.

Cette maison est autant à vous qu'à moi, et c'est même pour cela que je vous ai fait prier de descendre.

CÉSARINE.

Vous voulez vendre cette maison, m'a dit Edmée.

CLAUDE.

C'est devenu nécessaire.

CÉSARINE.

Pourquoi me chargez-vous de cette négociation?

CLAUDE.

Justement parce que vous y avez des intérêts. Nous sommes mariés sous le régime de la communauté. La moitié de tout ce que j'ai est à vous.

CÉSARINE.

Il y a longtemps que vous m'avez remboursé ma part et au delà.

CLAUDE.

Il me plaît que cela soit ainsi.

CÉSARINE.

Je n'ai besoin de rien, ma grand'mère vient de faire un gros héritage qu'elle a partagé avec moi. Voulez-vous me permettre une grande joie dont je ne suis pas digne, mais où vous n'aurez que plus de mérite? Laissez-moi vous prêter la somme dont vous avez besoin.

CLAUDE.

Je vous remercie.

CÉSARINE.

Je vous en supplie.

CLAUDE.

Inutile. Voici M. Cantagnac. (Cantagnac est entré, Claude présente Cantagnac à Césarine.) M. Cantagnac. (Il présente Césarine.) Madame Ruper. Je vous laisse ensemble; seulement je vous préviens, maître Cantagnac, que vous êtes mon hôte tant que vous restez dans ce pays, et que nous dînons à une heure comme les paysans. Je vais dire qu'on vous prépare une chambre.

Cantagnac salue. — Claude sort.

CANTAGNAC.

Trop de bontés, vraiment.

Claude.

SCÈNE IV

CÉSARINE, CANTAGNAC.

CANTAGNAC, revenant et regardant Césarine, à part.

Voilà le monstre... C'est bien cela. Il est charmant.

CÉSARINE.

Vous dites, monsieur ?

CANTAGNAC.

Rien, madame, seulement, en ma qualité d'homme d'argent, comme on dit, j'ai cru devoir, y ayant quelques dispositions, devenir un peu observateur, à la manière de Lavater, afin de ne pas payer le mal plus cher qu'il ne vaut; je me trompe rarement.

CÉSARINE.

Et mon caractère vous est déjà ainsi connu.

CANTAGNAC.

Oui.

CÉSARINE.

Renseignez-moi alors, monsieur, vous me rendrez un grand service. Car je vous assure qu'il y a des jours où je ne sais plus du tout à quoi m'en tenir sur moi, ce qui m'humilierait fort, si la sagesse antique n'avait avoué que ce qu'il y a de plus difficile est de se connaître soi-même.

CANTAGNAC.

Je vais vous éclairer, madame, si vous m'autorisez à être franc.

CÉSARINE.

Comment donc!

CANTAGNAC.

Rien de plus simple; votre physiologie entière tient dans ces quatre mots : Insoumise, frivole, féroce et vénale.

CÉSARINE.

Monsieur!

CANTAGNAC, s'assurant que personne ne peut l'entendre, plaçant les deux mains sur la table en regardant Césarine, et d'une voix de commandement qui n'a plus le moindre accent marseillais.

Combien voulez-vous pour me vendre secrètement l'invention de votre mari?

CÉSARINE.

Vous dites...

CANTAGNAC.

Je dis combien voulez-vous d'argent pour me vendre secrètement l'invention que votre mari vient de faire?

CÉSARINE, riant.

Quelle plaisanterie!

CANTAGNAC.

Je suis tout ce qu'il y a de plus sérieux, étant tout ce qu'il y a de plus occupé...

CÉSARINE.

Qui êtes-vous donc?

CANTAGNAC.

Pour vous parler ainsi? Je suis le sire de Cantagnac, l'agent modeste, mais passant pour assez malin, d'une société anonyme qui s'est fondée récemment au capital de plusieurs milliards, ma foi, pour l'exploitation à son profit, du travail, des idées, des inventions, des découvertes, bref, du génie des autres. Dès que nous voyons, apprenons ou sentons qu'une chose importante va naître chez n'importe quel peuple, nous intervenons, et par la persuasion, par l'argent, par la ruse, par la force, s'il le faut, nous nous emparons de ce dont nous avons besoin, résolus que nous sommes à devenir les arbitres du monde. Vous voyez tout de suite de quelle utilité nous est, dans l'état actuel des choses, une invention comme celle de M. Ruper.

CÉSARINE.

En un mot, vous me demandez une infamie?

CANTAGNAC.

Je vous propose une affaire.

CÉSARINE.

C'est votre dernier mot, monsieur?

CANTAGNAC.

L'avant-dernier tout au plus. (Césarine se lève pour sortir.) Où allez-vous?

CÉSARINE.

Je vais tout dire à mon mari, dont vous avez surpris la confiance sans doute par quelque comédie.

CANTAGNAC.

Ne faites pas ça, chère madame, vous le regretteriez éternellement. J'ai joué avec votre mari la comédie qu'il fallait, ayant reçu dans mes instructions d'essayer d'avoir par surprise, et pour rien, si c'était possible, son secret qui nous est indispensable, et sans lequel beaucoup d'autres acquisitions que nous avons déjà faites à très grands frais nous deviendraient complètement inutiles. D'après mes renseignements particuliers, je prévoyais qu'il n'y avait rien à faire avec votre mari; après avoir causé avec lui, j'en suis sûr. Non seulement c'est un homme de talent, non seulement c'est un homme de cœur, mais c'est un homme de réserve et de circonspection, en ce qui concerne son art. Heureusement ces pauvres grands hommes, idéalistes et naïfs, subissent presque toujours la femme sous une forme ou sous une autre. Quand ils échappent à l'action féminine, ils sont inattaquables. Alors il faut employer les grands moyens... il faut les supprimer, et il est toujours pénible d'en arriver à ces extrémités-là. C'est rare, très rare; nous trouvons quatre-vingt-dix-neuf fois sur cent la femme qu'un grand magistrat recommandait de chercher.

CÉSARINE.

Ainsi, vous espérez me convaincre?

CANTAGNAC.

Vous, chère madame, nous n'avons même pas besoin de vous convaincre, puisque nous pouvons vous contraindre.

CÉSARINE.

Voyons comment.

CANTAGNAC.

Vous êtes la fille du baron et de la baronne de Fieradlen, ce qui, en allemand, veut dire des quatre aigles, car vous êtes de très vieille famille bavaroise. La légende dit qu'un de vos ancêtres devint porte-enseigne de César après la défaite d'Arioviste, et, depuis cette époque, il y a toujours un membre de votre famille qui s'appelle César comme votre père ou Césarine comme vous. De grandes alliances dans le passé font qu'au microscope on trouverait peut-être dans vos veines une goutte de sang royal, ce qui n'a pas peu contribué à vous faire croire que vous n'étiez pas semblable à tout le monde. Vous êtes née à Paris en 1848 ; votre père et votre mère divorcèrent de bonne heure, par la faute de votre mère qui avait quitté le domicile conjugal. Votre père était faible, léger, mais bon. Il aimait votre mère et ne pouvait l'oublier, malgré la loi qui lui avait permis le divorce ; il se mit à jouer et à boire. Votre grand'mère, sa mère à lui, s'était chargée de vous. A l'âge de quinze ans vous en paraissiez dix-huit. Vous étiez belle de cette beauté étrange, irritante, à laquelle un homme résiste difficilement, et je ne connais que moi qui en sois capable. Mais moi, je ne suis pas un homme, je suis une machine. Il est donc inutile de me regarder comme vous le faites. C'est du beau perdu. Vous annonciez déjà à cette époque la puissance qu'auraient vos charmes, car dans la colonie étrangère vous aviez une grande réputation d'originalité et de coquetterie. La vérité est que vous ne pouviez voir dans un salon un homme sans vouloir le rendre amoureux. Chez vous c'était un besoin, un instinct involontaire, invincible. Vous aviez, ce qui est plus fréquent qu'on ne le croit, la manie de l'amour. Cette folie particulière, bien connue aujourd'hui de la science, amena ce qu'elle devait fatalement amener. Un certain comte Amédée de Luceny en abusa, et, le 15 avril 1865, après avoir annoncé à toutes vos jeunes amies que vous partiez pour un petit voyage avec votre grand'maman, vous vous installiez le soir chez une madame Vauxblanc, rue Montorgueil, 19, au deuxième étage. Son nom est encore écrit aujourd'hui en lettres d'or au bas d'un grand tableau donnant sur la rue et représentant une jeune femme cueillant un baby tout nu que l'Amour, qui s'enfuit en riant, vient de déposer dans des roses. Trois mois après vous mettiez au monde un enfant du sexe masculin, déclaré père et mère inconnus à la mairie par Léonce Pentavoine, marchand de charbons, et Athanase Malandin, artiste capillaire, patentés tous deux, occupant les boutiques de la maison de la dame Vauxblanc, au-dessous du tableau allégorique. Suis-je bien renseigné, madame? S'il y a quelque erreur, veuillez me le dire.

CÉSARINE.

Continuez, monsieur.

CANTAGNAC.

M. de Luceny était marié; il ne pouvait donc réparer votre faute. Il s'agissait de vous trouver un mari, ce dont s'était chargée une vieille marquise de la Tour-Lagneau; c'est alors que M. Claude Ruper lui tomba sous la main. M. Ruper venait de perdre sa mère, morte ici, et ses amis l'avaient amené à Paris, la capitale des consolations, pour le distraire un peu de cette grande, très grande douleur, sa mère étant la seule femme qu'il eût aimée, qu'il eût regardée au milieu de ses arides travaux. Vous jouiez admirablement la douleur filiale si sincère chez Claude. Vous lui parliez de votre excellent père, il vous parlait de sa mère adorée, et de ces douleurs mises en commun, naquit l'amour, chez lui du moins, car, vous, vous n'aimerez jamais, quoi que vous fassiez. Vous êtes de ces femmes qui croient que l'homme n'est sur la terre que pour leur plaisir, leur garantie ou leur rachat; c'est une erreur. Le mariage eut lieu le 15 juillet 1867, deux ans, jour pour jour, après la naissance du jeune Amédée; on ne pouvait pas mieux célébrer cet anniversaire. Dans le cas, chère madame, où vous croiriez devoir informer votre mari de mes propositions, je lui ferais part, moi, de ce que je viens de vous dire.

CÉSARINE, d'un air d'ironie et de défi.

Il le sait.

CANTAGNAC.

Ah! ah! bien vrai?

CÉSARINE.

Demandez-le-lui.

CANTAGNAC.

Il n'en a jamais parlé à personne?

CÉSARINE.

Jamais.

CANTAGNAC.

C'est vous qui le lui avez avoué?

CÉSARINE.

On n'avoue ces choses-là que quand on ne peut faire autrement.

CANTAGNAC.

Une dénonciation, alors?

CÉSARINE.

Oui.

CANTAGNAC.

Et il vous a pardonné?

CÉSARINE.

Oui.

CANTAGNAC.

Alors c'était avec son autorisation que vous alliez voir l'enfant en nourrice à Saint-Mandé?

CÉSARINE.

Oui.

CANTAGNAC.

Il est vrai que vous n'en avez pas abusé. Vous n'y êtes allé que deux fois en trois ans, au bout desquels...

CÉSARINE.

Il est mort...

CANTAGNAC.

Cependant, le pardon de votre mari ne vous a garantie que pendant fort peu de temps.

CÉSARINE.

Parce qu'il ne pardonnait pas comme je voulais.

CANTAGNAC.

Peut-être aussi aviez-vous la faute trop exigeante? C'était pourtant assez joli d'avoir pardonné ça; il y a peu d'hommes à ma connaissance qui en auraient fait autant. Toujours est-il qu'après quelques mois d'une conduite relativement régulière, vous vous êtes rejetée dans des distractions telles que de méchantes langues, profitant du rapprochement que votre conduite et le petit nom de votre mari leur permettaient de faire avec un empereur romain et sa femme Messaline, qui a laissé une réputation assez mauvaise, même à Rome, vous ont surnommée *la Femme de Claude*, ce qui, selon eux, voulait tout dire. Ces distractions que nous connaissons dans tous leurs détails, votre mari les connaît-il aussi?

CÉSARINE.

Il les connaît.

CANTAGNAC.

Oh! oh! il a pardonné... toujours?...

CÉSARINE.

Non.

CANTAGNAC.

Il n'a fait que tolérer alors?...

CÉSARINE.

Oui.

CANTAGNAC.

Une pareille tolérance ne peut être que le fait d'un misérable, d'un imbécile ou d'un dieu.

CÉSARINE.

Ce n'est ni un imbécile, ni un misérable.

CANTAGNAC.

C'est donc un dieu. Combien y a-t-il de temps que vous avez reconnu cette divinité?

CÉSARINE.

Cinq minutes, peut-être.

CANTAGNAC.

Soit; mais, si M. Claude est un dieu, c'est un dieu dont nous avons intérêt à détruire la puissance. Les dieux sont quelquefois de trop sur la terre. Finissons-en donc. (Il se lève, consulte et feuillette des papiers tout en parlant.) Il y a trois mois, vous êtes partie d'ici sans dire, sans pouvoir dire à personne pourquoi vous partiez. M. Richard de Moncabré, qui habitait ce pays depuis quelque temps, très beau garçon, devait être du voyage, et comme vous le croyiez très riche, vous étiez disposée à quitter la France avec lui. Il a disparu subitement, et vous ne savez pas ce qu'il est devenu. Heureusement, il vous avait donné deux cent mille francs qui passent à cette heure pour partie d'un héritage que votre grand'mère aurait fait. Ces deux cent mille francs n'appartenaient pas à M. de Moncabré, lequel n'était qu'un de nos agents à qui nous avions donné l'ordre de se faire aimer de vous et de s'emparer ensuite, avec ladite somme, du secret de votre mari. Au lieu de suivre les instructions qu'il avait reçues, M. de Moncabré s'est épris réellement de votre personne, et vous a livré l'argent de la caisse sociale. Nous ne vous réclamons rien. L'amour intempestif et mal contenu de ce bellâtre pouvait avoir pour nous et pour vous les plus graves conséquences; car votre existence nous est précieuse et momentanément indispensable. Il la compromettait. D'où il est allé, il ne reviendra plus. Heureusement, vous, vous êtes saine et sauve, et l'idée que vous avez eue vous met encore plus à notre discrétion. Tout est bien qui finit bien. En arrivant à Paris, vous êtes descendue au Grand-Hôtel, où vous attendait la jolie petite comtesse de Terremonde, fille de la marquise de la Tour-Lagneau. Le lendemain vous étiez installée, sur ses renseignements, rue Neuve-Saint-Eustache, n° 36 (vous aimez ces quartiers-là), chez une madame Renard, et le 1er septembre à midi...

CÉSARINE, *l'arrêtant avec effroi.*

Assez! monsieur.

CANTAGNAC.

Cette fois, je crois que votre mari n'est pas au courant, et cette fois, je crois qu'il ne pardonnerait ni ne tolérerait. Son silence ne serait plus de la grandeur d'âme, mais une complicité dont il est incapable, et il vous remettrait lui-même entre les mains du procureur le plus voisin du gouvernement qui régit actuellement la France. Dans le cas où il ne le ferait pas, je le ferais, moi. Combien voulez-vous, chère madame, pour nous vendre le secret de M. Ruper?

CÉSARINE.

Vous exigez de moi un crime.

CANTAGNAC.

Ce sera le second. Le premier était à votre avantage, le second est au nôtre. Il ne faut pas être trop égoïste non plus.

CÉSARINE.

Mais de ce crime, monsieur, je revenais repentante et résolue au bien.

CANTAGNAC.

Vous vous repentirez de deux au lieu d'un, pendant que vous y serez, et vos résolutions n'en seront que meilleures et plus solides, et elles vont, peut-être d'ailleurs vous servir tout de suite, si vous pouvez convaincre votre mari que votre amour vaut mieux que la gloire, et si vous pouvez le décider à partir et à me céder son invention; mais je doute que vous réussissiez. Vous pourrez alors vous rejeter sur Antonin, qui est jeune, inexpérimenté, faible, qui vous aime passionnément et qui a la clef de ce coffre et celle des caractères particuliers qui ont servi à écrire le mémoire que ce coffre renferme.

CÉSARINE.

Comment savez-vous tout cela?

CANTAGNAC.

Nous sommes ceux qui savent tout.

CÉSARINE.

Alors, vous savez que vous faites un abominable métier, monsieur.

CANTAGNAC.

Je sais que chacun sert ses intérêts comme il croit bon de le faire. Je sais que les femmes qui ne veulent suivre que leurs instincts et leurs fantaisies finissent par se heurter contre des situations qu'elles ne peuvent plus dominer, surtout quand, comme aujourd'hui, le monde fictif qui les couvrait s'écroule de toutes parts. Je sais que vous vous êtes crue et déclarée libre, comme tant d'autres, et qu'il n'y a pas de femmes libres. Il y a des mères, des épouses et des vierges, vous n'avez su être ni vierge, ni épouse, ni mère, vous n'êtes plus rien qu'un instrument à la disposition de ceux qui savent s'en servir. Il fallait être une honnête femme, madame, je n'aurais pas de prise sur vous. Vous avez mieux aimé être dona Juana, je suis la statue du Commandeur, et maintenant que je vous tiens, vous ne m'échapperez pas; — il faut que ce que je vous ai dit soit. Sur ce, je vais informer immédiatement notre conseil d'administration que nous sommes d'accord en principe. Quant au prix qui vous sera alloué en échange du service que vous allez nous rendre, nous le discuterons et le réglerons quand vous serez un peu remise de votre émotion, et, soyez tranquille, belle Tarpeïa, nous ne vous écraserons pas sous les boucliers des soldats de Tatius ; nous ne sommes pas des barbares. (A haute voix en reprenant son accent marseillais). A tantôt, chère madame Ruper, à tantôt !

Il sort.

SCÈNE VII

CÉSARINE, seule.

Voilà l'abime. Pourquoi suis-je revenue ici ? Mais cet homme me suivait depuis longtemps ; je ne pouvais lui échapper. Il faut que Claude me sauve ou que je le perde. S'il voulait s'y prêter un peu, comme nous le mettrions dedans, ce faux Marseillais ! La partie est terrible, mais belle à gagner, et digne de moi après tout. Si je me servais de Rébecca ?... Peut-être... Et puis Antonin n'est-il pas là ? — Et après, mon Dieu, je fais le vœu bien sincère de n'avoir plus rien à me reprocher.

ACTE DEUXIÈME

Même décor.

SCÈNE PREMIÈRE

CÉSARINE, CANTAGNAC, CLAUDE, RÉBECCA, DANIEL, EDMÉE, ANTONIN.

On sort de table. — Césarine entre en scène donnant le bras à Cantagnac. — Claude à Rébecca. — Daniel cause avec Antonin.

CÉSARINE, après avoir quitté cérémonieusement le bras de Cantagnac, à Edmée qui apporte le plateau avec le café et les liqueurs.

Place le café là ! (Bas, tout en préparant les tasses.) Tu as parlé ?

EDMÉE.

A qui ?

CÉSARINE, montrant Cantagnac.

A cet homme.

EDMÉE.

De quoi ?

CÉSARINE.

De moi. (Elle renverse volontairement une tasse sur la table.) Ah ! va me chercher une autre tasse. (A Rébecca.) Voyez comme je suis maladroite, c'est parce que vous ne m'aidez pas.

Elle regarde si Cantagnac et Edmée échangent un regard.
Edmée passe sans regarder Cantagnac.

RÉBECCA.

Tout à votre service, puisque vous le permettez, madame.

CÉSARINE.

Je vous en prie. Vous vous acquittiez trop bien de ce soin en mon absence pour que je n'use pas encore un peu de vous quand je suis là. Je ne reprends même mes fonctions de maîtresse de maison que pour vous reposer un peu. (Edmée rapporte la tasse sans avoir regardé du côté de Cantagnac. — A part.) Rien, pas le moindre signe.

EDMÉE.

Vous savez que je ne comprends pas du tout ce que vous voulez me dire.

CÉSARINE.

Tu n'as jamais vu cet homme avant aujourd'hui?

EDMÉE.

Jamais! Où l'aurais-je vu?

CÉSARINE.

Je n'en sais rien, c'est pour cela que je te le demande. Enfin il ne t'a pas questionnée sur moi.

EDMÉE.

Non.

CÉSARINE.

Tu ne lui as pas dit un seul mot en cachette? Tu ne lui as pas écrit? Tu n'as eu aucune communication d'aucun genre, avec lui, à mon sujet?

EDMÉE.

Aucune.

CÉSARINE.

Ta parole?

EDMÉE.

Ma parole.

CÉSARINE.

Laquelle?

ACTE DEUXIÈME.

EDMÉE.

Celle qui ne sert qu'à vous.

CÉSARINE.

Il sait cependant des choses qu'il ne peut pas avoir devinées, que je ne savais pas moi-même, des choses qui ont été dites entre Claude et Antonin, sans témoins.

EDMÉE.

Alors, comment les saurais-je?

CÉSARINE.

En écoutant aux portes comme tu fais toujours.

EDMÉE.

Vous vous défiez de moi?

CÉSARINE.

Un peu. Si tu as parlé, je ne t'en voudrai pas, mais dis-le-moi. La situation est très grave, et j'ai besoin de savoir à quoi m'en tenir.

EDMÉE.

Je n'ai rien dit.

CÉSARINE.

C'est bien, va.

Edmée sort. — Césarine regarde dans la glace.

EDMÉE, en sortant.

Elle me regarde dans la glace.

CÉSARINE, à part.

Rien ! (A Daniel.) Du café?

DANIEL, acceptant.

Merci.

CÉSARINE.

Qu'est-ce qu'a donc mademoiselle Rébecca? Elle paraît triste.

DANIEL.

C'est tout naturel, au moment de partir, peut-être pour toujours.

CÉSARINE.

Vous partez?

DANIEL.

Oui.

CÉSARINE.

Quand?

DANIEL.

Ce soir, nous ne voulions pas partir sans vous dire adieu, et maintenant que nous vous avons vue en bonne santé, que nous vous avons serré la main et remerciée de votre bonne hospitalité, nous nous en allons à nos affaires qui ne sont pas près d'ici.

CÉSARINE.

Où allez-vous?

DANIEL.

Toujours tout droit, du côté de l'Orient.

CÉSARINE.

Ah! mon Dieu, c'est de la folie d'emmener cette jeune fille avec vous. Et tout cela pour la science?

DANIEL.

Pour la science.

CÉSARINE.

C'est donc bien amusant de savoir?

DANIEL.

Il n'y a même que cela d'amusant.

CÉSARINE.

Laissez votre fille ici.

DANIEL.

Où cela?

CÉSARINE.

Chez nous.

DANIEL.

Si elle veut. (Appelant.) Rébecca!

RÉBECCA

Mon père?

DANIEL.

Voici madame qui m'offre de te garder ici pendant le voyage que je vais faire. Claude est mon plus ancien ami, et du moment que sa femme est consentante, si tu aimes mieux rester en France, ne te gêne pas.

RÉBECCA.

Merci, madame, je pars avec mon père.

CÉSARINE.

Pourquoi?

RÉBECCA.

Parce que je ne veux pas le laisser seul; je ne le quitterai jamais.

DANIEL, l'embrassant.

Chère enfant! (Elle s'éloigne.) Elle ne veut même pas se marier. Je lui avais trouvé un garçon charmant, qui l'adorait, un israélite comme nous, dans une position excellente, qui a fait cet hiver des conférences remarquables sur la grosse question de l'unité des espèces et de l'inégalité des races. Ce garçon-là sera un jour professeur au Muséum. Elle n'a pas voulu.

CÉSARINE.

Ce n'est pas trop amusant de vivre toujours avec des bêtes.

DANIEL.

Oh! empaillées!

CÉSARINE.

Elle a peut-être un petit amour dans le cœur.

DANIEL.

C'est possible.

CÉSARINE.

Eh bien, moi, je crois connaître celui qu'elle aime.

DANIEL.

Elle vous l'a dit à vous, et pas à moi, cela m'étonne bien.

CÉSARINE.

Elle ne m'a rien dit, j'ai deviné.

DANIEL.

C'est autre chose.

CÉSARINE.

Et si vous voulez savoir le nom de cet homme...

DANIEL.

Merci.

CÉSARINE.

J'ai donc trouvé une chose que je sais mieux que vous et que vous ne tenez pas à savoir.

DANIEL.

Si elle ne me l'a pas dit, c'est qu'elle ne veut pas que je le sache.

CÉSARINE.

Mais si elle le lui a dit à lui?

DANIEL.

Non. Elle ne le dirait pas à l'un sans l'avoir dit à l'autre, et elle commencerait par moi.

CÉSARINE.

Vous avez en elle une grande confiance?

DANIEL.

Illimitée.

CÉSARINE.

Il n'y a pas beaucoup de pères comme vous.

DANIEL.

Ni beaucoup de filles comme elle. Je crois qu'on se trompe sur la manière d'élever les filles. Il faut leur dire la vérité sur toutes choses, comme à des hommes. L'ignorance où on les laisse provient souvent de ce que les parents eux-mêmes ne savent pas les causes et les fins des choses, ou qu'ils n'ont pas le temps, ou qu'ils ont perdu, dans leurs propres passions ou leurs propres erreurs, le droit de parler de tout à leurs enfants. Ma femme était la plus honnête personne de la terre; moi, je suis un très honnête homme. Notre fille procède de nous. Lorsque Rébecca a été en âge de comprendre, je lui ai ouvert tout grand le livre de la nature et je le lui ai expliqué simplement, loyalement. Tout ce que Dieu a fait est noble; et il n'y a pas une âme humaine, même l'âme d'une vierge, qui ait le droit de s'en choquer. J'ai admis Rébecca à mes travaux : elle sait que rien ne peut être détruit, que tout se transforme, et que ce qui est ne peut cesser d'être, excepté le mal qui doit aller toujours en diminuant. Si ma fille aime, comme vous le supposez, chère madame, elle n'aime qu'un homme honnête et digne d'être aimé par elle; si elle ne m'a pas parlé de cet amour, c'est qu'il y a un obstacle quelconque : soit que cet homme ne l'aime pas, soit qu'il appartienne à une autre femme. En tout cas, l'obstacle doit être insurmontable puisqu'elle part avec moi, et pour quels pays, et pour quelles fatigues, et pour quelles recherches!

CANTAGNAC, qui s'est approché peu à peu.

Vous allez donc très loin, monsieur?

DANIEL.

Oui.

CANTAGNAC.

C'est dans un but scientifique que vous vous expatriez?

DANIEL.

Oui.

CANTAGNAC.

Peut-on le connaître?

DANIEL.

Ce n'est peut-être pas bien intéressant pour vous.

CANTAGNAC.

Il y a plus de choses qu'on ne croit qui m'intéressent, n'est-ce pas, madame?

CÉSARINE.

C'est vrai, monsieur, sait beaucoup de choses aussi, lui.

CANTAGNAC.

J'ai tant de loisirs.

DANIEL.

Eh bien, la science a cela d'admirable, de divin, je dirai même, que lorsqu'on s'est mis à étudier un point quelconque des harmonies naturelles, le cercle s'élargit tellement peu à peu, qu'il finit par embrasser l'universalité des choses. Ainsi de l'étude des espèces végétales à laquelle je croyais me borner, je suis entré dans l'étude des espèces animales, puis dans l'étude de l'espèce humaine à laquelle nous appartenons, soit que nous ayons pour premier générateur le singe, comme le veut Darwin, grand homme, messieurs, soit que nous ayons pour premier père Adam, comme le veut Moïse, plus grand homme, je crois. En un mot, des questions de science j'ai passé aux questions de conscience, et il m'est venu une idée, qui tourmente plus d'un de notre race, c'est de combler les lacunes de notre tradition et de rattacher notre présent et notre avenir à notre passé. Lorsque Cyrus... (Cantagnac s'est assis et commence à ronfler.) M. Cantagnac dort déjà, ne le réveillons pas, éloignons-nous même.

CANTAGNAC, à lui-même.

Je t'écoute, fils d'Israël. Cela m'intéresse plus que tu ne crois.

CÉSARINE, railleuse.

Allez, monsieur Daniel. Nous étions à Cyrus.

DANIEL.

Lorsque Cyrus permit aux Israélites de retourner en Palestine, seule la tribu de Juda reparut, car il ne faut pas compter quelques débris de celle de Benjamin. Les onze tribus d'Éphraïm ne furent pas recomposées, que sont-elles devenues? Où sont-elles? Les uns les veulent en Asie, d'autres parlent de l'Abyssinie, ou d'une oasis du centre de l'Afrique et voilà que les Mormons s'en prétendent issus, affirmant qu'elles ont abordé en masse en Amérique, bien avant la découverte de Colomb. Eh bien, je crois, après de grandes recherches, que je sais enfin la vérité sur ce sujet et que je suis peut-être appelé à reconquérir notre patrie. Nous sommes dans une époque où chaque race a résolu de revendiquer et d'avoir bien à elle son sol, son foyer, sa langue et son temple. Il y a assez longtemps que nous autres Israélites, nous sommes dépossédés de tout cela. Nous avons été forcés de nous glisser dans les interstices des nations, d'où nous avons pénétré dans les intérêts des gouvernements, des sociétés, des individus. C'est beaucoup, ce n'est pas assez. On croit encore que la persécution nous a dispersés, elle nous a répandus; et nous tenant par la main nous formons aujourd'hui un filet dans lequel le monde pourrait bien se trouver pris le jour où il lui viendrait à l'idée de nous redevenir hostile ou de se déclarer ingrat. En attendant, nous ne voulons plus être un groupe, nous voulons être un peuple, plus qu'un peuple, une nation. La patrie idéale ne nous suffit plus, la patrie fixe et territoriale nous est redevenue nécessaire et je pars pour chercher et lever notre acte de naissance légalisé. J'ai donc chance de voir du pays et d'aller de la Chine au lac Salé, et du lac Salé au grand Sahara. Chacun son idéal ou sa folie. Que Celui qui est nous conduise, et comme nous disons depuis des siècles dans nos jours de fête : l'année prochaine à Jérusalem.

CÉSARINE, toujours railleuse.

Ce qui m'étonne, monsieur Daniel, c'est que le Juif errant, qui était condamné à marcher toujours, n'ait pas eu cette idée avant vous.

DANIEL.

Il n'avait que cinq sous, madame, et ne pouvait ni prêter, avant, aux rois sûrs de vaincre, ni prêter, après, aux peuples étonnés d'être vaincus. Mais ces cinq sous ont fructifié, grâce à beaucoup de patience, de privations et d'économie. La légende est réalisée et la complainte est finie. Le Juif errant ne marche plus, il est arrivé. (A Claude.) Qu'en pensez-vous, enfant de l'Europe, heureux fils de Japhet ? Je vais voir le vieux Sem et le vieux Cham. Avez-vous un souvenir à leur envoyer ou une promesse à leur faire ?

CLAUDE.

Dites-leur que nous travaillons et que nous ne ferons bientôt plus comme autrefois qu'une seule et même famille.

CANTAGNAC, à lui-même.

Si la France avait beaucoup d'enfants comme ces deux hommes, et si Claude avait épousé cette jeune fille au lieu d'épouser cette donzelle, je m'en retournerais les mains vides. Heureusement la Providence en décide autrement. Nous la remercierons publiquement en temps et lieu.

Jusque-là, maître Daniel, apôtre amateur, comme tu peux être dangereux ou utile, je vais mettre un de nos agents à tes trousses, et si tu rebâtis Jérusalem, je sais bien qui sera le portier du temple.

<small>Il se met à écrire.</small>

CÉSARINE, à Rébecca.

Mademoiselle Rébecca, offrez donc de l'eau-de-vie à monsieur Cantagnac.

CANTAGNAC, à part.

Tu peux me faire boire tant que voudras, je ne me grise plus depuis longtemps. (A Rébecca qui le sert.) Merci, mademoiselle.

<small>Il continue d'écrire.</small>

RÉBECCA, à Daniel.

Mon père, veux-tu venir causer un moment avec moi? j'ai quelque chose à te dire.

DANIEL.

Qu'est-ce que c'est?

<small>Ils s'éloignent.</small>

CÉSARINE, à Antonin.

Vous savez que je veux conspirer avec vous?

ANTONIN.

Contre qui?

CÉSARINE.

Contre mon mari.

ANTONIN.

Je vous préviens, madame, que je vous trahirai.

CÉSARINE.

Tant pis pour lui, alors, car c'est dans son intérêt que je conspire.

ANTONIN.

Alors, madame, je suis tout à vous.

CÉSARINE.

Êtes-vous capable de garder un secret?

ANTONIN.

Je le crois.

CÉSARINE.

Le vôtre, c'est possible.

ANTONIN.

Moins bien peut-être que celui d'un autre.

CÉSARINE.

Je vais vous dire de quoi il est question ; donnez-moi seulement votre parole d'honneur que si ma combinaison ne vous agrée pas, vous n'en direz rien à personne... à personne.

ANTONIN.

Je vous donne ma parole.

CÉSARINE.

Je ne veux pas que M. Ruper vende cette maison. Ce serait pour lui un plus grand chagrin qu'il ne le croit. Ses plus chers souvenirs sont ici. Et puis, quel déplacement dangereux pour ses travaux! Je suis allée à Paris pour recueillir un héritage qui me met à même de lui rendre service. Je veux lui prêter la somme nécessaire, mais je crains qu'il ne veuille rien accepter de moi.

ANTONIN.

Excès de délicatesse bien compréhensible.

CÉSARINE.

Excès de justice bien cruelle. Le plus grand châtiment qu'on puisse infliger à ceux qui ont fait le mal, c'est de leur refuser, quand ils se repentent, la joie de faire le bien.

ANTONIN.

Vous avez donc fait du mal?

ACTE DEUXIÈME.

CÉSARINE.

Beaucoup. Tout le monde n'a pas le génie comme lui ou la force de résister comme vous, par exemple.

ANTONIN.

Comme moi?

CÉSARINE.

Oui; niez-vous que vous ayez soutenu, que vous souteniez en ce moment une grande lutte avec vous-même?

ANTONIN.

Madame.

CÉSARINE.

Enfant! Vous aviez raison quand vous disiez tout à l'heure que vous pouviez mieux garder le secret d'un autre que vôtre propre secret. Est-ce que les yeux d'un honnête garçon comme vous peuvent tromper les yeux d'une méchante femme comme moi? Je vous remercie de l'effort que vous avez fait et du silence que votre bouche a gardé. N'importe, cet héritage qui me forçait à partir est bien arrivé : il était temps que je partisse. (Mouvement d'Antonin.) Eh bien, quoi, nos deux cœurs ont un secret que nous ne nous sommes pas dit, que nous ne nous dirons pas. Quel mal y a-t-il à cela? Je vous dois les dernières impressions que j'aurai eues. Qui avait le droit de m'empêcher de les ressentir? Voulez-vous me les reprocher? soit; vous ne pouvez pas me les reprendre. Elles sont à moi. Vous les ai-je dites? Si, de votre côté, vous me devez les premiers battements de votre cœur, si je vous ai troublé dans votre jeunesse et dans votre innocence, est-ce ma faute? Ai-je fait quelque chose à mauvaise intention? Si je suis fière de ce sentiment pur et respectueux, s'il contribue à me rendre meilleure, si je lutte contre les entraînements de ma nature et si je triomphe, où est le mal? Oh! cette Rébecca, que ne suis-je à sa place! Voyons et venons au se

cret que nous pouvons nous dire. Je veux être de moitié
avec vous, dans une bonne action, cela m'en fera faire
d'autres. Ce n'est pas la première. Je vous raconterai ma
vie un jour ; vous verrez, il y a beaucoup de mauvais,
mais enfin ! il y a un peu de bon, un tout petit peu ;
nous allons l'augmenter tant que nous pourrons, voulez-vous ? Et c'est ce bon et honnête homme qui en
profitera.

ANTONIN, sous le charme.

Tout ce que vous voudrez avec cette voix-là.

CÉSARINE.

Tout ? Et moi, tout ce qu'il me reste à vivre pour un
jour de votre jeunesse, de vos illusions et de votre conscience. Enfin ! j'ai deux cent mille francs, là, dans un
petit portefeuille, en une lettre de crédit. C'est mon héritage, c'est tout ce que j'ai, prenez-les.

Elle lui montre le portefeuille.

ANTONIN.

Qu'est-ce que vous voulez que j'en fasse ?

CÉSARINE.

Je veux que vous les serriez quelque part où je ne
puisse pas les reprendre. Je me connais, j'ai une bonne
pensée aujourd'hui, demain j'en aurai une autre. J'en-
tamerai cette somme et je ne pourrai plus en faire l'emploi que je dois en faire. J'obtiendrai de M. Ruper qu'il
accepte de moi le service que je veux lui rendre. Ce sera
peut-être long ; jusque-là gardez-moi cet argent ; cela
ne vous compromettra pas beaucoup.

ANTONIN.

Vous êtes une étrange femme.

CÉSARINE.

Je suis tout bonnement une femme, c'est-à-dire une
créature faible, ignorante, malheureuse et bête, voilà le
mot, et la preuve, c'est que si j'ai fait du mal à d'autres,

ACTE DEUXIÈME.

ce n'est rien à côté de celui que je me suis fait à moi-même. Où allez-vous enfermer ça?

ANTONIN.

Ici.

Il montre le coffre.

CÉSARINE.

Il ferme bien, ce coffre?

ANTONIN.

Soyez tranquille.

CÉSARINE.

C'est encore une de mes faiblesses : j'ai peur des voleurs.

ANTONIN.

Il n'y a pas de voleurs possibles avec ce coffre-là; c'est nous qui l'avons fait.

CÉSARINE.

Vous connaissez le secret qui l'ouvre?

ANTONIN.

Oui; mais je ne peux pas vous le dire.

CÉSARINE.

Je n'ai aucun besoin de le connaître; au contraire, puisque je veux que cet argent soit en un lieu où je ne puisse pas le reprendre.

ANTONIN.

Cependant, si je mourais?

CÉSARINE.

D'ici à deux jours?

ANTONIN.

Cela peut arriver.

CÉSARINE.

Mon nom est sur la lettre de crédit. Je dirais tout

simplement ce qui en est à mon mari, en cas de malheur, et il me rendrait mon bien.

ANTONIN.

C'est juste.

CÉSARINE.

Merci, je suis aussi heureuse que je puis l'être. (Le regardant s'éloigner.) L'homme est faible. Le paradis est toujours à perdre.

CANTAGNAC, à Antonin dont il s'est approché au moment où il fermait le coffre.

Est-ce que vous seriez assez bon pour me faire porter cette lettre à la poste ?

ANTONIN.

Volontiers, monsieur, c'est justement l'heure où le messager passe.

Il s'éloigne.

CANTAGNAC, à Césarine.

Eh bien, avons-nous déjà ouvert notre tranchée ?

CÉSARINE, lui montrant Antonin, à mi-voix.

N'avez-vous pas vu ce qu'Antonin vient de faire ?

CANTAGNAC.

Si.

CÉSARINE.

C'est moi qui suis entrée dans la place.

CANTAGNAC.

Mais il a fermé la porte sur vous.

CÉSARINE.

J'ai une clef pour en sortir.

CANTAGNAC, voyant rentrer Claude.

Votre eau-de-vie est excellente.

CÉSARINE, lui en offrant un verre.

En voulez-vous encore ?

CANTAGNAC.

Tant que vous voudrez. Je descends de Mithridate comme M. Daniel d'Abraham. Je ne crains pas les poisons.

CLAUDE, à Daniel, qui était sorti et qui rentre.

Ainsi tu pars?

DANIEL.

Plus que jamais.

CLAUDE.

J'étais si heureux de t'avoir près de moi! Qu'y a-t-il? Tu parais ému.

DANIEL, lui serrant la main.

Rébecca t'expliquera cela. C'est une bonne chose d'être des honnêtes gens et de s'estimer comme nous le faisons..

Pendant ce temps, Cantagnac s'est rapproché peu à peu du fusil d'Antonin qui est dans un coin de la chambre et il l'a pris et examiné.

RÉBECCA, qui l'a suivi des yeux et qui s'est approchée de lui.

Ce fusil est chargé, monsieur, prenez garde.

CANTAGNAC.

C'est une arme d'un système nouveau?

RÉBECCA, reprenant le fusil.

Tout nouveau.

CANTAGNAC.

Comme vous maniez cela, mademoiselle!

RÉBECCA.

Quand on va partir pour la recherche des onze tribus d'Éphraïm... Et puis l'habitude...

CANTAGNAC.

Est-ce que vous avez porté les armes pendant la dernière guerre?

RÉBECCA.

Non; mais j'ai soigné et guéri quelquefois ceux qui les portaient.

CANTAGNAC.

Tous mes compliments.

RÉBECCA.

Merci, monsieur.

Elle a replacé le fusil où il était.

CANTAGNAC, à Césarine.

Le fusil du petit est compris dans l'affaire, bien entendu?

CÉSARINE, fiévreuse.

Tout est compris, soyez tranquille. Le canon, le fusil, le petit, moi, l'honneur et la vie de tout le monde. S'il y a encore quelque chose dans la maison qui vous convient, dites-le. (A part.) Ah! je suis malade.

Elle va se mettre à l'air sans quitter le théâtre. Vers le milieu du couplet de Rébecca, après avoir longtemps regardé en silence Claude et sans pouvoir deviner ce qu'ils se disent, mais avec inquiétude et agitation, elle commence l'air de Medjé (de Gounod) en s'accompagnant de la voix sans paroles distinctes. — Claude n'écoute que Rébecca et se plonge dans ses réflexions. — Il faut qu'on sente dans les vibrations sourdes de la voix de Césarine toute la nature de cette femme, en opposition avec l'âme de Rébecca qui chante, pour ainsi dire, à l'âme de Claude tout ce qu'elle contient de plus pur.

RÉBECCA.

Vous autres grands esprits, vous riez de nos pressentiments, à nous autres femmes. Cependant il est certain que nous en avons et je vous dis avant de vous quitter : Défiez-vous de cet homme. (Elle montre Cantagnac.) Je suis sûre qu'il vous veut du mal.

CLAUDE.

Qui vous le fait croire ?

RÉBECCA.

Je le sens.

ACTE DEUXIÈME.

CLAUDE.

Alors restez ici, vous protégerez la maison.

RÉBECCA.

Non, je partirai ce soir.

CLAUDE.

Vous dites : « Je partirai »; c'est donc bien vous qui voulez partir?

RÉBECCA.

C'est moi.

CLAUDE.

Et Antonin?

RÉBECCA.

Jamais. Il n'y a dans le monde entier que deux hommes pour moi; mon père à qui je dois tout dire, vous à qui je puis tout avouer. Mon père sait depuis dix minutes pourquoi je veux partir, je n'aurais pas pu vous le dire sans cela et je veux que vous le sachiez aussi. Je vous aime comme je ne crois pas qu'une femme ait jamais aimé. Je vous aime parce que vous êtes grand, parce que vous êtes juste, parce que vous êtes malheureux et bon. Il n'existe pas pour moi d'homme supérieur à vous, et vous serez un jour le premier de votre pays, à qui vous aurez tout sacrifié, à qui vous devez tout sacrifier. Si vous aviez été libre, j'aurais été votre femme, votre compagne, votre repos du septième jour, la mère des enfants qui devraient être là, en échange desquels Dieu vous donne le génie et la gloire, ces enfants immortels. Mais si je ne suis pas votre femme dans le temps, je sais que je la dois être dans l'éternité. Quand la mort nous aura dégagés, vous des liens, moi des soumissions terrestres, vous me trouverez, fiancée patiente et immatérielle, vous attendant au seuil de ce qu'on appelle l'Inconnu et nous nous unirons dans l'Infini. Ma religion n'autorise pas de pareilles espérances, mon cœur la dépasse et je sais que cela sera ainsi. (Elle regarde du côté de Césarine.) Cette femme ne vous a pas compris. Elle a passé à côté du plus grand bonheur que puisse connaître une femme en ce monde : l'amour d'un cœur loyal et la protection d'un grand esprit. Vous l'avez aimée, vous l'aimez peut-être encore, malgré vous, voilà pourquoi vous ne me verrez plus jamais sous la forme que j'ai à cette heure. Fussiez-vous libre demain, je ne viendrais pas à vous et ne vous laisserais pas venir à moi : mon royaume n'est plus de ce monde; je suis l'épouse de la seconde vie. Travaillez, soyez grand, soyez utile, soyez glorifié; je vous attends, au delà de ce qui passe, dans ce qui ne passera jamais. Ne vous faites pas trop attendre. Silence, je sais tout ce que vous me diriez.

Claude essuie silencieusement ses yeux.

CÉSARINE, à part, au piano.

Il pleure et n'écoute qu'elle.

Elle continue son chant et jette le dernier couplet avec toutes les forces secrètes qu'elle a en elle.

CANTAGNAC, la regardant, à part.

Voilà le vent qui souffle et la mer qui gronde. Malheur aux petits bateaux !

ANTONIN, tenant sa tête dans ses mains, à part.

Malheureux ! je l'aime ! je l'aime ! je l'aime !

CÉSARINE, à part, et en se levant.

Allons, finissons-en. (A Antonin.) Emmenez tous ces gens-là. Il faut que je parle à Claude. Je vais décider de ma vie, peut-être, à propos de cette maison. Tant que vous verrez cette fenêtre fermée comme elle l'est, ne rentrez pas ici; si vous la voyez ouverte, entrez; j'aurai quelque chose à vous dire; allez.

ANTONIN.

Quelle agitation !

CÉSARINE.

Monsieur Cantagnac, vous avez visité la maison. — M. Antonin va vous faire parcourir la propriété. (Cantagnac et Antonin sortent. Claude les accompagne un moment, de manière à ne pas entendre ce que vont se dire Césarine et Rébecca.) Mademoiselle Rébecca !

RÉBECCA.

Madame ?

CÉSARINE.

Je vous dis adieu dès à présent, je ne vous reverrai peut-être pas avant votre départ. Du reste, comme ce n'est pas pour moi que vous êtes venue ici, que vous importe, n'est-ce pas ?

RÉBECCA.

Je suis votre servante, madame.

CÉSARINE.

Adieu, Agar.

RÉBECCA.

Adieu, Sarah.

Rébecca salue respectueusement Césarine, qui lui fait à peine un signe de tête, et sort.

SCÈNE II

CLAUDE, CÉSARINE.

Claude, qui est revenu prendre sur la table des papiers dont il a besoin, se dispose à rentrer chez lui sans faire attention à Césarine.

CÉSARINE, très agitée.

Claude !

CLAUDE.

Madame.

CÉSARINE.

Il faut que je vous parle.

CLAUDE.

Je vous écoute.

CÉSARINE.

Si je vous disais que je vous aime, que me répondriez-vous?

CLAUDE.

Rien. Je me demanderais seulement quel nouveau mal vous comptez me faire. Pure curiosité, car vous ne pouvez plus me faire de mal.

CÉSARINE.

En admettant que je ne puisse vous faire du mal, moi, d'autres peuvent vous en faire et beaucoup peut-être. Si pour gage de mon amour je vous aidais à conjurer le mal et à triompher de vos ennemis au risque des plus grands dangers pour moi, croiriez-vous enfin que je vous aime?

CLAUDE.

Non.

CÉSARINE.

Quelle autre preuve voulez-vous?

CLAUDE.

Aucune.

CÉSARINE.

Je suis pourtant sincère, je vous le jure.

CLAUDE.

Sur quoi?

CÉSARINE.

Alors, vous que l'on cite comme un juste, presque comme un saint, vous ne croyez pas au repentir?

CLAUDE.

Si.

CÉSARINE.

Eh bien! je me repens.

CLAUDE.

Non; quand on se repent, on ne le dit pas avant de le prouver, on le prouve avant de le dire.

CÉSARINE.

Et si je n'ai pas le temps d'attendre; s'il faut pour mon salut et pour le vôtre, peut-être, que je vous dise tout de suite ce que je voulais, en revenant ici, vous prouver peu à peu, faites cet effort de croire tout de suite, puisqu'une minute peut racheter ma vie passée et sauver ma vie à venir. Est-ce donc si difficile de m'écouter et de me croire? Ce n'est qu'une habitude à reprendre, puisque vous m'avez aimée, et religieusement et ardemment, n'est-ce pas? Le premier baiser que vous ayez donné à une femme, le seul qu'une femme ait reçu de vous, c'est à moi qu'il a été donné. Toutes vos chastetés, tous vos enthousiasmes, toutes vos énergies, tout ce que vous conteniez d'amour et de foi, vous l'avez versé dans ce sein. Est-ce que cela s'oublie, cela?... Ce que je sais, moi, c'est que quand une femme comme moi a été aimée d'un homme comme vous, quoi qu'elle fasse, elle le sent toujours en elle.

CLAUDE.

Et elle le trompe.

CÉSARINE.

C'est moi qui avais été trompée par un misérable! La faute commise, il me fallait tromper un honnête homme pour la cacher et la réparer, telle était la logique du monde où j'avais été élevée. Vous ne soupçonniez pas le mal, vous aviez besoin d'aimer, vous m'aimiez; je vous ai dit que je vous aimais aussi, ce n'était pas vrai, alors. Mais après, je vous ai connu, je vous ai compris; cette puissance du bien et de l'amour qui était en vous, je l'ai subie. Je vous aimé à mon tour et tout à coup, et si le bonheur eût voulu que vous ignoriez toujours ce que j'avais fait, il n'y aurait pas eu de femme plus dévouée, plus fidèle, plus soumise, plus aimante que moi.

CLAUDE.

Et quand j'ai connu votre faute par hasard, qu'est-ce que j'ai fait?

CÉSARINE.

Vous m'avez pardonnée, mais d'en haut, à distance, en vous dégageant de moi, en vous reprenant, en cessant d'être homme. Vous m'avez dit : « Je ne crois plus à votre parole parce que vous m'avez menti. Ce n'est plus moi qu'il faut aimer, c'est votre enfant qui n'est pas le mien; vous ne pouvez plus être une épouse, soyez une mère. » C'était beau, c'était noble, c'était grand, car tout autre homme, à votre place, m'eût chassée comme une fille perdue; eh bien, ce n'était pas ainsi qu'il fallait me traiter.

CLAUDE.

Que fallait-il donc faire?

CÉSARINE.

Il fallait m'insulter, me fouler aux pieds et me pardonner comme un homme. Je suis de la terre, moi, rien que de la terre. Je ne comprends rien aux grands sentiments et aux demi-pardons.

CLAUDE.

C'est possible, aussi ai-je voulu vous pardonner comme un homme. Je me disais : si elle se repent, si elle aime cette malheureuse et innocente créature, si elle donne ce gage à sa rédemption, j'oublierai tout. La mère sauvera la femme; je vous aimais tant alors!

ACTE DEUXIÈME.

CÉSARINE, de sa voix la plus douce.

Répète-le-moi.

CLAUDE, d'une voix calme et froide.

Je vous aimais tant, alors! Mais un amour comme le mien, on ne le ressaisit pas, on le reconquiert. Eh bien, cet enfant, vous n'alliez même pas le voir, c'était moi qui y allais. Il était votre image frappante! Et quand il est mort, vous n'avez vu qu'une chose, c'est qu'il n'y avait plus de preuve de votre faute et vous vous êtes réjouie; moi, j'ai pleuré, malheureuse!

CÉSARINE.

Êtes-vous sûr que les enfants que nous concevons dans la honte et que nous mettons au monde dans le mystère et la terreur sont bien nos enfants? Croyez-vous qu'on peut aimer l'être qui vous rappelle sans cesse l'homme qu'on méprise et qui vous fait mépriser par l'homme que l'on aime? Eh bien, oui, quand la mort a pris cet orphelin, il m'a semblé qu'il emportait le passé avec lui et que j'allais pouvoir être enfin toute à vous, devenir mère à la face de tous, comme d'autres. Je n'ai senti en moi que cette preuve d'amour à vous donner, je vous l'ai donnée. Elle était monstrueuse, à ce qu'il paraît. Qu'y faire? C'était ma preuve à moi. Est-ce ma faute si la nature m'a faite féconde dans le mal et stérile dans le bien? Entrailles maudites!

Elle frappe son sein.

CLAUDE.

Et quelques mois après?

CÉSARINE.

La colère, le besoin de me venger de vous, l'espoir de vous oublier, de vous vaincre, de vous faire souffrir m'avait jetée...

CLAUDE.

Dans de nouvelles amours?

CÉSARINE.

Non! Dans de fausses ivresses. Sommes-nous plus des anges que vous? Et les défaillances, les erreurs, les fautes, sont-elles votre privilège, comme la force? Est-ce que j'ai aimé celui-ci ou celui-là?... Est-ce que je les connais l'un ou l'autre?... Est-ce que je me rappelle ces hommes! C'est contre vous que j'allais en allant à eux. J'ai pris ces amours factices pour oublier, comme j'aurais pris de l'opium pour dormir. Et je n'ai pas oublié, et je n'ai plus dormi, voilà la vérité.

CLAUDE.

Bref!

CÉSARINE.

Bref!... nul n'a pu s'emparer de mon cœur. Tous ces hommes-là ne sont pas l'homme. C'est vous que j'aime, c'est vous que je veux. Je ne veux plus vivre, je ne peux plus vivre sans vous. Vous êtes le plus fort, n'en abusez pas... Si je n'ai pas d'âme, eh bien, donnez-m'en une ou partagez la vôtre avec moi. Le mariage est indissoluble et vous lie l'un à l'autre; si les hommes l'ont voulu ainsi, s'ils ont pensé que, quoi qu'il arrivât, ce lien ne devait jamais être rompu, c'est qu'ils ont prévu que le plus noble et le plus généreux des hommes pourrait être uni à la plus coupable des femmes, qu'il fallait celui-ci pour sauver celle-là. Sauvez-moi.

Elle tombe à genoux.

CLAUDE.

Soit, que demandez-vous?

CÉSARINE, commençant à espérer.

Je demande que vous oubliiez mes fautes, et le mal qu'elles vous ont fait. Je demande que vous me pardonniez tout, tout, jusqu'à la minute qui sonne, que vous jetiez fièrement le passé dans l'éternité morte et que tout ce qui n'aurait pas dû être n'ait jamais été. Je demande enfin que nous partions, que nous changions de sol, d'air, de ciel pour que la femme que je veux être désormais ne se heurte plus à chaque instant à la femme que j'ai été; je demande enfin que nous ne vivions plus que l'un pour l'autre, et que vous soyez tout entier à moi comme je serai tout entière à vous.

CLAUDE.

Et mon travail?... Et ce que j'ai à faire dans ce monde?

CÉSARINE, se relevant et l'enveloppant peu à peu.

Tu n'as fait tout cela que parce que tu croyais que je ne t'aimais pas. Tu n'as voulu être célèbre que parce que tu n'étais pas heureux. Le peu de temps que tu m'as aimée et estimée tu m'as tout dit; je me rappelle tout. Tu ne voyais le travail qu'après moi. Je t'ai fait souffrir, ta douleur a cherché une consolation, c'est donc encore à moi que tu dois ton génie! Le génie comprend tout ou devine tout. Il sait ce que c'est que la faiblesse humaine. Ah! si tu avais été faible et moi forte, comme je t'aurais pardonné! Si tu avais fait quelque chose de mal, si tu avais des remords comme nous tous, quel bonheur j'aurais à te les faire oublier! Mais non, tu es le plus honnête homme de la terre... c'est désespérant.

CLAUDE, la regardant en face.

Pauvre créature!

CÉSARINE, câline.

Tu me plains, tu consens?

CLAUDE, secouant la tête

Trop tard.

CÉSARINE.

Pourquoi?

CLAUDE.

Parce que dans ce cœur que vous avez déserté, il n'y a plus de place pour vous.

CÉSARINE.

Vous aimez Rébecca.

CLAUDE.

Je l'aime, mais non comme vous croyez. Ne cherchez pas, vous ne pouvez pas comprendre. Quant à celle qui vous a remplacée, c'est ma pauvre et chère patrie. Dieu sait que j'eusse voulu vous associer en moi dans le même amour et dans la même gloire! C'est impossible. Aujourd'hui, je n'ai plus d'autres douleurs, d'autres espérances, d'autres souvenirs que les siens, et il me semble que tout le sang qui a coulé de ses blessures a passé dans mes veines. J'ai jeté l'ancre en haut, dans des régions qui vous seront éternellement inconnues. Si vous saviez comme je suis loin de vous! La personne qui me parle par votre bouche, je ne la connais pas, je ne la vois pas. Je ne sais pas qui vous êtes. Il n'y a plus de lien entre nous, il n'y a plus que la chaîne que la loi nous impose, portons-la.

CÉSARINE, essayant du dernier moyen.

Qu'est-ce que vous allez faire de moi alors? Car si méprisable, si condamnée que je sois, je respire, je me meus, j'entends, je suis, enfin! Impuissante dans mon cœur, morte dans mes sens, si je ne suis ni mère, ni épouse, ni femme, je suis encore une créature vivante, et il y a des choses que je puis encore comprendre et faire. Utilisez-moi dans mon intelligence. Ne puis-je être votre élève, votre adepte, votre ouvrier? Faites pour moi ce que Daniel a fait pour sa fille, initiez-moi à la science, expliquez-moi vos travaux, associez-moi à votre œuvre.

CLAUDE.

Vous! vous la vendriez!...

CÉSARINE, tremblant qu'il ne sache tout.

Vous pourriez croire...

CLAUDE.

Je ne crois pas! Je suis certain que vous mentez aujourd'hui comme toujours! Il est impossible que vos remords soient sincères; ils doivent cacher une infamie. Il y a des fautes qui sont d'avance privées de remords, et vous avez commis de ces fautes-là. Assez. Si je me trompe, si vous vous repentez réellement, ce n'est pas en une minute, mais en des années que vous pourrez le faire croire, et ce n'est plus moi que cela regarde. Adressez-vous à l'Église. Elle seule a pouvoir de racheter et d'absoudre des coupables telles que vous.

CÉSARINE, se voyant perdue et oubliant toute mesure.

J'étais revenue aujourd'hui pleine de résolutions nouvelles, pleine d'amour, sans arrière-pensée. La fatalité m'a saisie au seuil de votre maison, et pour que je fusse sauvée, il me fallait, c'est vrai, votre pardon, votre protection, votre amour, votre complicité, et cela tout de suite. Vous me les refusez; je suis perdue, peut-être, mais je ne le serai pas seule, je vous en réponds, et je me vengerai terriblement de votre grandeur et de votre implacabilité, car je suis extrême en tout, je vous en préviens. Il faut que j'aime ou que je haïsse. Plus d'amour possible, soit; la haine alors. Ah! chrétien impitoyable dans ta conscience et dans ton droit, je t'amènerai comme moi au blasphème et à la malédiction. Et toi et moi nous ne serons pas les seules victimes! Il y en a d'autres parmi ceux que tu aimes qui périront avec nous. Tant pis pour toi, tant pis pour eux!

CLAUDE.

Allons donc, créature d'enfer, je savais bien que tu te trahirais à la fin; tu jettes ton masque; j'aime mieux te voir dans la menace que dans la prière. Malheureuse qui te sauvais d'ici, il y a trois mois, avec ton amant et qui reviens seule aujourd'hui, parlant d'héritage, de repentir et d'amour. Écoute, pauvre damnée, fais de ton corps et de ton être tout ce que tu voudras, peu m'importe; mais, puisque tu menaces d'autres que moi, rappelle-toi bien ceci : si tu portes ta main sacrilège et maudite, soit sur Antonin qui t'aime, le malheureux, il me l'a dit, sur Antonin qui est mon enfant d'adoption, ma tradition dans ce monde, soit sur mon travail qui est ma solidarité avec mon pays, ma communion avec l'humanité tout entière, si tu entraînes dans la mort ou dans le mal un seul être innocent, si tu me fais obstacle dans ce que Dieu me commande, aussi vrai que Dieu existe, je te tue.

CÉSARINE.

C'est bien.

CLAUDE.

Adieu.

Il sort.

SCÈNE III

CÉSARINE, seule; puis EDMÉE, puis CANTAGNAC, en dehors, puis ANTONIN, sur la scène.

CÉSARINE, seule.

C'est ainsi. Eh bien, chacun pour soi, et va pour le mal, puisqu'il m'y force. Il n'y a pas de temps à perdre ! J'ai bien fait de prendre mes précautions à tout hasard. (Elle appelle.) Edmée, Edmée ! (Edmée entrant.) Tu n'écoutais donc pas à la porte, aujourd'hui ?

EDMÉE.

Non, madame, je ne tiens plus à rien savoir.

ACTE DEUXIÈME.

CÉSARINE.

Défais un peu mes cheveux comme cela, c'est bien.
A quelle heure partent Rébecca et son père?

EDMÉE.

Ce soir, à neuf heures.

CÉSARINE.

Claude les accompagne?

EDMÉE.

Jusqu'à la gare.

CÉSARINE.

La voiture est commandée?

EDMÉE.

Oui.

CÉSARINE.

C'est bien, va. (Edmée sort. Césarine va à la fenêtre.) Le signal maintenant, pour Antonin. (Cantagnac paraît de l'autre côté de la fenêtre au moment où Césarine s'en approche.) Ah! c'est vous?

CANTAGNAC.

Oui, je suis toujours où il faut être. Eh bien! il est invincible, je vous l'avais bien dit.

CÉSARINE.

Oui, mais les choses n'en iront que plus vite; tout sera fini ce soir.

CANTAGNAC.

C'est plaisir d'avoir affaire à vous.

CÉSARINE.

Pas toujours. Je veux quatre millions.

CANTAGNAC.

C'est trop. Deux millions suffiront, moitié contre la livraison du manuscrit et la traduction d'Antonin, moitié après la première épreuve.

CÉSARINE.

Soit. Prenez congé de mon mari ce soir avant qu'il parte pour reconduire Daniel, et dès qu'il sera parti, soyez caché dans le jardin, le plus près possible de cette chambre. Éloignez-vous; il ne faut pas qu'on nous voie causer ensemble. Et que je n'aie qu'à vous appeler. (Cantagnac s'éloigne. Elle laisse la fenêtre ouverte.) A l'autre, maintenant.

Elle déchire le corsage de sa robe. Elle se penche sur la table, la tête dans ses mains, et attend.

ANTONIN, entrant.

Me voilà. Eh bien, a-t-il consenti? (Césarine ne bouge pas. Il voit le désordre de sa chevelure.) Qu'avez-vous?

CÉSARINE, se relevant et s'appuyant sur le dos de sa chaise, de manière à être bien sous le regard d'Antonin, d'une voix calme.

Vous avez donc avoué à mon mari que vous m'aimiez?

ANTONIN, un temps.

Qui vous a dit cela?

CÉSARINE, se levant.

Lui.

ANTONIN.

Et alors?

CÉSARINE.

Alors vous m'avez perdue. Et cependant quel mal vous ai-je fait, à vous?

Elle pleure.

ANTONIN.

Je vous ai perdue. Comment?

CÉSARINE.

Parce que devant sa colère et ses menaces, moi aussi je lui ai dit que je vous aimais. Puisque vous l'aviez choisi pour confident, j'ai fait comme vous.

ACTE DEUXIÈME.

ANTONIN.

Vous m'aimez?

CÉSARINE.

Est-ce que je serais revenue dans cette maison, sans cela? Il est vrai que ce n'est pas pour longtemps.

ANTONIN.

Parce que?

CÉSARINE.

Parce qu'il y a eu une scène violente entre lui et moi, et qu'il m'a chassée. Il veut bien aimer Rébecca, mais il ne veut pas que je vous aime. Les hommes ont des droits à eux!

ANTONIN.

Ce désordre de vos cheveux! ce vêtement déchiré!

CÉSARINE.

Ah! vous ne le connaissez pas! Adieu.

ANTONIN.

Qu'allez-vous faire?

CÉSARINE répare le désordre de sa toilette et de ses cheveux.

Donnez-moi ce peigne qui est par terre. (Il lui donne le peigne, elle relève ses cheveux en découvrant ses bras.) Vous ne devinez pas?

ANTONIN.

Non.

CÉSARINE.

Vous m'aimez, je vous aime, nous nous le sommes dit, mon mari le sait et me chasse de sa maison; qu'est-ce que vous voulez que je fasse? (Lui prenant la tête dans ses deux mains.) Cœur candide et pur, comme je t'envie! Adieu!

ANTONIN.

Où allez-vous?

CÉSARINE.

Que t'importe?

ANTONIN.

Vous avez un projet sinistre. Votre sang-froid m'épouvante. Je ne vous quitte plus.

CÉSARINE.

Est-ce que tu comptes partir avec moi?

ANTONIN.

Non; mais si vous vous tuez, je mourrai après vous.

CÉSARINE.

Tu n'as donc pas peur de mourir non plus, toi?

ANTONIN.

Non.

CÉSARINE.

Alors, pourquoi mourir l'un après l'autre? pourquoi pas ensemble?

ANTONIN.

Si vous voulez.

CÉSARINE.

Tu m'aimes donc vraiment?

ANTONIN.

Comme un fou.

CÉSARINE.

Tu ne regretteras rien dans ce monde?

ANTONIN.

Je suis seul sur la terre.

CÉSARINE.
Tu sais que la mort, c'est le néant?
ANTONIN.
J'espère que c'est le repos.
CÉSARINE, l'entraînant.
Viens.

ACTE TROISIÈME

Même décor. — Clair de lune.

SCÈNE PREMIÈRE

CLAUDE, seul, assis.

Quelle belle soirée, claire et calme! Quel silence! Quelle grandeur! Quelle harmonie! Comment se fait-il, nature éternelle, confidente discrète, conseillère inépuisable, intermédiaire toujours prête entre Dieu et nous, comment se fait-il que tu n'apportes pas plus d'apaisement aux passions et aux misères des hommes? C'est qu'ils ne t'interrogent pas plus souvent! Montagnes ombreuses et odorantes, où se sont essayés mes premiers pas, horizon toujours impassible, malgré tout ce qui a passé entre nous deux, terre où, depuis de longues années déjà, reposent mes parents vénérés, astre paisible et doux de la nuit qui as éclairé une dernière fois le visage de ma mère, morte en me souriant, et vous, Créateur de toutes choses, maître tout-puissant de l'espace, du temps, des mondes, de tout ce que nous voyons, de tout ce que nous ignorons, de ce qui n'est plus, de ce qui est et de ce qui sera, vous que nous ne savons comment définir, comment représenter, qui vous cachez plus facilement dans la lumière que nous ne nous cachons dans l'ombre, que nous cherchons en vain dans les éternités et dans les infinis et que nous trouvons tout entier dans un éclair du génie, dans un battement du cœur, dans un sourire ou dans une larme, ai-je bien compris ce que vous m'avez commandé durant ces heures de douleur mais de foi, où je me suis agenouillé en vous appelant à mon aide? Vous m'avez ordonné de lutter et de vaincre, n'est-ce pas, puisque j'ai lutté et que j'ai vaincu? Vous m'avez ordonné de travailler et de chercher, puisque j'ai travaillé et que j'ai trouvé? Dites-moi donc encore aujourd'hui ce que je dois faire, car je sens que mon esprit hésite et que ma résolution se trouble. La voix de cette femme a suffi pour remuer et obscurcir mon âme que je croyais à jamais dégagée d'elle et en communication directe avec vous. Vous savez, mon Dieu, combien je l'ai aimée, car c'était à vous que je venais le dire quand je ne pouvais plus le lui dire à elle que sous peine de honte et d'abaissement. Pouvais-je faire plus que je n'ai fait? Ai-je assez souffert? ai-je assez pardonné? Elle a tout dédaigné, tout raillé, tout foulé aux pieds et voilà qu'elle essaye aujourd'hui de m'entraîner de nouveau dans son amour. Non! cette femme ne m'aime pas, ni moi, ni aucun autre. N'est-ce pas qu'elle est à jamais sortie non seulement de l'amour, mais de l'humanité, celle qui n'a pas su aimer son enfant? N'est-ce pas qu'à une pareille mère je ne dois plus rien que l'indifférence et le pain du corps, et qu'une pareille femme n'est plus qu'une forme humaine, plus étrangère à moi que le dernier des animaux patients, laborieux et utiles? N'est-ce pas enfin que si elle mettait obstacle à l'accomplissement de vos ordres sacrés, j'aurais le droit de la frapper d'impuissance comme je l'en ai menacée? Oui. Il m'a semblé tout à coup que vous me donniez l'ordre de substituer ma justice à votre justice suprême et d'armer ma main de votre glaive redoutable. Me suis-je trompé, mon Dieu? ai-je empiété sur vous? Voilà ce que je vous demande. N'avez-vous permis à l'homme que de donner la vie, sans lui permettre de donner la mort? Ou bien quand l'homme n'obéit qu'à sa conscience, c'est-à-dire à ce qui le rapproche le plus de vous, l'avez-vous investi du droit de frapper les trop grands coupables afin que les innocents n'aient plus rien à redouter d'eux et puissent continuer leur marche dans les voies que vous leur tracez? Je le crois, et voilà pourquoi ce n'est pas en mon nom, mais en votre nom que j'ai parlé. Répondez-moi par un signe évident, ou plutôt, je vous le demande avec toute la fermeté d'un cœur soumis, ne me faites pas l'instrument de votre justice. Cette femme a parlé de repentir : faites que cela soit vrai! amenez à la lumière et à la vérité cette âme attardée et pleine de ténèbres! Envoyez-lui la tentation du bien et recueillez-la enfin dans votre miséricorde.

SCÈNE II

CLAUDE, CANTAGNAC.

CANTAGNAC.

Enfin, je vous trouve, maître. Je vous ai cherché partout. Qu'est-ce que vous faisiez là?

CLAUDE.

Je parlais.

CANTAGNAC.

A qui?

CLAUDE.

A Dieu.

CANTAGNAC.

C'est ce qu'on appelle penser.

CLAUDE.

Prier, peut-être.

CANTAGNAC.

Ah! et de quoi lui parliez-vous, à Dieu?

CLAUDE.

De bien des choses.

CANTAGNAC.

Est-ce que ça vous arrive souvent de causer avec lui?

CLAUDE.

Tous les jours — ne fût-ce qu'une minute.

CANTAGNAC.

Et vous répond-il?

CLAUDE.

Oui.

CANTAGNAC.

Alors il vient de répondre à ce que vous lui demandiez tout à l'heure?

CLAUDE.

Il y répondra.

CANTAGNAC.

C'est juste, il faut le temps. C'est loin là-haut.

CLAUDE.

Vous ne croyez pas en Dieu, monsieur Cantagnac?

CANTAGNAC.

Mon cher monsieur Ruper, je ne me mêle jamais des choses qu'on ne veut pas me dire. Or, depuis des milliers d'années que notre monde existe, Dieu s'étant absolument refusé à donner des explications catégoriques sur son essence propre, et les plus grands esprits ayant renoncé à le pénétrer ou y étant devenus fous, j'ai cru devoir m'abstenir et ne pas perdre mon temps en ces recherches inutiles et dangereuses. Ce n'est pas seulement affaire de raisonnement mais de discrétion. Chacun est maître chez soi, c'est bien naturel. Il est certain que nous subissons une puissance au-dessus de notre volonté et de notre intelligence. Nous naissons sans savoir comment et nous mourons sans savoir pourquoi. Entre notre naissance et notre mort, la lutte, les passions, les chagrins, les maladies, les misères de toutes sortes; une répartition inégale et injuste des biens de la terre, les gredins presque toujours heureux et triomphants, les honnêtes gens le plus souvent malheureux et méconnus. On assure qu'il faut rendre grâce à l'auteur de cet ordre de choses, l'adorer et le glorifier! C'est un point de vue comme un autre, mais moi je ne tiens pour certain que ce que je vois et pour valable que ce qui me sert. Quant à vous, monsieur Ruper, qui êtes un honnête homme, un grand homme même, puisque vous causez avec Dieu, demandez-lui une faveur en échange de vos travaux et de votre foi, c'est de ne pas en arriver, un jour, peut-être prochain, à douter de lui plus que moi-même. Là-dessus, revenons aux choses positives. — J'ai visité votre maison, vos bois et vos roches, car la roche domine en effet dans vos domaines; j'en ai pris le plan. J'ai l'adresse de votre notaire. D'ici à huit jours, je lui écrirai et lui ferai mes offres. Je crois que nous nous entendrons. Je vous remercie de votre hospitalité et je vous quitte.

CLAUDE.

Vous partez!

CANTAGNAC.

Dans dix minutes.

CLAUDE.

Daniel et sa fille vont partir aussi, je les conduis en voiture à la gare, je vous y conduirai avec eux.

CANTAGNAC.

Merci, j'aime mieux marcher; je ne suis pas sûr d'avoir une âme, mais je suis sûr d'avoir un ventre auquel il faut que je fasse faire de l'exercice pour ne pas mourir d'apoplexie dans le coin d'un wagon de première classe. Je viens de voir madame Ruper à l'instant. J'ai pris congé d'elle. Charmante femme ! Ah ! je comprends qu'on croie à quelque chose avec une femme comme celle-là. Heureux homme. (Il lui donne la main.) Adieu, monsieur Ruper.

CLAUDE.

Au revoir.

CANTAGNAC.

Le sage ne fait pas de projets; cependant, voici mon adresse : Monsieur Cantagnac, 11, rue Saint-Ferréol, Marseille. — N'importe où je serai, je recevrai les lettres qui me seront adressées là. Ne vous dérangez pas, monsieur Ruper, je sais le chemin. Restez avec vos amis des onze tribus. Souhaitez-leur bonne chance de ma part.

La dernière partie de cette phrase a été dite dans la coulisse; Ruper est sorti un moment pour accompagner Cantagnac. Edmée est entrée sans être vue d'eux. Elle s'est assise comme une personne à bout de forces. Au moment où Claude rentre en scène, elle se lève, le regarde, va à lui et joint les mains.

SCÈNE III

CLAUDE, EDMÉE.

CLAUDE.

Qu'y a-t-il, mon enfant?

EDMÉE, tombant à ses genoux et d'une voix étranglée.

Je suis une grande coupable.

CLAUDE.

Qu'avez-vous fait? — Relevez-vous d'abord.

EDMÉE.

Non ! pas avant que vous m'ayez pardonné.

CLAUDE.

Voyons, mon enfant, expliquez-vous.

EDMÉE.

Vous savez, monsieur, que j'ai toujours été au service de madame. Je lui étais dévouée, trop dévouée; mais, entre femmes, cela s'appelle du dévouement, jusqu'au jour où l'on voit que c'est de la complicité. Au milieu de toutes mes erreurs, j'avais pris une habitude : j'écoutais aux portes. Je savais ainsi tout ce qui se passait dans la maison. Que de scènes j'ai entendues entre madame et vous! que de belles choses vous lui disiez inutilement! Quand madame est partie, il y a trois mois, elle ne devait plus revenir, elle devait s'expatrier avec M. de Moncabré... M. de Moncabré disparut tout à coup et madame revint ce matin. C'est alors que vous lui avez dit de s'entendre avec M. Cantagnac au sujet de la vente de cette maison. M. Cantagnac est un agent secret de je ne sais quel pays, qui connaît toutes les fautes de madame, et qui l'a menacée de vous dire la dernière, si elle ne consentait à lui livrer moyennant une somme de... l'invention que vous avez faite. Madame était convaincue que cette dernière faute, vous ne la lui pardonneriez pas et que vous la dénonceriez à la justice, ne pouvant pas vous faire le complice d'un crime, car, cette fois, il y a eu crime. M. Cantagnac l'a décidée en la menaçant de la cour d'assises. Elle s'est dit alors que si elle pouvait se faire aimer de nouveau de vous et se faire pardonner tout, sans vous dire même ce que c'était que tout, elle serait sauvée; car eussiez-vous dû en mourir, si vous lui aviez promis le pardon, vous auriez tenu votre promesse. Vous êtes resté inexorable, c'est alors qu'elle vous a menacé de sa vengeance, et cinq minutes après, par un moyen infernal, en lui offrant de mourir avec lui, elle séduisait M. Antonin qui l'aimait follement, M. Antonin étant le seul avec vous qui connaisse le secret de ce coffre et les caractères particuliers de votre manuscrit.

CLAUDE.

Et alors?

EDMÉE.

C'est là qu'il faut me pardonner, monsieur, car c'est moi qui ai appris tous ces détails à M. Cantagnac. J'avais entendu ce que M. Antonin et vous vous êtes dit ce matin, et je vous ai vendu.

CLAUDE, à part.

Quelle fange!

EDMÉE.

Tenez, monsieur, voici l'argent de cet homme! Il me brûle! Vous le donnerez à des pauvres. N'est-ce pas, monsieur, vous le voulez bien?

CLAUDE.

Achevez.

EDMÉE.

Maintenant, elle attend votre sortie pour frapper le dernier coup. M. Cantagnac, qui est venu vous dire adieu, n'est pas parti. Il doit être caché dans les bois et il apparaîtra au bon moment. Et moi, monsieur, je suis venue vous avertir de toutes ces machinations. A l'idée qu'on allait vous voler votre découverte, le fruit de tant de veilles et de travaux, le salut de tant de braves gens, il s'est fait une révolution en moi et je me suis dit : Oh! ça, non, non, ça ne sera pas.

CLAUDE, lui tendant la main.

Merci, mon enfant.

Elle se précipite sur sa main et la baise.

EDMÉE.

Oh! monsieur, que vous êtes bon. Eh bien, vous voilà prévenu! Faites comme M. Cantagnac, ayez l'air de vous en aller, revenez sur vos pas, cachez-vous, vous verrez alors ce qui se passera.

CLAUDE.

Je ne suis pas de ceux qui font comme M. Cantagnac, mon enfant, et je ne suis pas de ceux qui se cachent.

EDMÉE.

C'est vrai, vous seriez pareil à moi, si vous faisiez cela.

CLAUDE.

Ce n'est pas ce que j'ai voulu dire. Si je ne suis pas de ces gens-là, vous n'en êtes plus, c'est la même chose. Je dois conduire mes amis jusqu'à la gare, je les conduirai comme cela est convenu et je reviendrai chez moi comme si je ne savais rien. Il y a des moments où il faut tout remettre entre les mains de Dieu. Calmez-vous et persévérez ; seulement ne dites plus rien à personne.

EDMÉE.

Oh! soyez tranquille, monsieur.

DANIEL, entrant.

Eh bien, Claude, la voiture est prête ; nous t'attendons.

CLAUDE.

Me voici. J'ai un bon cheval et nous en avons pour un quart d'heure à peine. Rébecca est prête

DANIEL.

Elle est déjà installée dans la voiture ; viens, la nuit est superbe, quoique un peu froide.

CLAUDE qui a pris son manteau.

Allons.

Ils sortent.

SCÈNE IV

EDMÉE, seule, puis ANTONIN, CÉSARINE.

EDMÉE.

Ai-je eu raison? Ai-je eu tort? S'il arrive un malheur, sera-ce ma faute? Je ne pouvais pourtant pas me taire, j'étouffais, et maintenant que j'ai parlé, je me sens mieux.

ANTONIN, entrant, très calme.

M. Ruper est parti?

EDMÉE.

Oui.

ANTONIN.

Il ne m'a pas demandé?

EDMÉE.

Non.

ANTONIN.

C'est bien, merci.

Edmée sort. Antonin seul, s'asseyant à une table, écrit silencieusement. Césarine entre sans qu'il l'entende et lit pendant un moment derrière lui sans qu'il s'en doute, puis elle étend la main, prend la lettre, et la déchire.

CÉSARINE.

Tu es fou.

ANTONIN.

Vous, encore.

Il cache sa tête dans ses mains.

CÉSARINE.

Tu me le reproches déjà. Allons, partons.

ANTONIN.

Partir?

CÉSARINE.

Oui. Qu'est-ce que tu veux que nous fassions ici?

ANTONIN.

Partir ensemble?

CÉSARINE.

Naturellement.

ANTONIN.

Jamais.

CÉSARINE.

Que comptes-tu donc faire?

ANTONIN.

Rester.

CÉSARINE.

Pour?

ANTONIN.

Pour tenir mon serment.

CÉSARINE.

Qui est?

ANTONIN.

Qui est de mourir.

CÉSARINE, jouant la passion.

Nous mourrons un jour ou l'autre, mais nous avons bien le temps! Est-ce qu'on meurt volontairement quand on est aimé? Est-ce qu'on meurt volontairement quand on aime? N'es-tu pas aimé? N'aimes-tu pas? Tu m'as donc menti? Moi, je n'ai jamais trouvé la vie si belle. Allons, partons!

ANTONIN.

Partez seule!

CÉSARINE, jouant la méfiance.

Est-ce que je serais dupe de la combinaison la plus lâche et la plus habile?

ANTONIN.

Que voulez-vous dire?

CÉSARINE.

Je veux dire qu'un homme que l'on croit tendre et sincère comme un enfant peut avoir l'adresse et la ruse de parler de suicide pour s'emparer d'une femme, et de remords pour s'en affranchir. C'est ingénieux et commode. — Quant à la femme à qui l'on n'a plus rien à demander, chassée, méprisée, maudite, solitaire, elle deviendra ce qu'elle pourra.

ANTONIN.

Vous avez raison, ma vie vous appartient. Partons.

CÉSARINE.

Partons, certainement. Mais ce n'est pas tout de partir, il faut vivre. Et de l'argent?

ANTONIN.

De l'argent, j'en gagnerai partout où j'irai.

CÉSARINE.

En attendant, il est bon d'en avoir, et puisque j'en ai, moi, celui que je vous ai confié, il est inutile de le laisser ici.

ANTONIN.

C'est vrai; il y a là de l'argent à vous. Je vais vous le rendre. (Antonin prend la lampe et la place près de la porte du coffre pour bien voir le secret qui l'ouvre. Césarine guette ses mouvements. Dès que la porte du coffre est ouverte, elle dit.) Éloignez cette lampe, on pourrait nous voir du dehors.

Antonin va déposer la lampe sur la table.

CÉSARINE.

Éteignez-la, c'est plus sûr. Il ne faut pas qu'on nous voie ensemble ici. (Antonin éteint la lampe. La lune, dont la lumière avait disparu dans la lumière de la lampe, éclaire de nouveau la scène et surtout le coffre ouvert.) Maudite lune!

Elle s'est glissée vers le coffre et saisit le manuscrit, après avoir mis le portefeuille dans sa poche.

ANTONIN, voyant qu'elle prend le manuscrit.

Ces papiers ne sont pas les vôtres, vous vous trompez.

CÉSARINE.

Je ne me trompe pas, je me venge.

ANTONIN.

Vous venger? Que voulez-vous donc faire de ces papiers?

CÉSARINE.

Comme je veux que l'homme que j'aime soit célèbre et riche, j'en ferai ta fortune et ta gloire, puisque tu peux seul traduire ce travail, il me l'a dit.

ANTONIN.

Et vous croyez que je le permettrai?

CÉSARINE, haussant les épaules.

Est-ce que tu peux empêcher quelque chose maintenant?

ANTONIN, se frappant le front.

Je comprends tout.

CÉSARINE.

Tant mieux, nous ne perdrons pas de temps à nous expliquer.

ANTONIN.

Vous voulez vendre votre pays?

CÉSARINE.

Je ne suis pas Française, moi?

ANTONIN.

Misérable!

Claude entre et écoute dans l'ombre, immobile et les bras croisé.

CÉSARINE.

Regarde-moi donc bien en face. Lequel de nous, de toi ou de moi, est le plus misérable? Je trompe un homme qui me déteste, me méprise et me menace de mort; toi, tu trompes un homme qui t'aime et à qui tu dois tout; je trahis celui qui me fait du mal, tu trahis le seul être qui t'ait fait du bien. Nous nous valons à cette heure. En une minute tu m'as égalée, dépassée même. C'est ce qu'on appelle l'amour. Ah! tu te figures qu'on met le pied dans ces chemins-là et qu'on revient sur ses pas quand on veut? Erreur. Il faut aller jusqu'au bout. La passion, la faute, le vice et le crime, voilà les étapes, et comme j'ai besoin de toi pour me sauver, je te prends, je te donne mon corps, tu me donnes ton âme. Je vaux bien ça, partons.

ANTONIN, après un moment d'abattement.

Vous avez raison, je suis un misérable. Mais je ne veux pas l'être davantage. Allons, rendez-moi ces papiers.

Il marche vers elle.

CÉSARINE.

Vas-tu aussi me menacer de mort? C'est bon pour ton vertueux maître; mais toi!

ANTONIN, la saisissant.

Ces papiers?

CÉSARINE.

Prends garde. J'appelle et je dis tout.

ANTONIN.

Ces papiers!

CÉSARINE, qui n'a plus de libre que la main qui tient les papiers et qui s'est rapprochée de la fenêtre le plus qu'elle a pu.

Tu les veux?

ANTONIN.

Je les veux.

CÉSARINE se dégage par un mouvement subit et court à la fenêtre en appelant.

Cantagnac!

CANTAGNAC, du dehors, à demi voix.

Je suis là.

CÉSARINE.

A vous !

Elle veut jeter les papiers par la fenêtre et ne peut que briser une vitre. Antonin qui la tient veut les lui arracher. — Elle va, par un effort désespéré, les jeter à Cantagnac à travers le carreau brisé, quand Claude l'appelle d'une voix retentissante.

CLAUDE, qui a saisi le fusil que Rébecca a placé contre le mur au deuxième acte.

Césarine !

A l'appel de son nom, elle se retourne involontairement et Antonin la lâche. En voyant Claude armé du fusil, elle pousse un cri et veut se sauver par la porte.

CLAUDE.

Voleuse !

Il fait feu ; elle tombe. — Antonin s'est plaqué contre le mur, attendant le second coup, les bras écartés et la poitrine en avant comme un coupable prêt au châtiment. Edmée a paru sur le seuil de la porte.

EDMÉE.

Morte !

Elle s'agenouille en cachant son visage dans ses mains.

CLAUDE, jetant le fusil, à Antonin.

Et toi, viens travailler.

Antonin se précipite à ses genoux.

FIN DU TOME CINQUIÈME

TABLE

UNE VISITE DE NOCES.   1
   Préface.   5
LA PRINCESSE GEORGES. 67
   Au public. 69
LA FEMME DE CLAUDE. 167
   A M. Cuvillier-Fleury 171

ÉMILE COLIN — IMPRIMERIE DE LAGNY

www.ingramcontent.com/pod-product-compliance
Lightning Source LLC
Chambersburg PA
CBHW071331150426
43191CB00007B/696